JN446174

한눈에 들어오는

남북 생활용어 2

한눈에 들어오는
남북 생활용어 2

겨레말큰사전 남북공동편찬사업회

맵씨터

한눈에 들어오는

남북 생활용어 2

1판 1쇄 발행 2019년 4월 1일

지 은 이 겨레말큰사전 남북공동편찬사업회 올림말부
펴 낸 이 김정희
펴 낸 곳 맵씨터
등 록 제 2002-000026 호
주 소 서울특별시 성동구 광나루로 130 서울숲 IT캐슬 1310호
전 화 02-464-7708
팩 스 02-499-0846
이 메 일 hkm7708@hanmail.net
홈페이지 www.hankookmunhwasa.co.kr

COPYRIGHT©2019 THE JOINT BOARD OF SOUTH AND NORTH KOREA FOR THE COMPILATION OF GYEOREMAL-KEUNSAJEON, ALL RIGHTS RESERVED.
이 책의 저작권은 겨레말큰사전 남북공동편찬사업회에 있습니다. 이 책 내용의 전부 또는 일부를 이용하려면 반드시 저작권자의 허락을 받아야 합니다.

책값은 뒤표지에 있습니다.

잘못된 책은 구매처에서 바꾸어 드립니다.
이 책의 내용은 저작권법에 따라 보호받고 있습니다.

ISBN 979-11-85923-22-2 13710

이 도서의 국립중앙도서관 출판예정도서목록(CIP)은 서지정보유통지원시스템 홈페이지(http://seoji.nl.go.kr)와 국가자료공동목록시스템(http://www.nl.go.kr/kolisnet)에서 이용하실 수 있습니다.(CIP제어번호: CIP2019007705)

* 이 책의 내용은 스마트폰 앱(안드로이드용) '남녘말 북녘말'에서도 볼 수 있습니다.

머리말

분단 이후 남과 북은 언어 문제에 대한 몇 차례의 학술 교류를 가졌지만 그 성과가 그리 높지 못하였고 근래에는 이러한 활동도 대부분 끊어졌습니다. 다행히 《겨레말큰사전》 편찬에는 양측의 학자들이 계속해서 참여해 왔으므로 이 사업은 민족어의 총화를 찾고 그 발전을 위해 함께 노력하는 '신뢰'의 의미가 있다고 할 것입니다. 이처럼 남북이 함께 언어를 발전시켜 나가는 일은 서로를 사회 문화적으로 이해하고 정서적 공감대를 이루는 데 도움을 줍니다.

남의 한국어와 북의 조선어는 별다른 어려움 없이 소통할 수 있는 '하나의 언어'이지만, 지역과 체제의 차이로 얼마간 다른 점들이 있는 것도 사실입니다. 그러나 남북 사이에 차이 나는 부분들이 상호 이해와 존중을 바탕으로 단계적이고 발전적으로 통합된다면 더욱 다양하고 풍성한 민족어의 자산이 될 수 있습니다.

남북이 함께 사전을 만들기 시작한 지 어느새 10년이 훌쩍 넘었습니다. 그동안 남과 북, 해외의 언어 자료를 총체적으로 다루면서 우리 사업회는, 언어 '자료'는 물론이고 그 자료를 다루는 '방법'과 민족어 발전에 대한 '관점'을 착실히 다져 왔습니다. 그리고 이것들을 몸에 익힌 '연구 집단'으로 성장하고 있습니다. 이를 토대로 남북의 용어와 표현, 어휘 의미, 표기 등을 소개하는 책자를 차례대로 선보이고자 합니다.

특히 이 책은 남북에서 차이나는 중요한 낱말과 표현들을 정리하여 남북 사전의 뜻풀이, 용례, 그림, 사진 등의 자료를 풍부하게 제시함으로써 서로의 말과 삶, 사회를 보다 쉽게 이해할 수 있도록 하였습니다. 언어적 경험의 일상화는 무지나 상상으로 생기는 오해를 바로잡아 건설적인 관계를 가능하게 하는데 그와 같은 일에 이 책이 여러분께 도움이 되기를 바랍니다. 그리고 같음과 다름에 대한 이해를 발판 삼아 하나 됨에 대한 희망을 함께 키워 나갔으면 합니다.

남북 정상이 2018년 세 차례의 만남을 가졌고 사회 각 부문의 교류가 봇물 터지듯 이어지는 가운데 언어와 관련된 일화들이 몇 가지 소개되기도 하였습니다. 평창 동계 올림픽에서 아이스하키 단일팀은 〈남북 아이스하키 용어집〉을 만들어 호흡을 맞추었고, 올림픽에 앞서 가졌던 남북 당국자들 사이의 만남에서는 '오징어'와 '낙지'의 언어적 차이에 대한 짤막한 화제가 긴장된 회담 분위기를 부드럽게 하는 데 일조하였다고 합니다.

겨레말큰사전 남북공동편찬사업회는 남과 북의 정치적 갈등 속에서도 두 사회를 이어 주는 '언어의 끈'을 튼튼히 하는 일에 끊임없이 노력해 왔습니다. 이제 남북 관계의 획기적 전환기를 맞이하여 상호 간 교류가 활발해지고 있는 이즈음, 평화와 공존의 밑바탕이 되는 원활한 의사소통을 위하여 언어문화적 측면에서의 지원을 더욱 적극적으로 하려 합니다. 그 노력의 일환으로 여기에 이 책을 내놓으면서 언어 통합의 마중물로서의 역할에 매진할 것을 다짐합니다.

2019. 4.

겨레말큰사전공동편찬위원회 남측편찬위원장 **홍 종 선**

일러두기

이 책은 남과 북의 기초생활 용어를 대조한 자료집이다. 남측 용어를 중심으로 북측 용어를 대조하였으며, 원어, 사전의 뜻풀이, 용례, 설명, 그림, 사진 등을 제시하여 남과 북의 말과 삶, 사회를 이해하는 데 도움을 주고자 하였다.

1. 표기 원칙

① 대조표에서 같거나 비슷한 말은 빗금(/)으로 구분하여 보였다.
② 대조표에서 같거나 비슷한 말 가운데 더 많이 쓰이거나 중요한 것을 앞에 보였다.
③ 대조표에서 남북이 공통으로 쓰는 말은 별도의 구분 없이 하나만 보였다.
④ 대조표에서 생략이 가능한 부분은 소괄호 안에 보였다.
⑤ 대조표에서 대응되는 말이 없거나 확인되지 않은 경우에는 줄표(–)로 구분하여 보였다.
⑥ 원어명은 각 사전에서 제시한 약호대로 보였다.
⑦ 사전의 뜻풀이는 각 사전의 형식대로 보이되 필요에 따라 일부 기호만 수정하였다.
⑧ 사전의 뜻풀이에서 본문의 내용과 관련이 없는 뜻갈래는 삭제하고 보였다.
⑨ 남의 말이나 용례 앞에는 남을, 북의 말이나 용례 앞에는 북을 붙였다.
⑩ 남의 말이나 용례는 남의 어문 규범을, 북의 말이나 용례는 북의 어문 규범을 최대한 따랐다.
⑪ 용례는 원문 그대로 보이되 명백한 오류로 보이는 표현은 바르게 고쳐 인용하였다.
⑫ 용례는 《저자: 작품명》으로 보였으며, 저자가 밝혀지지 않은 일부 북의 용례는 작품명만 제시하였다.

2. 제작 과정

① 남과 북의 기초생활 대조 용어를 모은 《한눈에 들어오는 남북 생활용어》(2017)를 기초 자료로 활용하였으며, 필요에 따라 주제를 빼거나 더하였다.
② 대조표의 용어를 다시 검토하고 일부 수정하거나 추가하였다.
③ 대조표의 이해를 돕기 위한 원어, 사전의 뜻풀이, 용례, 설명, 그림, 사진을 추가하였다.
④ '설명'은 각종 매체의 자료를 기초로 하되 정보 확인과 가공의 단계를 거쳐 제시하였다.

3. 수정 건의

남북 용어 대조 작업은 남과 북의 연구자가 한자리에 모여 각 대응 쌍에 대해 일일이 확인 과정을 거쳐 검증을 마쳐야만 마무리 지을 수 있다. '겨레말큰사전 남북공동편찬회의'가 중단된 지금은 남측만의 작업을 거친 중간 결과물을 내놓을 수밖에 없어 한계로 남는다. 이 책에서 고쳐야 할 점이나 기타 의견이 있을 때에는 전자우편으로 제보해 주기 바란다.(gyeoremal@hanmail.net)

P·A·R·T

차례

07 학교생활

08 직장 생활

09 의료

10 교통

16 의식주

17 쇼핑

18 동물과 식물

19 대표 건축물

20 언어_의미 차이와 빈도

21 언어_표기 차이, 기타

P·A·R·T

01 남과 북의 상징

국명(國名)

남	북
대한민국 (大韓民國)	조선민주주의인민공화국 (朝鮮民主主義人民共和國)

- 남의 정식 국명은 '대한민국'입니다. 1919년 4월, 대한민국 임시정부의 첫 기반이 된 임시의정원 회의에서, 독립운동가인 우창 신석우가 '대한민국'이라는 국명을 처음 제안하였습니다. 이는 일제 침탈에 쓰러진 대한제국의 법통을 이어받고, 대한제국의 순종 황제가 국권을 포기한 순간부터 민주공화국이 시작되었음을 알리기 위한 것이었습니다. 이후 1948년 7월 17일 '대한민국'을 국명으로 하는 '대한민국제헌헌법'이 공포됨에 따라 '대한민국'은 남의 정식 국명이 되었습니다. 영어 명칭은 'The Republic of Korea', 약자는 〈ROK〉입니다.

- 북의 정식 국명은 '조선민주주의인민공화국'입니다. 일제강점기가 끝난 1945년 남에서는 여운형을 중심으로 한 '조선인민공화국'이 임시정부로 잠시 존재했었는데, 당시 북은 이 임시정부와 구별하기 위해 '민주주의'를 추가한 '조선민주주의인민공화국'을 국명으로 채택하였습니다. 영어 명칭은 'Democratic People's Republic of Korea', 약자는 〈DPRK〉입니다.

- 보통 남에서는, '대한민국'을 줄여서 한국(Korea), 또는 남한(South Korea)이라고 부르며 북은 북한(North Korea)이라고 부릅니다. 북에서는, 남을 '남조선'으로 부르고 있으며 스스로는 '조선' 또는 '북조선'이라고 부릅니다.

국기(國旗)

남	북
태극기(太極旗)	공화국 국기(共和國 國旗)

남에서는 국기를 '태극기'라고 부릅니다. 흰색 바탕 가운데에 태극 문양이 있고, 네 모서리에는 건곤감리(乾坤坎離)의 4괘가 있습니다.

- 흰색 바탕: 밝음과 순수, 전통적으로 평화를 사랑하는 민족성을 상징
- 태극 문양: 음(파랑)과 양(빨강)의 조화를 상징
- 4괘: 건괘(하늘), 곤괘(땅), 감괘(물), 이괘(불)를 상징
- 태극을 중심으로 한 4괘의 모양은 통일의 조화를 이루고 있음

북에서는 국기를 '공화국 국기'라고 부르며, 남에서는 북의 국기를 일컬어 '인공기(人共旗)'라고 합니다. 북의 국기는 위로부터 파랑, 빨강, 파랑이 배치되었고 그 사이로 두 개의 가느다란 흰색 선이 있으며, 중앙의 왼편에는 흰색 원 바탕 안에 빨간색의 오각별이 있습니다.

- 빨강: 공산주의 투쟁을 위한 혁명정신
- 파랑: 평화에 대한 인민의 희망
- 하양: 광명을 상징
- 별의 흰색 바탕: 음양 사상
- 붉은 오각별: 공산주의사회 건설

'한반도기/조선반도기'는 국제 운동 경기 등에서 남북이 단일팀을 구성하여 함께 입장을 할 때 사용하는 깃발입니다. 남에서는 '단일기'라고도 하며, 북에서는 '조선반도기' 또는 '통일기'라고 부릅니다.

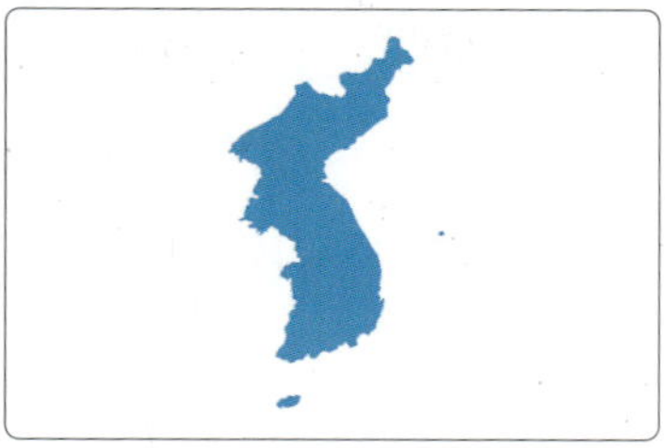

'한반도기/조선반도기'는 흰색 바탕에 하늘색 우리나라 지도가 그려져 있는데, 1989년 합의 때에는 제주도를 제외한 울릉도, 독도, 마라도, 마안도 등 기타 섬들이 생략되어 있었습니다. 이후 남과 북은 2006년 도하 아시안게임을 앞두고서 울릉도와 독도가 표시된 '한반도기/조선반도기'를 쓰기로 다시 합의하였습니다.

남북 선수단은 2018년 평창 동계 올림픽에서도 이 깃발을 들고 공동 입장을 해서 전 세계의 주목을 받기도 했습니다.

국가(國歌)

남	북
애국가(愛國歌)	애국가(愛國歌) / 아침은 빛나라
1절 동해 물과 백두산이 마르고 닳도록 하느님이 보우하사 우리나라 만세 무궁화 삼천리 화려 강산 대한 사람 대한으로 길이 보전하세 2절 남산 위에 저 소나무 철갑을 두른 듯 바람서리 불변함은 우리 기상일세 무궁화 삼천리 화려 강산 대한 사람 대한으로 길이 보전하세 3절 가을 하늘 공활한데 높고 구름 없이 밝은 달은 우리 가슴 일편단심일세 무궁화 삼천리 화려 강산 대한 사람 대한으로 길이 보전하세 4절 이 기상과 이 맘으로 충성을 다하여 괴로우나 즐거우나 나라 사랑하세 무궁화 삼천리 화려 강산 대한 사람 대한으로 길이 보전하세	1절 아침은 빛나라 이 강산 은금에 자원도 가득한 삼천리 아름다운 내 조국 반만년 오랜 력사에 찬란한 문화로 자라난 슬기론 인민의 이 영광 몸과 맘 다 바쳐 이 조선 길이 받드세 2절 백두산 기상을 다 안고 근로의 정신은 깃들어 진리로 뭉쳐 진 억센 뜻 온 세계 앞서 나가리 솟는 힘 노도도 내밀어 인민의 뜻으로 선 나라 한없이 부강하는 이 조선 길이 빛내세

남과 북의 국가는 모두 '애국가'입니다. 남의 '애국가'는 안익태 작곡으로 작사가는 미상입니다. 북의 '애국가'는 박세영 작사, 김원균 작곡으로 알려져 있는 '아침은 빛나라'입니다. 가사를 보면 남북 모두 '애국가'에서 '강산', '삼천리', '백두산'과 같은 단어를 사용하고 있는 것을 알 수 있습니다.

국화(國花)

남	북
무궁화(無窮花)	목란(木蘭)

남의 국화는 '무궁화'입니다. 국기인 '태극기'와 국가인 '애국가'와는 달리 '무궁화'는 국화로서의 뚜렷한 법령 규정을 가지고 있지 않습니다. 다만 '무궁화'는 옛날부터 한반도 전역에 널리 분포되어 있었으며, 우리 겨레의 민족성을 나타내는 꽃으로 인식되면서 나라의 꽃으로 인정하고 있습니다.

북의 국화는 '목란'인데, 남에서는 '진달래'나 '김일성화' 또는 '김정일화'로 잘못 알고 있는 경우가 많습니다. 북이 '목란'을 나라의 꽃으로 지정한 것은 1991년 4월 10일입니다. 당시 김일성 주석이 "목란꽃은 아름다울 뿐만 아니라 향기롭고 생활력이 있기 때문에 꽃 가운데서 왕"이라며 국화로 삼을 것을 지시한 데 따른 것이라고 합니다. 남에서는 이 꽃을 '함박꽃나무'로도 부릅니다.

'김일성화(金日成花)'는 팔래노프시스(Phalaenopsis) 계열 덴드로비윰(Dendrobium)에 속하는 꽃으로, 이름은 김일성 주석의 이름을 따서 지은 것입니다. 1965년 인도네시아의 수카르노 대통령이 인도네시아를 방문한 김일성 주석에게 이 꽃을 선물했는데, 김일성 주석의 65회 생일인 1977년 4월 15일에 북의 주민들에게 처음으로 소개되었습니다. 북에서는 이 꽃을 귀하게 여겨 이에 관한 영화와 노래가 있으며, 특히 김일성 주석의 생일인 4월 15일 즈음에는 김일성화 축전을 개최한다고 합니다.

'김정일화(金正日花)'는 베고니아(Begonia)과에 속하는 꽃으로, 이름은 김정일 국방위원장의 이름을 따서 지은 것입니다. 이 꽃은 일본 시즈오카의 식물학자 가모 모토테루가 베고니아를 20년 동안 연구하여 개량한 품종인데, 1988년 2월 16일, 김정일 국방위원장의 생일날 이 꽃을 헌정하였습니다. 이 꽃 역시 북에서는 매우 귀하게 여깁니다. 특히 1997년부터 김정일 국방위원장의 생일인 2월 16일을 전후로 하여 이 꽃의 전시회를 열며, 북 전역의 각 식물원에서 이 꽃의 온실 재배를 지속적으로 연구하고 있습니다.

국조(國鳥)

남	북
까치	참매

남의 국조는 '까치'입니다. '까치'는 예로부터 민화나 민담 등에 자주 등장해 온 친밀한 새입니다. 특히 아침에 우는 까치는 반가운 소식을 전해 준다 하여 길조로 여겨 왔습니다.

북의 국조는 '참매'입니다. '참매'는 주로 꿩을 사냥할 때 쓰는 사냥매로 용맹한 새입니다. 몸통은 크지 않지만 균형 있는 외모와 빠르고 영리한 기질을 갖고 있습니다. 북의 김정은 국무위원장의 전용기도 '참매1호'로 알려져 있습니다.

02 입법 사법 행정

남과 북의 행정구역

남		북	
특별시 (特別市)	서울특별시(수도)	직할시 (直轄市)	평양직할시(수도)
광역시 (廣域市)	광주광역시 대구광역시 대전광역시 부산광역시 울산광역시 인천광역시 (자치 도시)	특별시 (特別市)	남포특별시 라선특별시
도(道)	강원도 경기도 경상남도 경상북도 전라남도 전라북도 충청남도 충청북도	도(道)	강원도 량강도 자강도 평안남도 평안북도 함경남도 함경북도 황해남도 황해북도
특별자치시 (特別自治市)	세종특별자치시 (정부 직할)	특급시 (特級市)	개성특급시
특별자치도 (特別自治道)	제주특별자치도 (자치 단체)	특별지구 (特別地區) (특구(特區))	금강산국제관광특구 개성공업지구 신의주특별행정구

남

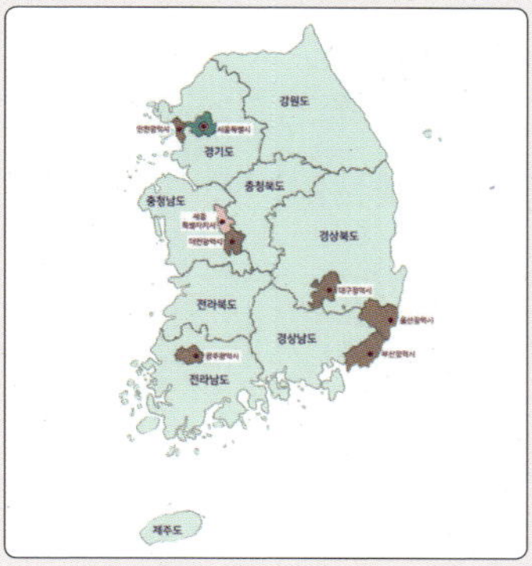

북

- 남의 행정구역은 1개의 특별시, 6개의 광역시, 8개의 도, 1개의 특별자치시, 1개의 특별자치도로 구성되어 있습니다. 이 17개의 행정구역은 광역 지방자치단체입니다.

- 북의 행정구역은 1개의 직할시, 2개의 특별시, 9개의 도로 구성되어 있습니다. 개성시는 특급시로 별도 지정되어 있으며, 특별한 사업 목적을 위해 특별 행정구역인 지구(地區)를 지정하고 있습니다.

금강산국제관광특구

금강산국제관광특구는 북 최초의 관광특구입니다. 북은 2002년 10월 23일 금강산 일대를 국제적인 관광 지역으로 규정하는 정령을 발표한 뒤, 같은 해 11월 25일 '금강산관광지구법'을 발표하면서 명문화하였습니다.

금강산(金剛山)

금강산은 계절에 따른 명칭이 따로 있습니다. 봄은 금강(金剛), 여름은 봉래(蓬萊), 가을은 풍악(楓嶽), 겨울은 개골(皆骨)이라고 부릅니다.

금강산의 명소로는 대승폭포, 박연폭포와 더불어 우리나라 3대 폭포 중 하나인 구룡폭포를 들 수 있습니다.

중앙 행정기관

남	북	비고
대통령(大統領)	국무위원장(國務委員長)	
국무총리(國務總理)	내각총리(內閣總理)	
장관(長官)	상(相)	남 외교부 장관 북 외무상
차관(次官)	부상(副相)	남 외교부 차관 북 외무성 부상

용례로 보기

남 아버지는 그 당시 재무부 {차관이었고}, … 대통령과 순방 길에 올랐다는 것을 알고 있었다.《이은정: 30대 신화는 늦지 않다》

북 책상우에 놓여있는 지령전화가 귀청따갑게 울리였다. 금속공업을 맡아보는 산업성 {부상} … 이완한테서 걸려온 전화였다.《백현우: 불을 다루는 사람들》

북의 '로동당위원장'과 '국무위원장'

북은 당이 곧 국가인 체제이기 때문에 수장으로서의 가장 대표적인 직함은 '로동당위원장'이라고 볼 수 있습니다. 하지만 북은 최근의 대외 활동에서 '김정은 국무위원장'이라는 직함을 자주 쓰고 있습니다. 지난 2018년 2월 김여정 로동당 제1부부장이 방남했을 때에도 "국무위원장의 특명을 받고 왔습니다."라고 말했습니다. 당시 문재인 대통령에게 건넨 파란색 서류철에도 '조선민주주의인민공화국 국무위원장'이란 문구가 금장으로 새겨져 있었습니다.

'로동당위원장'은 당조직의 최고 수장을 의미하며, '국무위원장'은 정부를 대표할 때 쓰는 직함으로 해석할 수 있습니다. 행정 수반으로서 대외적 외교 업무를 하는 자리인 만큼 우리의 대통령과 격을 맞춰 '로동당위원장' 대신 '국무위원장'의 직함을 쓴 것이라고 볼 수 있습니다.

지역 행정기관

남	북	비고
시청(市廳)	시인민위원회 (市人民委員會)	
도청(道廳)	도인민위원회 (道人民委員會)	
군청(郡廳)	군인민위원회 (郡人民委員會)	
구청(區廳)	구역인민위원회 (區域人民委員會)	
동주민센터 (洞住民center)	동사무소 (洞事務所)	
읍사무소(邑事務所)		
면사무소(面事務所)	–	남 면(面)의 행정을 맡아보는 곳

용례로 보기

남 "{시청} 교통 불편 민원 신고 센터에 신고하거나, {시청} 민원 게시판에 정황 설명과 함께 올리자."《김소라: 소라의 맛짱 다이어리》

북 "뭐라구요? {시인민위원회} 상무위원회에서 우리학교 자금청구서가 부결됐다구요?"《백현우: 첫걸음》

남 일행은 며칠 후 주민들의 서명이 첨부된 진정서 등 한 국장이 꾸며온 서류를 가지고 {도청} 감사실로 갔다.《박정규: 그물 수선공》

북 이튿날 정각 9시에 긴급비상회의가 {도인민위원회} 회의실에서 열리였다.《김동호: 거목의 뿌리》

남 "제가 분명히 어제 {군청} 재해 대책반에 신고를 했거들랑요. 그러니까 군이 동네 사람들이 안 나와도 군에서 나오게 되어 있을 건데요."《공선옥: 홀로어멈》

북 편제도 없는 도서실이여서 건설부지를 줄수가 없다고 잡아떼던 {군인민위원회} 도시경영과도 나중에는 송금주의 열정과 파도식공격앞에 손을 들고말았다.《김정: 인생의 악보》

국회와 최고인민회의

남	북
국회(國會)	최고인민회의(最高人民會議)
국회의사당(國會議事堂)	만수대의사당(萬壽臺議事堂)

'국회'와 '최고인민회의'의 기능 및 역할

남에서 '국회'가 갖는 가장 본질적이고 중요한 기능은 입법 기능입니다. 남에서는 헌법 제40조에 '입법권은 국회에 속한다.'라고 규정하고 있는데, 이는 '국회'가 입법에 관한 권한을 행사한다는 의미입니다. 이 밖에도 '국회'는 국가 예산을 심의 및 확정하고, 국무총리 또는 국무위원의 해임을 건의할 수 있으며, 대통령 탄핵 소추 등을 할 수 있습니다.

북에는 '최고인민회의'가 있습니다. 북의 헌법에서는 '최고인민회의'에 대하여 '조선민주주의인민공화국의 최고주권기관'이며, '입법권을 행사한다.'라고 규정하고 있습니다. 이 밖에도 '최고인민회의'는 국가의 대내외 정책 기본원칙 수립, 국방위원회 제1위원장 선거 또는 소환, 국가 인민경제발전계획과 그 실행 정형 심의 및 승인, 내각 및 중앙기관 사업 정형 대책 수립 등의 역할을 합니다.

용례로 보기

국회와 최고인민회의

남 며칠이 지나 그 개정안은 {국회에} 상정되었다.《조정래: 한강》

북 오늘은 {최고인민회의} 대의원선거의 날이다.《장혜영: 일심단결의 노래 높이 부르며》

국회의사당과 만수대의사당

남 {국회의사당에서} 개정안에 대한 공청회가 열리는 것을 중계방송하고 있었다.《이균영: 빙곡》

북 나라의 정사를 의논하고 결정하는 {만수대의사당의} 숭엄한 좌석들에 그 누가 있는가를 생각해보라.《오태정: 삶과 행복의 요람》

국회의원과 최고인민회의 대의원

남	북
국회의원(國會議員)	최고인민회의 대의원 (最高人民會議 代議員)
비례대표(比例代表) 전국구 의원(全國區 議員)	–
지역구 의원(地域區 議員)	–

용례로 보기

남 "{국회의원은} 국민의 생명과 인간의 권리와 개인의 자유와 그리고 재산을 보호하는 책임을 가졌어요."《유주현: 장씨 일가》

남 여당 {국회의원} 김대승 외 일흔두 명 의원들의 동의로 국회에 제출된 그 법안은 처음부터 여러 가지 문제점을 안고 있었으나, 뜻밖에 날이 갈수록 국민들 사이에서 고개를 끄덕이는 사람이 많아져….《최인석: 봉천동, 그 찬란하던 날》

북 "동무들, 우리는 이제 뜻깊은 {최고인민회의 대의원} 선거의 날을 맞이하게 됩니다."《김미향: 주인의 모습》

북 "본래대로 합시다. {최고인민회의 대의원이기}때문에 옷차림과 걸음걸이를 달리해야 된다는데 나는 반대로 대의원이기때문에 옷차림과 걸음걸이를 본래대로 해야 된다고 생각합니다."《백보흠: 번영의 시대》

의원 선출 방식

남에서의 '국회의원'은 보통, 평등, 직접, 비밀선거에 따라 선출되며 임기는 4년입니다. 국회의원은 국민을 대표하여 법률을 제정하고 국정을 심의하는 역할을 합니다. 국회의원은 '지역구 의원'과 '비례대표 의원'으로 나누어 볼 수 있습니다. '지역구 의원'은 지역을 대표하여 뽑힌 국회의원이며, '비례대표 의원'은 정당의 득표율로 뽑힌 국회의원입니다.

북에는 '최고인민회의 대의원'이 있습니다. 북의 헌법에 따르면 '최고인민회의 대의원'은 일반적, 평등적, 직접적 선거 원칙에 따라 비밀투표로 선출됩니다. '최고인민회의 대의원'의 임기는 현재 5년으로 알려져 있습니다. 규정상 선출 방식은 남북이 비슷하지만, 실제로 북의 대의원 선거는 단독 후보자에 대한 찬반 투표로 진행되며, 대체로 100% 투표율에 100% 찬성률로 나타나는 것이 특징입니다.

일반 법원

남	북
법원(法院) / 재판소(裁判所)	재판소(裁判所)
지방법원(地方法院)	인민재판소(人民裁判所)
고등법원(高等法院)	직할시재판소(直轄市裁判所)
	도재판소(道裁判所)
대법원(大法院) 	중앙재판소(中央裁判所) 

용례로 보기

남 얼마가 지났는지 지금은 기억도 못하지만 광주 {지방법원에서} 제1심 공판이 열렸다.《김현승: 굽이쳐 가는 물굽이와 같이》

북 얼마 지나서는 군에 {인민재판소가} 새로 설치되면서 소장으로 선출되였다.《림종상: 그해 여름과 겨울》

'3심 제도'와 북의 '3급 2심 제도'

남의 '3심 제도'는 재판을 공정하게 하여 국민의 기본권을 보장하기 위한 제도로, 한 사건에 대하여 서로 달리 구성된 다른 종류의 법원에서 세 번의 재판을 받을 수 있는 제도입니다. 1심은 지방법원, 2심은 고등법원, 3심은 대법원에서 이루어집니다. 지방법원에서 받은 판결이 불공정하다고 생각되면 항소하여 고등법원에서 판결을 받지만, 또 불공정하다고 생각되면 대법원에 상고하여 다시 판결을 받을 수 있습니다.

북의 재판은 '3급 2심제'로 되어 있습니다. 재판소는 3개의 급으로 나누어져 있지만 실질적으로 두 번까지만 재판을 할 수 있습니다. 1심은 보통 인민재판소에서 이루어지며, 재판부는 판사 1명과 일반인인 인민참심원 2명으로 구성되어 있습니다. 1심에서 특이한 것은 참심제도인데, 이는 일반인인 인민참심원이 판사와 함께 재판을 진행하는 것입니다. 2심은 주로 도·직할시재판소가 담당하며, 재판부는 판사 3명으로 구성됩니다. 예외적으로 1심을 도·직할시재판소가 담당한 경우, 중앙재판소에서 2심을 하기도 합니다.

특별 법원

남	북
가정법원(家庭法院)	–
군사법원(軍事法院)	군사재판소(軍事裁判所)
헌법재판소(憲法裁判所)	–
–	철도재판소(鐵道裁判所)

남의 특별 법원에는 '가정법원', '군사법원', '헌법재판소'가 있습니다. 가정법원은 가사소송법이 규정한 가정에 관한 사건과, 소년법이 규정한 소년에 관한 사건 등을 관장하는 법원입니다. 군사법원은 군사재판을 관할하려고 설치한 특별 법원입니다. 헌법재판소는 헌법에 관한 분쟁이나 의의(疑義)를 사법적 절차에 따라 해결하는 곳입니다.

북의 특별재판소는 형사재판만 담당하는 '군사재판소', '철도재판소'가 있습니다. 북에서는 철도가 가장 중요한 운송 수단이기 때문에 철도법, 철도차량법 등을 두어 철도의 관리와 운영에 관하여 강한 통제를 하고 있습니다. 따라서 철도 관련 범죄를 저지를 경우 철도재판소에서는 최고 무기로동교화형까지 판결할 수 있도록 엄중한 책임을 묻고 있습니다.

검찰

남	북
검찰(청)(檢察廳)	검찰소(檢察所)

용례로 보기

남 그는 K 지청엔 검사가 통틀어 다섯 명밖에 안되는데 자기가 그들과 얼마나 친하다는 얘기며, {검찰청} 수사과는 경찰의 수사과보다 얼마나 질이 높고 세도가 당당하다는 얘기를 장황하게 늘어놓고 나서….《박완서: 조그만 체험기》

북 {검찰소의} 박검사와 군안전부의 한과장이 사고현장을 돌아보고 … 로동자들과 담화하고 주상민을 만나고 가서는 다음날 그를 {검찰소로} 불러들였다.《리종렬: 평양은 선언한다》

남의 '검찰(청)'은 각종 범죄를 수사하여 법원에 재판을 청구하고, 재판의 집행을 지휘하는 곳입니다. 법무부의 소속 기관으로, 검사가 담당하는 검찰 사무를 관할합니다. 검찰의 업무로는 범죄의 수사, 증거의 수집, 공소의 제기와 유지, 법원에 대한 법령의 적당한 적용 청구, 재판의 집행 지휘·감독 등을 들 수 있습니다. 남의 검찰청은 대검찰청, 고등검찰청, 지방검찰청 및 지청으로 구성되어 있습니다.

북의 '검찰소'는 중앙검찰소, 도·직할시검찰소, 시·구역·군검찰소, 그리고 특별검찰소로 구성되는 헌법기관으로 법을 정확히 지키는가를 감시하는 것을 기본 임무로 합니다. 수사보다는 감시 기능을 더 중시하기 때문에 남의 검찰(청)보다는 그 권한이 약한 것으로 파악됩니다. 중앙검찰소장은 최고인민회의에서, 검사는 중앙검찰소에서 각각 임명하도록 규정되어 있습니다.

변호사

남	북
국선 변호사(國選 辯護士)	변호사(辯護士)
사선 변호사(私選 辯護士)	–

용례로 보기

남 "(국선 변호사는) 나라가 당신을 도와주는 제도니 하라는 대로 하세요."《김준성: 그가 남기고 온 자리》

북 (변호사는) 기소장의 일부 내용과 예심과정에 있은 일들을 알려주었다.《온영수: 작곡가 리면상》

남에서는 형사사건 피고인이 경제 사정 등으로 사선 변호사를 선임할 수 없는 경우이거나 피고인의 청구에 따라 법률로써 정해진 경우에 한해 국선 변호사를 선임합니다. 사선 변호사는 직접 의뢰인에게 수임료를 받고 변호를 해 주는 변호인을 말합니다.

북의 변호사법에 따르면, '변호사'는 해당 변호사위원회가 정한 기준에 따라 변호사 보수를 받아야 한다고 합니다(제26조). 변호사들의 조직으로는 '조선변호사회'가 있는데(제28조), 이 '조선변호사회'에서는 변호사들의 활동을 지도통제하고, 기관, 기업소, 단체와 공민의 신청을 접수하며, 보수를 받아 변호사들에게 지급한다고 합니다(제30조).

2017년 기준으로 북의 변호사는 500여 명으로 추산되며, 이들 중 200여 명은 변호사 업무만 수행하는 전업 변호사이고, 나머지는 교수와 연구원 등을 겸하는 겸직 변호사라고 합니다.

03 관공서 업무

신분증

남	북	비고
주민등록증 (住民登錄證)	공민증(公民證)	남 만 17세 이상 국민에게 발급 북 17세 이상 공민에게 발급

- 남에서는 '주민등록증'에 이름, 주민등록번호, 주소지 등을 기재하고 있습니다. 북의 '공민증'에는 좀 더 구체적인 정보를 기재하고 있습니다. 이름, 성별, 민족별, 난날(생년월일), 난곳(출생 장소), 공민번호뿐만 아니라 결혼 관계나 혈액형 등의 정보까지 담고 있습니다.

- 일반적으로 북의 주민들은 '공민증'을 발급받지만 17세 이상 공민 중에서 평양시에 거주하는 이들은 별도로 '평양시민증(平壤市民證)'을 받습니다.

용례로 보기

남 {주민등록증} 나왔다고 이제 어른이라며 좋아하더니 이럴 땐 마냥 어린애 같다.《정은숙: 지금 아니면 못 할 일》

북 "이런 일도 있습니까. 인숙동무가 글쎄 자기 {공민증} 결혼란에 철명이를 남편으로 등록하겠다고 하는군요."《석남진: 비결》

북 〈공민증〉에 기입되는 내용

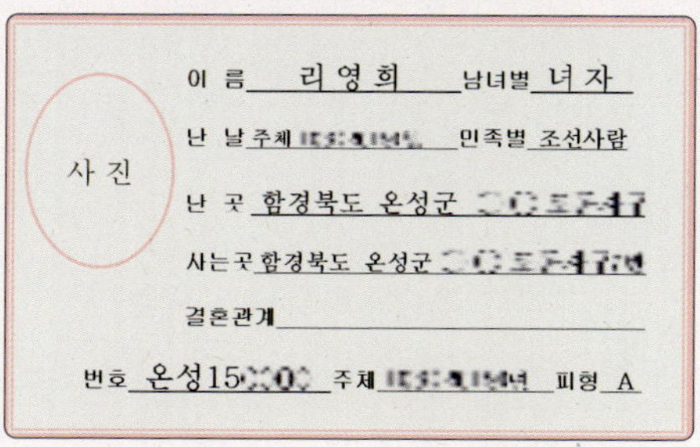
사 진
이 름 리 영 희 남녀별 녀 자
난 날 주체 [illegible] 민족별 조선사람
난 곳 함경북도 온성군 [illegible]
사는곳 함경북도 온성군 [illegible]
결혼관계
번호 온성15[illegible] 주체 [illegible] 피형 A

주민 등록 증명서

남	북
주민등록등본(住民登錄謄本)	주민등록대장 (住民登錄臺帳)
주민등록초본(住民登錄抄本)	
가족관계등록부(家族關係登錄簿)	

남에는 주민등록등본, 주민등록초본, 가족관계등록부가 구분되어 있습니다. 주민등록등본은 주민등록의 원본을 말하며, 주민등록초본은 주민등록 원본 중 필요한 부분만 뽑아서 발급받는 서류를 말합니다. 가족관계등록부는 가족 관계를 증명하는 서류입니다. 북에는 이들 모두를 포괄하는 '주민등록대장'이 있습니다.

이사 신고

남	북
전입신고(轉入申告)	거주등록(居住登錄)

용례로 보기

남 그는 동사무소에 {전입신고를} 한 외에는, 그때까지 누구에게도 새로 이사한 곳의 주소를 알린 적이 없었다.《김인숙: 현기증》

북 "이들은 군법에 의하면 이미 … {거주등록을} 하여야 했을것이나 … 한번만 용서를 받았던 거요."《량호신: 위훈》

남에서의 이사는 부동산 중개소를 통해 개인 간 자유롭게 이루어집니다.

북에서는 당국의 '주택배정과'라는 부서에서 해당 주택에 대한 '사용허가증'을 발급받은 경우에 이사를 할 수가 있습니다. 북은 토지, 건물, 부동산 등이 모두 국가의 소유이기 때문에 이 경우에도 주택에 대한 소유권을 가지게 되는 것은 아닙니다.

최근에는 주택배정과가 관장하는 '주택거래소'가 생겨 이를 통해 주택 사용권 거래를 허용한다는 소식이 전해지기도 합니다.

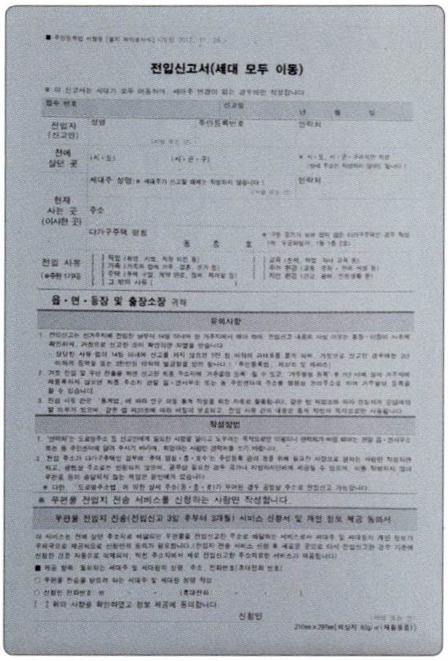
전입신고서(세대 모두 이동)

혼인신고

남	북
혼인신고(婚姻申告)	결혼등록(結婚登錄)

용례로 보기

남 두 사람은 결혼식은 물론 {혼인신고도} 하지 않았기에 각자의 길을 방해할 뜻은 없었다.《김탁환 외: 눈먼 시계공》

북 "동무의 공민증이요. 난 분주소에 가서 아예 공민증에다 {결혼등록을} 해놓자고 하였소."《조승찬: 숙원》

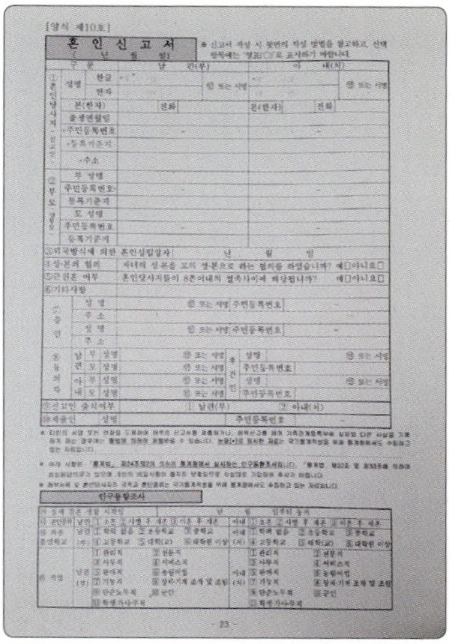
[양식 제10호]
혼인신고서

남에서의 '혼인신고'는 남녀가 법률적인 정식 부부로 인정을 받게 되는 절차입니다.

북에서는 이를 '결혼등록'이라고 하는데, '결혼등록'을 하면 결혼 생활에 필요한 물자와 집 등이 제공된다고 합니다.

남에서는 '민법 제807조(혼인적령)'에 따라 남녀 연령 차이 없이 만 18세가 된 사람은 결혼을 할 수 있습니다.

북에서는 '가족법 제9조'에 따라 남자는 18세, 여자는 17세부터 결혼할 수 있다고 규정하고 있습니다.

2014년 유엔인구기금(UNFPA)의 통계에 따르면, 북의 실제 초혼 연령은 남자 만 28세, 여자 만 25세 정도가 된다고 합니다.

경찰청과 인민보안성

체계	남	북	비고
경찰 기관	경찰청(警察廳)	(인민)보안성 (人民保安省)	남 정부/시/도 북 정부
		(인민)보안국 (人民保安局)	북 도
	경찰서(警察署)	(인민)보안서 (人民保安署)	남 군/구 북 시/군/구역
지구대	지구대(地區隊)	(인민)보안소 (人民保安所)	남 치안센터〈파출소〈지구대
	파출소(派出所)		
	치안 센터(治安 center)		

용례로 보기

경찰청과 보안국

남 {경찰청은} … 양귀비 및 대마를 불법으로 재배하거나 채취하는 행위 등에 대한 단속 활동을 강화하라고 전국 경찰에 지시했다.《황광남: 머나먼 귀향》

북 {보안국에서는} 밤 10시면 … 보안서원들이 순찰을 진행하여 통행금지시간이후에 다니는 사람들을 엄격히 단속하도록 하였다.《주상준: 안개속의 과녁》

경찰서와 보안서

남 그 친구는 … 소식에 놀라 뛰쳐나가다가 도로교통법에 걸려 하룻밤을 {경찰서} 유치장에서 보내야 했던 것이다.《신상웅: 세 번째 겨울》

북 그는 {보안서에} 찾아가면 서장앞에서 자기의 범죄를 솔직히 고백하리라고 마음먹었다.《김정: 첫 수술》

경찰관과 인민보안원

남	북
경찰(관)(警察官)	(인민)보안원(人民保安員)
교통경찰(交通警察) 교통순경(交通巡警)	교통보안원(交通保安員)

용례로 보기

경찰관과 보안원

남 횡단보도를 아슬아슬하게 건너는 현장을 목격했던 순찰 나온 {경찰관} 두 사람이 그의 곁으로 다가왔다.《김준성: 어떤 종점》

북 네거리에서 교대를 마치고 돌아오던 애젊은 {보안원이} 교양실문앞에서 걸음을 멈추고 금동이에게 말을 붙이였다.《김정: 따뜻한 도시》

교통경찰, 교통순경과 교통보안원

남 오늘도 어김없이 저쪽 건널목 자리에 {교통경찰} 둘이 단속을 서고 있었다.《김종광: 많이 많이 축하드려유》

남 교통법규를 어긴 운전사와 {교통순경} 사이에 승강이가 붙는 일이 많다. 한쪽에서는 면허장을 내라고 하고….《이어령: 차 한 잔의 사상》

북 그들이 탄 승용차는 {교통보안원이} 길을 열어준 정거장에서 지척인 네거리를 지나 항구가 바라보이는 해안통거리로 쏜살같이 달려갔다.《김정남: 항만의 금별》

남의 '경찰(관)'에 해당하는 북의 '(인민)보안원'은 남의 '경찰청'에 해당하는 '인민보안성'에 소속되어 있습니다. '(인민)보안원'은 각종 범죄 예방 및 수사, 교통 단속 활동 등의 일을 하며, 일반 경찰 업무 외에 소방 관리나 지진 관리 등의 업무도 합니다.

경찰과 인민보안원의 계급 체계

남	북
치안총감(治安總監)	대장(大將)
치안정감(治安正監)	상장(上將)
치안감(治安監)	중장(中將)
경무관(警務官)	소장(小將)
총경(總警)	대좌(大佐)
경정(警正)	상좌(上佐)
경감(警監)	중좌(中佐)
경위(警衛)	소좌(小佐)
경사(警査)	대위(大尉)
경장(警長)	상위(上尉)
순경(巡警)	중위(中尉)
	소위(小尉)
	특무상사(特務上士)
	상사(上士)
	중사(中士)
	하사(下士)
	상급병사(上級兵士)
	중급병사(中級兵士)
	초급병사(初級兵士)
	전사(戰士)

남의 '경찰'은 군 계급과 다른 계급 체계를 쓰는 반면에, 북의 '인민보안원'은 인민무력부 소속 현역 군인과 같은 군사칭호(계급)를 쓰며, 견장 색만 다른 군복을 입습니다.

남 경찰 계급장		
치안총감	총경	경사
치안정감	경정	경장
치안감	경감	순경
경무관	경위	

소방 업무

남	북
소방서(消防署)	소방대(消防隊)

✔ 남의 소방관은 소방청 소속으로, 소방공무원법의 적용을 받는 공무원입니다. 북의 소방대원은 인민보안성 소속으로, 소방대원의 신분도 인민보안원에 해당합니다.

✔ 화재가 일어났거나 응급 상황일 때 남에서는 신고 번호 '119'를 쓰며, 북에서는 '110'을 씁니다.

남 소방관 계급 체계 및 계급장	
소방총감(消防總監)	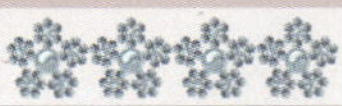
소방정감(消防正監)	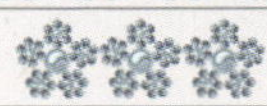
소방감(消防監)	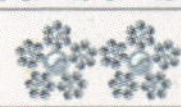
소방준감(消防准監)	
소방정(消防正)	
소방령(消防領)	
소방경(消防警)	
소방위(消防尉)	
소방장(消防長)	
소방교(消防校)	
소방사(消防士)	
소방사시보(消防士試甫)	

용례로 보기

남 {소방서} 당직자가 황급히 소방차를 출동시켰지만 이미 불길이 농장을 전부 태우고 저절로 사그라지고 있었다고 한다.《안광: 성난 타조》

북 {소방대가} 오고 … 제철소구내에 널려있던 사람들이 모두 달려오다싶이 했으나 가마니와 나래에 당긴 불은 끌수가 없었다.《백현우: 불을 다루는 사람들》

우편 업무

남	북
우체국(郵遞局)	체신소(遞信所)

남의 '우체국'은 주로 우편 업무를 담당하며, 예금이나 보험 등의 업무도 함께 맡아보는 정부 기관입니다. 북에는 이 업무를 '체신소'에서 합니다. 북의 체신소는 일반 우편, 소포, 전보, 전화 업무 등의 우정 사업과 송금 등의 은행 관련 업무도 함께 담당합니다. 체신소는 북의 IT산업을 전담하는 부서인 '체신성'의 산하기관으로, 시와 군 단위에 위치하고 있습니다. 체신소의 업무 중 남과 다른 것은 전화 업무인데, 전화 사용이 필요한 북의 주민들은 체신소를 방문하여 이용을 신청합니다.

용례로 보기

남 우리는 항상 {우체국} 앞에 서서 부치지 않은 편지를 부치러 {우체국} 안으로 들어가는 꿈을 꾼다.《강은교: 젊은 시인에게 보내는 편지》

북 수진은 {체신소에서} 조국에 보내는 아홉통의 편지에 우표들을 사서 차례로 붙이고있었다.《리종렬: 평양은 선언한다》

P·A·R·T

04 정치와 사회

국민과 인민

남	북
국민(國民)	인민(人民)

《표준국어대사전》	《조선말대사전》
국민 [궁-] (國民) [명사] 국가를 구성하는 사람. 또는 그 나라의 국적을 가진 사람.	**국민** [궁-] (國民) [명] 일정한 나라의 국적을 가진 사람. 《인민》과 비슷한 의미로 쓰이기도 한다.
인민 (人民) [명사] 국가나 사회를 구성하고 있는 사람들. 대체로 지배자에 대한 피지배자를 이른다.	**인민** (人民) [명] 나라를 이루고 사회와 력사를 발전시켜나가는데서 주체로 되는 사람들. 혁명의 대상을 제외하고 로동자, 농민을 비롯한 각계각층의 모든 사람들이 다 포괄된다.

지난 2015년 10월 19일 당 창건 기념일 연설에서 김정은 국무위원장이 가장 많이 언급한 단어는 '인민'이었다고 합니다. 길지 않았던 연설에 '인민'이라는 말이 무려 90여 번이나 들어갔으며, '조선민주주의인민공화국', '최고인민회의', '인민위원회' 등의 주요 단어를 보더라도 북에서 이 말을 얼마나 많이 쓰고 있는지를 알 수 있습니다.

북에서는 '공민(公民)'이라는 말도 많이 씁니다. 북에서 17살이 된 사람은 공민증을 받고 선거할 권리와 선거 받을 권리를 행사할 수 있습니다.

《조선말대사전》

공민 (公民) [명사]

일정한 나라의 국적을 가지고 그 나라 헌법에 규정된 권리와 의무를 지닌 사람.

[북] 박락호는 … 학자 마영림의 불타는 조국애에 탄복하였고 그 성실한 노력에 이 땅의 한 {공민으로} 심심한 감사의 정을 속깊이 새겨왔다.《허문길:특별임무》

단군기원

남	북	비고
단군기원(檀君紀元) / 단기(檀紀)		남 기원전 2,333년 북 기원전 2,993년

'역사에서 연대를 세는 기준이 되는 해'를 〈기원(紀元)〉이라고 합니다. 남에서는 정부 수립과 동시에 단군왕검이 즉위한 해인 기원전 2,333년을 원년으로 하는 '단군기원'을 쓰다가, 1962년부터 공식적으로 '예수가 태어난 해를 원년'으로 하는 '서력기원(西曆紀元)', 즉 '서기(西紀)'를 쓰고 있습니다. '서기'는 현재 세계적으로 사용하고 있는 기원입니다.

북에서는 '단군기원'을 단군이 고조선을 건국한 해를 원년으로 삼은 기원전 2,993년으로 보고 있습니다. 단군기원에 대한 기준 연도가 다른 것은 남북의 고증 차이 때문입니다.

북은 현재 '주체연호(主體年號)' 혹은 '주체력(主體曆)'이라고 부르는 자체 연도 표기법을 쓰고 있습니다. '주체연호'는 김일성 주석의 출생 연도인 1912년을 '주체1년'으로 정한 연도 표기법으로, 사용상 편의를 위해 서기를 괄호에 넣어 '주체108(2019)년'과 같이 표기합니다.

《표준국어대사전》	《조선말대사전》
단군기원 (檀君紀元) [명사] 단군이 즉위한 해인 서력 기원전 2,333년을 원년(元年)으로 하는 기원. 우리나라의 기원으로, 대한민국 정부 수립과 동시에 이를 사용하다가 1962년부터는 공식적으로 서기(西紀)를 사용하기 시작하였다.	**단군기원** (檀君紀元) [명] 우리 민족의 건국시조인 단군이 고조선을 건국한 해를 원년으로 한 기년법. 오늘날 단군이 실재한 인물로 확증되고 그 출생년대가 5,011년전[주체82(1993)년현재]이라는것이 밝혀진 조건에서 단군기원을 B.C. 2,993년으로 인정하고있다.

명절의 개념

남	북
명절(名節)	(민속) 명절(民俗 名節)
국경일(國慶日)	(국가적) 명절(國家的 名節)
기념일(紀念日)	명절(名節) / 기념일(紀念日)

- 남에서 '명절'이라 함은 주로 '민속 명절'을 뜻합니다. 북에서 '명절'은 '민속 명절, 국가적 명절, 기념일' 모두를 포함하는 의미입니다.

- 남에서 '국경일'이란 법으로 정한 기념일을 뜻하며, 북에서의 '국경일'은 '정권 창건 기념일'을 뜻합니다.

용례로 보기

남 {국경일을} 기념하는 취지가 나라를 다시 빼앗기지 않겠다는 의지를 되새기는 기회라면 일년에 한 번씩이 아니라 연중무휴로 경축해야 할 것이다.《김원우: 무기질 청년》

북 부모들은 귀여운 자녀들이 소년단에 입단하게 될 때나 혹은 중요한 {국가적 명절} … 저녁시간 등의 좋은 계기들을 리용하여 붉은넥타이에 깃든 깊은 사상적 내용을 잘 해설해주고….《황석철: 소년단넥타이를 통한 교양을 잘하자면》

민속 명절

남	날짜(2019년 기준)	북	날짜(2019년 기준)
설날	2월 5일(-1.1)	설명절(-名節)	2월 5일(-1.1.)
한식(寒食)	4월 6일 (동지 후 105일째)	정월대보름 (正月大--)	2월 19일(-1.15.)
단오(端午)	6월 7일(-5.5)	청명절 (淸明節)	4월 5일 (춘분 다음 곡우 앞 절기)
추석(秋夕) 한가위	9월 13일(-8.15)	한가위 추석(秋夕)	9월 13일(-8.15)

북의 민속 명절

북의 명절은 '사회주의적인 명절'과 예로부터 전하여 오는 '민속 명절' 그리고 '국제적으로 기념하는 명절'이 있습니다. 민속 명절은 양력설과 음력설, 정월대보름, 한가위 등 전통적으로 지켜오던 명절을 말합니다. 북의 민속 명절은 하루 동안 공휴일이며, 제도화된 휴일이라기보다는 때에 따라 당국이 휴일 여부를 지정합니다.

남북의 추석날 풍경

남북의 '추석'은 모두 음력 8월 15일입니다. 남에서는 추석 당일을 포함하여 3일을 공휴일로 지정하고 있습니다. 남은 추석에 햇곡으로 빚은 송편과 각종 음식을 장만하여 아침에 조상께 차례를 지내고 성묘를 갑니다. 이날에는 강강술래, 줄다리기, 가마싸움과 같은 전통 놀이를 즐기기도 합니다.

북은 2003년 김정일 국방위원장이 추석을 예전 명칭인 '한가위'로 부르라고 지시한 이후 '한가위'로 부릅니다. 북에서도 한가위 아침에 성묘를 가서 간단한 차례를 지내는데, 남과 같이 큰절은 올리지 않고 간단히 묵례를 올린다고 합니다.

삼일(3.1)절

남	북
삼일(3.1)절 (三一節)	삼일(3.1)인민봉기의 날 (三一人民蜂起- -)

남에서 '삼일절'은 '3.1운동'을 기념하는 국경일입니다. '3.1운동'은 1919년 일본 제국주의에 맞서 민중들이 자발적으로 일으킨 비폭력 평화 만세 운동입니다.

북에서는 '삼일절'을 '삼일(3.1)인민봉기의 날'로 부릅니다. 북은 '3.1운동'에 대해 '자주독립을 염원하며, 식민 통치 아래에서 쌓인 인민의 원한과 분노가 폭발한 사건'으로 규정하고 있습니다. 북에서는 국경일로 지정하고 있지는 않으며, 1980년까지 '삼일(3.1)인민봉기 기념보고회' 등의 행사를 벌였으나, 1980년대 중반 이후는 국가사상 기조를 김일성 주석 중심의 민족주의에 맞추면서 별다른 행사로 기념하지는 않습니다.

헌법의 제정

남	북
제헌절(制憲節)	헌법절(憲法節)

- 남의 '제헌절'은 대한민국의 헌법을 제정하고 공포한 것을 기념하는 날입니다. 남은 1945년 광복 이후 대한민국 정부가 수립되면서 민주 공화정이라는 국가 이념을 강조하고자 헌법을 만들고, 이를 기념하고자 '제헌절'을 제정하고 국경일로 지정했습니다. 7월 17일은 제헌헌법이 공포된 날이기도 하지만, 조선왕조 건국일인 7월 17일이기도 하여 조선왕조를 계승한다는 의미를 담고 있습니다. 현재 제헌절은 남의 5대 국경일 중 유일하게 공휴일로 지정되어 있지 않습니다.

- 북은 헌법 제정을 기념하는 날을 '사회주의 헌법절'이라고 하며, 보통 줄여서 '헌법절'이라고 합니다. '헌법절'은 12월 27일인데, 남과 달리 처음 만들어진 헌법을 기념하는 날이 아니고, 1972년 12월 27일 최고인민회의가 사회주의헌법을 채택한 것을 기념하는 날입니다. 북의 헌법절도 국경일이며 공휴일로 지정되어 있습니다.

용례로 보기

남 대문에는 태극기가 펄럭인다. {제헌절에} 내다 건 태극기는 아직까지 그대로 있다.《김희진: 고양이 호텔》

북 그날은 조선의 {헌법절로서} 조선사람들이 년중에 쇠는 큰 명절중의 하루였다.《김우경 외: 만민의 어버이》

광복 기념일

남	북
광복절(光復節)	조국해방의 날(祖國解放- -) 조국해방 기념일(祖國解放 記念日)

- 남에서는 매년 8월 15일을 '광복절'이라 칭하고 국경일로 지정하고 있습니다. 각 가정에서는 태극기를 게양해 독립을 기념하고, 독립을 위해 싸우다가 돌아가신 분들을 추모합니다.

- 북에서도 광복을 기념하는 날을 지정하고 있으며, '조국해방의 날' 또는 '조국해방 기념일'이라고 부릅니다. 이는 김일성 주석을 중심으로 한 항일 무장투쟁 세력이 조국 해방에 기여한 것을 선전하기 위한 것입니다.

광복절을 기념하는 의미는 서로 다르지만, '광복절'은 민속 명절을 제외하고는 남북의 유일한 공통 국경일이라는 데 그 의의가 있습니다.

용례로 보기

남 공교롭게도 오늘은 해마다 돌아오는 {광복절이다}. 나라를 사랑하는 사람들이 베란다 밖으로 태극기를 내거는 날.《장은진: 앨리스의 생활 방식》

북 반만년의 유구한 우리 민족사에 {조국해방의 날로} 빛나는 8월 15일!《변춘희: 감격의 환호성 영원하리!》

북 《봉선화》, 《고향의 봄》 등을 지어 이름을 남긴 홍란파도 … {조국해방의 날을} 보지 못한 채 젊은 나이에 세상을 떠나게 되였다.《우연오: 계몽기가요는 우리 민족의 귀중한 음악유산》

우리글의 제정

남	북
한글날	조선글날(朝鮮--)

'세종대왕이 한글을 만들어 세상에 널리 알린 것을 기념하기 위한 날'을 남에서는 '한글날'이라고 하며, 10월 9일입니다. '한글날'은 한글의 우수성을 널리 알리고 그 의미를 되새겨 보고자 하는 국경일입니다. 참고로 〈한글〉이라는 이름은 근대 초기의 국어학자인 주시경 선생이 붙인 이름이며, '큰 글'이라는 뜻이 있습니다.

1940년 7월에 발견된 훈민정음해례본의 정인지 서문에는 책의 편찬이 '세종 28년(1446년) 9월 상한(上澣)'에 이루어졌다고 밝히고 있습니다. 이를 근거로 남에서는 음력 9월 상순에 훈민정음이 반포된 것으로 보고, 9월 상한의 마지막 날인 음력 9월 10일을 양력으로 계산한 10월 9일을 한글날로 정하고 있습니다. 남에서는 '훈민정음 반포일'을 '한글날' 제정의 기준으로 삼았다고 볼 수 있습니다.

북에서는 우리글의 창제를 기념하는 날을 '조선글날'로 부르고 있으며, 날짜는 1월 15일입니다. 남과 같이 '훈민정음 반포일'을 기준으로 한 것이 아니라 '훈민정음 창제일'을 기준으로 하고 있기 때문에 날짜에 차이가 있습니다. '훈민정음 창제일'은 세종 25년(1443년) 음력 12월인데, 이를 양력으로 계산하면 1444년 1월 15일이 되기 때문에 이를 기준으로 한 것입니다. 북의 '조선글날'은 남과 달리 국경일로 지정되어 있지 않습니다.

어린이를 위한 날

남	북
어린이날	국제아동절(國際兒童節) 륙일(6.1)절(六一節)
	소년절(少年節) (조선)소년단 창립일 (朝鮮少年團 創立日)

- 남의 '어린이날'은 3.1운동 이후 제2세 국민에게 국권 회복의 기대를 걸어보려는 뜻에서 소파 방정환 선생이 제안한 것에서 시작되었습니다. 이후 1923년 5월 1일 노동절에 맞추어 첫 어린이날 기념식을 거행하면서 어린이날이 시작된 이래, 광복 이후 5월 5일로 정하여 행사를 해왔으며, 1975년 5월 5일 법정 공휴일로 지정되었습니다.

- 북에는 '국제아동절'과 '(조선)소년단 창립일'이 있습니다. '국제아동절'은 6월 1일로, 1949년 모스크바에서 개최된 '국제민주여성연맹이사회'에서 매년 6월 1일을 어린이들의 국제적 명절로 제정한 데에서 출발하였습니다.
  '(조선)소년단 창립일'은 6월 6일로, 북의 소학교에서 소년단 입단식을 열고 학생들에게 붉은 넥타이를 매주는 기념행사를 진행합니다. '국제아동절'이 미취학 아동들을 위한 날이라면, 이날은 만 7세부터 13세까지의 취학 아동들을 위한 날이라고 할 수 있습니다.

용례로 보기

남 오는 5일은 맑고 푸른 5월의 하늘 아래 새싹들이 동심의 나래를 활짝 펴는 {어린이날}.《동아일보사: 엄마 아빠 우리 함께 구경 가요》

북 {국제아동절인} 이날 이렇게 세쌍둥이와 두 사내아이를 안아 키우는 동무들과 함께 즐기는 것 이상 더 좋은 일이 어디 있겠습니까.《김영근: 행복》

어버이를 위한 날

남	북
어버이날	어머니날

- 남에서의 '어버이날'은 5월 8일입니다. 이날은 부모님의 은혜에 감사하고, 어른과 노인을 공경하는 마음을 되새기고자 지정한 날입니다. 본래 남에서는 1956년 5월 8일을 '어머니날'로 정했었습니다. 이후 '아버지날'이 없는 것에 대한 문제가 제기되어 1973년에 오늘날의 '어버이날'을 지정하였습니다.

- 북에서는 이전에 '국제부녀절'을 지정했지만 부모님을 위한 기념일을 별도로 만든 적은 없었습니다. 그러다가 2012년부터 11월 16일을 '어머니날'로 정해 기념해 오고 있는데, 이는 1961년 11월 16일 김일성 주석이 어머니의 역할에 대해 연설했던 것에서 연유한 것이라고 합니다. 이후 김정은 국무위원장이 집권한 첫 해인 지난 2012년 최고인민회의에서 '어머니날'을 공휴일로 지정하면서, 매년 경축 공연을 열며 사회주의적 여성의 역할을 강조하고 있습니다.

용례로 보기

남 그 이후론 매해 {어버이날}, 오빠와 함께 카네이션을 만들어 아빠와 엄마 왼쪽 가슴에 꽂아 드렸다.《우영창: 하늘 다리》

북 오늘은 {어머니날}
아침이면 두세번 흔들어야 깨여나군 하던 딸애
새벽별이 지기도 전에 일어나
생글생글 웃음속에 안겨주는 꽃다발《리명옥: 어머니날에 부른 노래》

스승을 위한 날

남	북
스승의 날	–
–	교육절(教育節)

'스승의 날'은 선생님에 대한 존경심을 되새기고 감사를 표시하는 날입니다. 남에서는 매년 5월 15일을 '스승의 날'로 정하고 있습니다.

북에는 남과 같은 '스승의 날'이 없고 대신 '교육절'이 있습니다. 북의 '교육절'은 교사의 교육 수준을 높이고 학생들이 공부를 더 잘하도록 독려하고자 하는 교사와 학생 공동의 기념일로, 매년 9월 5일로 지정되어 있습니다.

나무를 심는 날

남	북
식목일(植木日)	식수절(植樹節)

남의 '식목일'은 나무를 아껴 키우고 많이 심는 것을 권장하려고 지정한 날이며, 4월 5일입니다. 4월 5일이 식목일로 지정된 것은 조선 성종이 선농단에 나아가 몸소 제를 지낸 뒤 농민들과 함께 밭을 갈았던 1493년(성종 24) 3월 10일에 해당하는 날에서 비롯되었습니다. 또한 계절적으로도 나무를 심기에 가장 좋은 4월이므로, 1949년 대통령령에 따라 식목일로 지정한 것입니다.

북에서는 나무 심는 것을 뜻깊게 기념하는 날을 '식수절'이라고 하며, 3월 2일입니다. 식수절은 맨 처음 김일성 주석이 평양 문수산에서 직접 나무를 심은 1947년 4월 6일을 기념하려고 4월 6일로 정하였다가, 1999년부터 3월 2일로 바꾸어 기념하고 있습니다. 이는 김일성 주석이 모란봉을 찾았다가 일제의 남벌로 파괴된 모란봉을 가슴 아프게 생각하여 대대적으로 나무를 심도록 지도했던 1946년 3월 2일에서 비롯한 것이라고 합니다.

용례로 보기

남 결혼을 하고 처음 맞은 {식목일에} 남편은 마당에 목련을 심었다.《윤영수: 봄뜰》

북 {식수절을} 기념하여 만경봉에 1,200그루의 잣나무를 심어놓았고 오늘은 교직원들이 학생들을 데리고 대성산에 나무 심으러 떠났었다.《김동호: 거목의 뿌리》

군사 계급

<table>
<tr><th colspan="2">남</th><th colspan="2">북</th></tr>
<tr><td rowspan="8">장성
(將星)</td><td rowspan="4">원수(元帥)</td><td rowspan="4">원수급
(元帥級)</td><td>(공화국) 대원수(共和國 大元帥)</td></tr>
<tr><td>(공화국) 원수(共和國 元帥)</td></tr>
<tr><td>인민군 원수(人民軍 元帥)</td></tr>
<tr><td>인민군 차수(人民軍 次帥)</td></tr>
<tr><td>대장(大將)</td><td rowspan="4">장령급
(將領級)</td><td>대장(大將)</td></tr>
<tr><td>중장(中將)</td><td>상장(上將)</td></tr>
<tr><td>소장(少將)</td><td>중장(中將)</td></tr>
<tr><td>준장(准將)</td><td>소장(小將)</td></tr>
<tr><td rowspan="4">영관
(領官)</td><td rowspan="2">대령(大領)</td><td rowspan="4">좌급
(佐級)</td><td>대좌(大佐)</td></tr>
<tr><td>상좌(上佐)</td></tr>
<tr><td>중령(中領)</td><td>중좌(中佐)</td></tr>
<tr><td>소령(少領)</td><td>소좌(小佐)</td></tr>
<tr><td rowspan="4">위관
(尉官)</td><td rowspan="2">대위(大尉)</td><td rowspan="4">위급
(尉級)</td><td>대위(大尉)</td></tr>
<tr><td>상위(上尉)</td></tr>
<tr><td>중위(中尉)</td><td>중위(中尉)</td></tr>
<tr><td>소위(少尉)</td><td>소위(小尉)</td></tr>
<tr><td>준사관
(准士官)</td><td>준위(准尉)</td><td rowspan="5">사관
(士官)</td><td>–</td></tr>
<tr><td rowspan="4">부사관
(副士官)</td><td>원사(元士)</td><td>특무상사(特務上士)</td></tr>
<tr><td>상사(上士)</td><td>상사(上士)</td></tr>
<tr><td>중사(中士)</td><td>중사(中士)</td></tr>
<tr><td>하사(下士)</td><td>하사(下士)</td></tr>
<tr><td rowspan="4">병사
(兵士)</td><td>병장(兵長)</td><td rowspan="4">병사
(兵士)</td><td>상급병사(上級兵士)</td></tr>
<tr><td>상등병(上等兵) / 상병(上兵)</td><td>중급병사(中級兵士)</td></tr>
<tr><td>일등병(一等兵) / 일병(一兵)</td><td>초급병사(初級兵士)</td></tr>
<tr><td>이등병(二等兵) / 이병(二兵)</td><td>전사(戰士)</td></tr>
</table>

✔ 북에서는 군사의 계급을 '군사칭호(軍事稱號)'라고 합니다. 《조선말대사전》은 〈군사칭호〉를 '군인들의 자격과 상하관계를 규정하기 위하여 국가가 제정하는 칭호'라고 설명하고 있습니다.

✔ 북의 '병사(兵士)'는 1998년에는 '상등병'과 '전사'의 두 계급밖에 없었으나, 이후 세분화 작업을 통해 '전사', '초급병사', '중급병사', '상급병사'로 나누었습니다.

✔ 북의 '위급'부터는 계급장에 작은 별을 사용하는데, '좌급'과 '장령'으로 올라갈수록 별의 모양을 더 크게 하고 있습니다.

남 군사 계급장

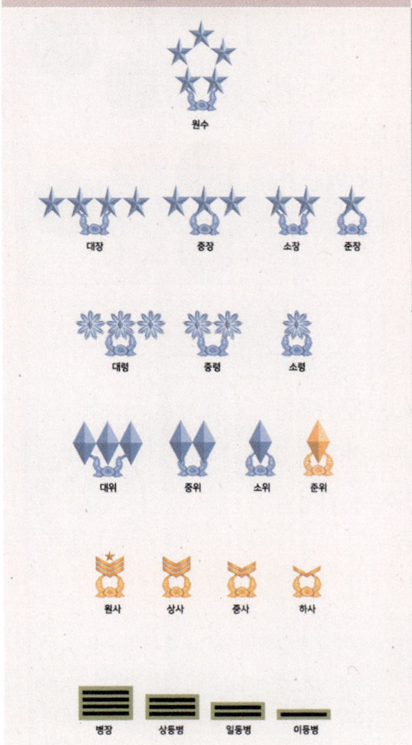

북 군사칭호

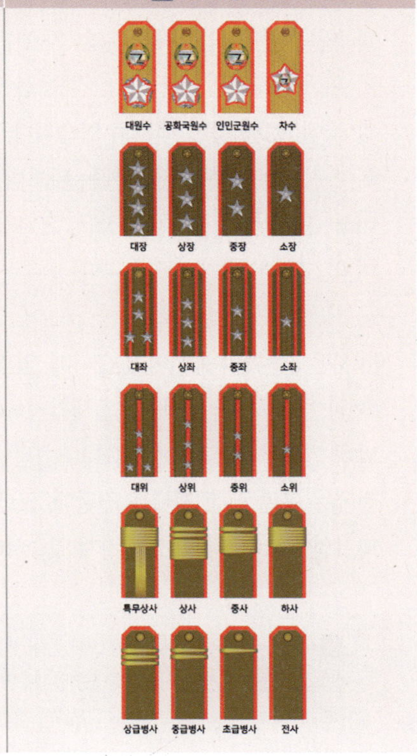

P·A·R·T

05 경제생활

남과 북의 화폐(1)

남	북
일원(一-) 오원(五-) 십원(十-) 오십원(五十-) 백원(百-) 오백원(五百-)	일전(一錢) 오전(五錢) 십전(十錢) 오십전(五十錢) 일원(一圓)

- 남에서는 현재 6종류의 동전을 씁니다. 이 중 1원과 5원은 은행 업무에서 일의 자릿수 단위를 맞추기 위한 용도로만 쓰입니다. 각 동전에는 발행 기관과 금액, 그림 등이 새겨져 있습니다. 1원에는 무궁화, 5원에는 거북선, 10원에는 다보탑, 50원에는 벼이삭, 100원에는 이순신 장군, 500원에는 학(두루미)의 그림이 새겨져 있습니다.

- 북은 5종류의 동전이 있습니다. 앞면에는 국장(國章)과 발행 기관, 금액 등이 새겨져 있고, 뒷면에는 발행 연도와 꽃 그림이 있습니다. 1전에는 철쭉꽃, 5전에는 목란꽃, 10전에는 진달래, 50전에는 김정일화, 1원에는 김일성화가 새겨져 있습니다.

용례로 보기

[남] 여자가 뒷주머니에서 동전 {오백원을} 꺼내 자동차에 투입하자 아이는 울던 울음을 뚝 그쳤고, 그와 동시에 자동차는 멜로디를 앞세우며 사방으로 내달렸다.《함정임: 옮은 안개 사이로》

[북] {십전짜리} 한개라도 그것이 나라의 재산, 인민의 재산일 때는 자기 몸무게에도 대비가 안되게 귀중히 여길줄 아는 거기에 일군으로서의 인민성이 있는거요.《안희열: 우리 시대의 요구와 참된 당일군의 형상》

남과 북의 화폐(2)

남	북
천원(千-) 오천원(五千-) 만원(萬-) 오만원(五萬-)	오원(五圓) 십원(十圓) 오십원(五十圓) 백원(百圓) 이백원(二百圓) 오백원(五百圓) 천원(千圓) 이천원(二千圓) 오천원(五千圓)

- 남의 지폐는 모두 4종류로, 인물의 초상과 배경 그림 등의 내용이 담겨 있습니다. 천원권에 퇴계 이황, 오천원권에 율곡 이이, 만원권에 세종대왕, 오만원권에 신사임당의 초상이 담겨 있습니다.

- 북의 지폐는 모두 9종류입니다. 각 지폐는 국가 휘장이나 정치 지도자, 로동자, 농민 등의 초상이나 도안이 담겨 있습니다.

은행 업무

남	북
은행(銀行)	은행(銀行)
	저금소(貯金所)

용례로 보기

남 "{은행에} 예금을 하게 되면 안전하다는 것 이외에도 이자가 붙게 되니까 여유 있는 돈을 {은행에} 예금해 두는 게 좋아."《이슬기: 돈의 여행》

북 "래일 아침에 {저금소에서} 텔레비값을 찾아다주십시오. 그럼 래일로 가져올수 있습니다."《리정숙: 지평선》

북 {저금소에서는} 개인의 이름으로 저금을 하지 소대나 중대 이름으로 저금하는데가 어디 있느냐고 반대했으나….《김동욱: 병사의 고향》

북의 '조선중앙은행'

북에서 일반 주민이 거래할 수 있는 대표 은행으로는 '조선중앙은행'을 들 수 있습니다. '조선중앙은행'은 북의 화폐를 찍어 내는 중앙은행이자 상업은행입니다.

북 조선중앙은행

북의 '저금소'

북에는 남의 은행과 같은 역할을 하는 '저금소'가 있습니다. 하지만 저금소에서는 입금은 상시 가능하지만 출금을 하기는 어려워서 현재는 현물 환전소와 같은 개념으로 이용되고 있다고 합니다. 각지의 저금소들은 귀금속, 외화 등을 TV나 재봉틀, 각종 생필품으로 교환해 주는 역할을 합니다.

부동산 권리 증서

남	북	비고
등기부 등본 (登記簿 謄本)	입사증 (入舍證)	남 땅과 건물 주인을 증명하는 서류 북 집을 이용할 수 있는 권리를 표시한 증서

용례로 보기

남 "그러면 [등기부 등본을] 떼어 보시지 그랬어요. 그 집이 누구 명의로 되어 있는가 말예요."《류영국: 유령의 자서전》

북 숙영이로서는 … 아빠트가 부러워나기 시작했고 그러던차에 아빠트 [입사증을] 받아 기뻤다.《류정옥: 우리집》

북 구역행정 및 경제지도위원회 위원장선생이 [입사증과] 열쇠를 가지고 찾아와 새 집을 배정했는데 마음에 들겠는지 같이 가보자는것이였어요.《김순임: 통일부부로 만날 그날을 그리며》

북 〈입사증〉에 기입되는 내용

주소 대성구역 려명동 반
구획, 호동명 00-000
0 현관 0층 0호

난방형식 지열
칸 수 3
살림집법시행규정세칙 제45조에
의하여 살림집리용을 허가함

조선민주주의인민공화국
평양시인민위원회

주체 104년 4월 21일

현 리용자 이름 리영회
직장직위 대외경제총국 로동

전 리용자 이름
직장직위 새 집

등록번호 00-0

경유

06 교육제도와 교육기관

남과 북의 학제

남			나이	북			
고등 교육	대학원 (박사 2~3년, 석사 2~3년)		27	박사원 ·연구원 (2~3, 5년)			고등 교육
			26				
			25				
			24				
			23	대학 (4~6년)			
		대학교 (4년)	22				
			21		단과 대학 (3~4년)		
	전문대학 (2~3년)		20			고등 전문 학교 (2~3년)	
			19				
중등 교육	고등학교 (3년)		18				
			17	고급중학교 (3년)			중등 교육
			16				
	중학교 (3년)		15				
			14	초급중학교 (3년)			
			13				
초등 교육	초등학교 (6년)		12				
			11	소학교 (5년)			초등 교육
			10				
			9				
			8				
			7				
취학 전 교육 및 보육	어린이집, 유치원		6	유치원 (2년)	높은반(1년)		취학 전 교육 및 보육
			5		낮은반(1년)		
			4	탁아소			
			3				
	탁아 또는 자가 양육		2				
			1				

- 남의 학제는 단선형을 채택하여 초등학교 6년, 중학교 3년, 고등학교 3년, 대학 4년의 6-3-3-4제를 기본으로 하고 있습니다. 남의 의무교육은 초등학교부터 중학교 3년까지입니다.

- 북의 학제는 소학교 5년, 초급중학교 3년, 고급중학교 3년, 대학 4~6년의 5-3-3-4~6제를 근간으로 하고 있습니다. 북은 2012년에 기존 11년제 의무교육제에서 12년제 의무교육제로 변경하였습니다. 12년제 의무교육은 유치원 높은반 1년부터 고급중학교 3년까지입니다. 이후 2017년 4월 11일 최고인민회의에서는 '전반적 12년제 의무교육'의 실시를 공표하였습니다.

대학교

남	북	비고
전문대학 (專門大學)	전문학교 (專門學校)	
대학교(大學校) 종합대학(綜合大學)	종합대학 (綜合大學)	북 단과대학, 특수대학도 있음 남 종합대학: 셋 이상의 단과 대학과 대학원으로 이루어진 대학 북 종합대학: 사회과학, 자연과학 등 여러 부문의 전문가를 키우는 대학

김일성종합대학과 김책공업종합대학

북에서 최고의 대학이라고 불리는 곳은 '김일성종합대학'입니다. '김일성종합대학'은 인문사회과학부와 자연과학부로 나뉘어져 있으며, 인문사회과학부의 수업연한은 4년 반, 자연과학부의 수업연한은 5년 반으로 규정되어 있습니다. 이 대학에 입학하기 위해서는 공부도 잘해야 하지만 출신성분도 좋아야 합니다. 이곳을 졸업하면 주로 당 간부나 행정 간부와 같이 정치 분야에서 일하게 되거나, 계속 공부하여 학자나 대학교수 등이 됩니다.

과학 분야에서는 '김책공업종합대학'을 우수한 대학으로 꼽을 수 있습니다. 이곳은 출신성분보다는 수학과 과학 분야에서 두각을 나타내는 학생들이 주로 입학합니다. 졸업생들은 공학 관련 연구소 연구원이나 대규모 공장 등에서 공학기사로 근무하게 됩니다.

북 김일성종합대학

북 김책공업종합대학

용례로 보기

남 나는 {전문대학} 문예 창작과를 나왔고 그 대리는 4년제 {대학교} 기계 공학과를 나왔지만 나는 그 대리보다 나이가 다섯 살이나 많았으며 경력도 훨씬 많았다.《신승철: 연세고시원 전말기》

북 은희란 {종합대학} 지리학부 기상학과를 졸업하고 어느 지방 기상관측소에 가있는 정필수의 막내딸이였다.《백은팔: 전환의 봄》

대학교 학부

<table>
<tr><th colspan="2">남</th><th colspan="2">북</th><th>비고</th></tr>
<tr><td colspan="2">문과대(학)(文科大學)
인문대(학)(人文大學)</td><td colspan="2" rowspan="4">사회과학부
(社會科學部)
*〈김일성종합대학〉 기준</td><td>남 어문과, 사학과, 철학과 등
북 외국어대학: 독립 기관</td></tr>
<tr><td colspan="2">상대(商大)
상경대(학)(商經大學)</td><td>남 경제학과, 통계학과 등
북 경제대학: 독립 기관</td></tr>
<tr><td colspan="2">법대(法大)
법과대(학)(法科大學)</td><td>남 법학과 등</td></tr>
<tr><td colspan="2">사회대(학)(社會大學)
사회과학대(학)
(社會科學大學)</td><td>남 사회학과, 행정학과 등</td></tr>
<tr><td colspan="2">경영대(학)(經營大學)</td><td colspan="2">–</td><td>남 경영학과 등</td></tr>
<tr><td colspan="2">자연과학대(학)
(自然科學大學)
이과대(학)(理科大學)</td><td rowspan="2">자연과학부
(自然科學部)
*〈김일성
종합대학〉</td><td>리과대학
(理科大學)</td><td>남 화학과, 수학과 등
북 리과대학: 독립 기관</td></tr>
<tr><td colspan="2">공대(工大)
공과대(학)(工科大學)</td><td>공업대학
(工業大學)</td><td>남 기계·전기공학과 등
북 독립 기관</td></tr>
<tr><td>디자인대(학)
(design大學)
미대(美大)
미술대(학)
(美術大學)</td><td rowspan="2">예대(藝大)
예술대(학)
(藝術大學)</td><td>미술대학
(美術大學)</td><td rowspan="2">예술대학
(藝術大學)</td><td>남 동양화과, 서양화과 등
북 독립 기관</td></tr>
<tr><td>음대(音大)
음악대(학)
(音樂大學)</td><td>음악대학
(音樂大學)</td><td>남 성악과, 작곡과 등
북 독립 기관</td></tr>
<tr><td colspan="2">체대(體大)
체육대(학)(體育大學)</td><td colspan="2">체육대학(體育大學)</td><td>남 체육학과 등
북 독립 기관</td></tr>
<tr><td colspan="2">사대(師大)
사범대(학)(師範大學)</td><td colspan="2">사범대학(師範大學)</td><td>남 중등교원 양성
북 중등+대학교원 양성,
독립 기관</td></tr>
</table>

의대(醫大) 의과대(학)(醫科大 學)	의학대학(醫學大學)	남 대학교 소속 북 독립 기관
간호대(학)(看護大學)	간호원학교(看護員學校)	남 대학교 소속 북 독립 기관

용례로 보기

남 솔직히 난 {자연과학대학} 들어와서 한두 달이 지나서야 물리학과의 학점 커트라인이 제일 높다는 것을 알았다.《이상묵 외: 0.1그램의 희망》

북 명심은 … 중학교를 우수한 성적으로 졸업한 후에 {리과대학을} 나오고 장래가 촉망되는 녀성과학자로 되였다.《리동구: 비약의 나래》

북의 고등교육 기관으로는 '김일성종합대학', '김책공업종합대학', '고려성균관' 등 3개의 종합대학이 있고, '평양외국어대학' 등 일반 단과대학과 '농장대학', '어장대학', '공장대학' 등 산업체 부설 현장대학이 있습니다.

남에서는 대학을 졸업하면 '학사' 학위를 수여합니다. 북에서는 대학을 졸업하면 증명서와 함께 자격과 호칭을 수여합니다.

- 인문사회과학 및 예술 분야의 졸업생: '전문가' 자격
- 자연과학 및 기술 분야의 졸업생: '기사' 자격
- 공장·농장·어장대학 졸업생: '준기사' 자격
- 사범대학 및 교원대학의 졸업생: '교사' 자격

교원 양성 대학

남	북	비고
교육대학교 (敎育大學校)	교원대학 (敎員大學)	남 초등학교 교사 북 유치원, 소학교 교원
교원대학교 (敎員大學校) 사범대학 (師範大學)	사범대학 (師範大學)	남 중고등학교 교사 북 초급·고급중학교, 대학 교원

용례로 보기

교육대학교와 교원대학

남 {교육대학을} 졸업하고 초등학교 교사로 있었다던 삼촌은 군대에서 제대한 후에는 복직을 하지 않고 교직을 떠났던 듯하다.《박정규: 한나절의 수수께끼》

북 {교원대학을} 최우등으로 졸업한 이 아릿다운 처녀는 지금 … 궁심리에 인민학교 교원으로 배치되여가는 길이였다.《한형수: 생활의 시작점에서》

교원대학교와 사범대학

남 국어 선생님은 {교원대학을} 졸업하고 첫 부임 학교에서 맡은 첫 학생이 우리였다.《최인훈: 화두》

남 언니는 … 국립대학교의 {사범대학을} 졸업하고 선생님이 되었다.《이화경: 둥근 잎 나팔꽃》

북 교원이 중학생들을 가르치자면 적어도 {사범대학}졸업생 수준이야 돼야지.《김정: 인생의 악보》

남에서 초등학교 교사가 되려면 대개 '교육대학교'를 졸업한 뒤 교사가 되기 위한 시험을 치러 합격을 해야 합니다. 중고등학교 교사도 4년제 대학교 소속 단과대학인 '사범대학'이나 '교원대학교' 등을 졸업하고 임용 시험을 치르는 과정을 거쳐야 합니다.

북에서 유치원이나 소학교 교원이 되려면 3년 과정의 '교원대학'을 마치면 됩니다. 초급중학교와 고급중학교 교원, 또는 대학의 교원이 되려면 4년 과정의 '사범대학'을 졸업해야 합니다.

학위 체계

남	북	비고
학사(學士) 석사(碩士) 박사(博士)	학사(學士) 박사(博士)	남 학사: 대학교 졸업 시 받는 학위 북 학사: 박사 아래 학위

남의 학위 체계는 '학사, 석사, 박사'로 구분합니다. '학사'는 4년제 대학 졸업자에게 수여하며, '석사' 또는 '박사' 학위를 받고자 하는 사람은 각각 2년 이상의 교육 과정을 거쳐 학점을 취득한 다음, 별도의 논문 심사에 통과해야 합니다.

이외에 남에는 '명예박사' 제도도 있습니다. '명예박사'는 학술, 문화 부분에서 뛰어난 공적을 남긴 사람에게 박사 학위 과정이나 논문 심사 과정 없이 주는 명예 학위입니다.

북의 학위 체계는 크게 '학사'와 '박사'로 구분합니다. 북의 '학사'는 남의 석사에 해당하는 학위로 알려져 있지만 실제로는 석사와 박사의 중간이라고 합니다. 북에서 '학사'는 대학의 학부과정을 마치고 박사원의 학사반을 3년에서 3년 반 이수한 다음 시험과 론문을 통과해야 받을 수 있습니다. 북에서 '박사'는 박사원을 수료한 다음 학위론문을 제출하여 심사에 통과하는 경우와 특정 분야에서 탁월한 연구 성과를 발표해 학문적 업적을 인정받은 경우에 주어집니다.

이외에도 북에는 학문 발전에 크게 이바지한 학자들에게 주는 명예 칭호인 '후보원사(候補院士)'와 '원사(院士)'가 있습니다.

용례로 보기

남 그는 제법 번듯한 4년제 대학의 졸업장까지 갖고 있다는데 … {학사} 학위를 딴 지가 불과 반년쯤 전이라고 했다.《김원우: 벙어리의 말》

남 그는 {석사} 학위 논문을 차질 없이 준비했으며 발표와 심사를 거쳐 나갔다.《채영주: 가면 지우기》

남 {석사} 과정이 끝나자 아이는 잠시 회사로 돌아가 있었지만, 오래지 않아 {박사} 과정을 한답시고 다시 학교로 되돌아왔다.《정을병: 수행》

북 "원장선생, 으뜸청실말에 대한 독성검토 학위론문이 심의되고 저는 {학사}학위를 받았습니다."《공성일: 탐구》
북 그는 마침내 경제적가치가 큰 새로운 기계를 발명해 내여 20대에 {박사}칭호를 수여 받는다.《림길명: 대홍처녀들》
북 선생은 나이 80에 {원사가} 되였고 또다시 높은 국가수훈의 영예도 받아안게 되였다.《리종성: 은혜로운 태양의 빛발이 있어 삶은 빛난다》

교수 등급

남	북
정교수(正教授)	교수(教授)
부교수(副教授)	부교수(副教授)
조교수(助教授)	

남에서 대학교수는 크게 '정교수', '부교수', '조교수' 등의 '전임교원'과 '겸임 교수', '초빙 교수', '명예 교수', '시간 강사' 등의 '비(非)전임교원'으로 나누어집니다. 전임교원의 경우에는 조교수, 부교수, 정교수 순으로 승진할 수 있습니다.

비전임교원 중 겸임 교수는 다른 직업을 가지고 있으면서 대학에서 전문 학술을 가르치는 교수이며, 초빙 교수는 외부에서 초청된 교수를 말합니다. 명예 교수는 한 대학에서 정해진 기간을 근무하고 퇴직한 교수로서 학문적 업적이 뚜렷한 사람에게 명예직으로 주는 칭호입니다. 시간 강사는 전임으로 근무하지 않고 매주 정해진 시간에만 강의를 하고 시간당 일정한 액수의 급여를 받는 강사입니다.

북에서 대학 교원은 '교수, 부교수, 상급교원, 교원, 조교원'으로 구분합니다. 특히 '부교수'와 '교수'는 해당 전공 분야에서 1년 이상 근무한 후 국가학위학직수여위원회의 심사를 거쳐 학직을 수여받아 임명된다고 합니다. 북에서의 '학직'이란 대학 및 과학연구기관에서 교수교양사업과 과학간부양성사업에 복무하는 사람들에게 그의 공로와 업적을 평가하여 주는 칭호입니다. 북에서는 이 학직을 두고 '교수'와 '부교수'로 가른다고 정의하고 있습니다.

북 국가학위학직 수여식

용례로 보기

남 {정교수는} 교수 중에서 최고의 위치에 해당되는 직위로서 {정교수가} 되지 못하고 정년 퇴임을 하는 경우도 있다.《차기문: 영원한 삶을 위하여》

남 보통은 칠년간 {조교수로} 일해야 {부교수로} 승진되니 아주 빠른 셈이었다.《박명근: 소년병의 일기》

남 아마 조만간 전임강사에서 그는 {조교수로} 승급할 것이다.《홍성원: 주말여행》

북 나는 신문에 발표된 학위학적 수여자명단에서 신창빈박사가 {부교수로부터} {교수로} 승격되였다는것을 알게 되였다.《장수근: 계승》

대학 입시

남	북
대학수학능력시험 (大學修學能力試驗)	대학입학 예비시험 (大學入學 豫備試驗)

남의 학생들은 논술 고사나 내신, 면접 등의 방법으로 신입생을 선발하는 '수시'와 '대학수학능력시험' 결과를 중심으로 신입생을 선발하는 '정시'라는 입시 제도를 통해 대학교에 입학합니다. '대학수학능력시험'이란, 대학에서 적격한 학생들을 뽑게 하려고 교육부에서 매년 11월경에 실시하는 시험으로 통상 줄여서 '수능(修能)'이라고 합니다. 이 시험은 고등학교 졸업 예정자나 졸업자의 자격으로 응시가 가능하며, 국어, 수학, 영어, 한국사 및 사회·과학·직업 탐구, 제2 외국어·한문 영역이 출제됩니다.

북의 학생들은 '대학입학 예비시험'을 봅니다. 이 시험은 각 교육성에서 선출한 대학교수들이 문제를 내며, 10~11월에 실시합니다. 고급중학교 졸업생 전원을 대상으로 하며, 국어(문학), 수학, 영어, 물리, 화학, 혁명력사 과목 등을 봅니다. 2월에는 대학별 고사가 있는데 이는 학과 시험, 체육 시험, 면접으로 구성됩니다.

북의 학생들은 3지망까지 희망 대학을 정하여 시험을 치르는데, 북은 재수(再修)의 개념이 없기 때문에 대입에 실패하면 군대나 직장에 배치된다는 점이 남과 다릅니다.

용례로 보기

남 소진이 다시 {대학수학능력시험을} 봐 서울에 있는 유명 대학에 합격하면서 우리의 사랑은 끝났다.《심윤경: 달의 제단》

북 그가 음악무용대학시험, 그것도 {예비시험에서} 떨어졌다는 소문은 날개가 돋친듯 삽시에 그날로 퍼졌다.《리령철: 아리랑》

07 학교생활

학교 구성원(1)

남	북
교장(校長)	
교감(校監)	부교장(副校長)
교무부장(校務部長)	교무지도원(校務指導員)

용례로 보기

교감과 부교장

남 {교감은} 반가운 일이라도 생긴 것처럼 웃는 낯으로 급히 교장실에 가서 조용히 의논해 볼 일이 있다고 했다.《장용학: 위사가 보이는 풍경》

북 학교사업전반을 맡아보는 {부교장} 전태길이 저녁녘에 교원모임을 소집하였다.《강선규: 달라진 선택》

교무부장과 교무지도원

남 교무실로 내려오니 현주가 고개를 폭 숙이고 {교무부장과} 면담을 하고 있었다.《오대석: 마스코트》

북 여러명의 신입생들이 {교무지도원의} 책상주위에 성을 쌓고 소원대로 학부를 돌려달라고 졸라대고있었다.《허문길: 대학시절》

북의 교원별 업무

북의 교장은 남과 달리 학교 행정 실무의 총책임도 맡습니다. 부교장은 교과 교원들의 수업 지도안을 검사하고, 교원과 학생들의 사상교육을 책임지며, 당에서 결정한 사업들을 학교에서 실현하는 일을 합니다. 교무지도원은 수업 시간표 작성과 교과 배정을 맡습니다. 분과장은 분과 교원들의 일을 돕고, 수업 지도안을 검토하고, 분과 교재 연구회나 분과 회의를 주관한다고 합니다.

학교 구성원(2)

구분	남	북	비고
취학 전	교사(教師) 선생(先生) 교원(教員)	교양원(教養員)	남 유치원 교사 북 유치원 교양원
초중등 소학교		교원(教員) 선생(先生) 교사(教師)	남 초등학교, 중고등학교 교사 북 소학교, 중학교 교원
고등교육	교수(教授) 교원(教員)	교원(教員) 교수(教授)	남 대학(교) 교수 북 대학교원, 대학교수

용례로 보기

유치원 교사와 유치원 교양원

남 유아교육학과를 졸업하고 유치원 {교사가} 된 미주는 비교적 꾸준히 만나는 친구였다.《이혜경: 길 위의 집》

북 딸 미옥이는 대학을 졸업한 다음 수북유치원에서 {교양원으로} 일하고있다.《백기봉: 위대한 품》

초등학교 교사와 소학교 교원

남 초등학교 {교사였던} 아버지는 이 학교 저 학교로 옮겨 다녀야 했다.《한수산: 용서를 위하여》

북 그의 아버지 류진성은 소학교 {교원이였다}.《남경환: 그해 10월과 11월》

중학교 교사와 중학교 교원

남 중학교 수학 {교사로} 있는 언니가 먼저 퇴근해 있다가 전화를 받습니다.《최일남: 춘자의 사계》

북 그 처녀는 지난해 청진사범대학을 졸업하고 자진하여 무산땅에 찾아갔다는 고등중학교 {교원이였다}.《허덕춘: 동해안을 따라서》

대학교수와 대학교원

남 황 교수는 대학교수의 품위 손상이란 이름으로 {교수} 재임용에서 탈락됐다는 것이었다.《최해군: 미루나무의 낙향》

북 "정말이지 내 제자가 … 잘되였을때처럼 그렇게 기쁜 순간은 더는 … 없는가봅니다." 대학{교원은} 저도 모르게 눈굽에 손을 가져갔다.《김유권: 봄가을》

학교 시설

남	북
교실(教室)	
교무실(教務室)	분과실(分科室)

북의 분과실은 '학년별 분과실', '과목별 분과실'로 나뉘어 있습니다. '학년별 분과실'은 학년별 담임교원이 모여 있는 곳으로 소학교의 시설에 해당하며, '과목별 분과실'은 과목별 교원이 모여 있는 곳으로 중학교에 있습니다.

용례로 보기

남 {교무실} 한편의 책상에 사회 교사가 앉아 신문을 읽고 있었다.《오현종: 외국어를 공부하는 시간》

북 선영선생은 {분과실} 자기 책상앞에 앉아 원주필 뒤등으로 교원수첩을 다독이며 생각에 잠겨있었다.《한기석: 꽃바다》

북에만 있는 학교 시설

북의 독특한 학교 시설로는 '혁명력사연구실'이 있습니다. '혁명력사연구실'은 김일성 주석과 김정일 국방위원장의 행적과 관련된 사진, 그림, 글 등을 모아 놓은 자료실입니다. 학생들은 이곳에 있는 자료들을 보고 그것이 무슨 장면인지 외워서 설명하는 연습을 한다고 합니다.

수업과 상학

남	북
수업(授業)	수업(授業) / 상학(上學)
교육(教育)	교육(教育) / 교양(教養)

북에서는 '수업 시간'이나 '상학 시간'이라는 표현을 쓰며, 남에서는 '상학 시간'은 잘 쓰지 않고 대부분 '수업 시간'이라고 합니다.

남 역사 선생님 김철중이 3교시 {수업에} 들어가려고 출석부를 들고 벽시계를 올려다보며 옆자리의 수학 선생님 박경수에게 말을 걸었다.《양창국: 국화석》

북 그들은 큰소리로 웃다가 {상학}시간을 알리는 종소리가 나서 인차 돌아섰다.《허문길: 대학시절》

《표준국어대사전》	《조선말대사전》
상학 [상:학] (上學) [명사] 학교에서 그날의 공부를 시작함.	**상학** (上學) [명] ① 《수업》을 달리 이르는 말. ② 일군들의 정치사상적 및 기술실무적자질을 높이기 위하여 진행하는 학습조직의 한 형태.

'지식이나 교양 등을 지니게 하려고 가르치고 지도하는 일'을 남에서는 '교육'이라고 하며, 북에서는 '교육' 외에 '교양'이라는 표현을 씁니다.

남 명석, 명숙, 그리고 명희는 아버지 앞에 앉아서 그의 엄한 {교육을} 받아야만 했다.《정소성: 돌아오지 않는 섬》

북 모든 사람들은 어릴 때부터 아버지는 사랑하기전에 먼저 존경하도록 {교양}받는다.《정기종: 력사의 대하》

북 "당장이야 어떻게 하겠소. 우선 그애 자신이 사태를 보고 판단하도록 하는거지. 그다음 그애를 {교양하겠소}."《김오: 교수의 증언》

조회와 종례

남	북
조회(朝會)	아침모임 / 조회(朝會)
종례(終禮)	총화(總和)

용례로 보기

조회와 아침모임

남 교장 선생님은 … 월요일 아침 {조회} 시간마다 훌륭한 위인들과 책에 나오는 주인공 이야기를 짧게 해주셨다.《김덕수: 신명으로 세상을 두드리다》

북 어떤 아이들은 사이체조시간이나 {아침모임에} 늦은 때면 전주대처럼 꺽두룩한 그 애의 머리를 보고 자기 학급을 찾군 했다.《장성철: 우리의 어린 시절에》

북 "어디 그럼 {조회}시간에 아이들에게 한번 물어봅시다그려. 혹 아는 아이라도 없나."《엄홍섭: 가책》

종례와 총화

남 선생님은 {종례가} 끝난 후, 책가방을 싸는 나에게 얘기 좀 하자며 교무실로 부르셨다.《김기용: 매화타령》

북 어떤 날은 교원이 학급의 명예를 더럽힌 말썽꾸러기나 락후생들을 꾸짖느라고 {총화}시간을 다 소비할 때도 있다.《김정: 인생의 악보》

종례와 총화

남에서는 학교의 모든 일과를 마친 뒤에 담임교사가 주의 사항이나 지시 사항 등을 전달하고 학생들과 한자리에 모여 인사를 나누는 '종례' 시간을 갖습니다.

북에서는 남의 '종례'에 해당하는 '총화' 시간이 있지만 남과는 약간 다릅니다. 북의 학교는 보통 6교시가 끝나면 오후 1시 30분이 되는데, 이때 총화를 간단히 하고 학생들은 집으로 돌아가 점심을 먹는다고 합니다. 그리고 오후 3시에 다시 학교로 돌아와 요일별로 구성된 오후 과외활동을 시작합니다.

우수 학생 교육

남	북
영재교육(英才教育)	수재교육(秀才教育)

남에서는 특정 분야에서 특별하고 뛰어난 재능이 있는 아동이나 청소년을 키워내는 목적으로 특수 교육을 하고 있습니다. 이를 흔히 '영재교육'이라고 합니다. 대개 같은 연령층에서 지능이 상위 2% 내에 속하는 부류를 '영재'로 명시하고 교육합니다. 남은 1970년대 중엽 예체능 고등학교를 시작으로 과학 고등학교, 외국어 고등학교를 순차적으로 설립하여 영재교육을 시행하고 있습니다.

북에는 '수재교육'이 있습니다. 북의 수재교육은 1958년 어학 인재 양성을 위해 설립된 평양외국어학교와 1960년대 설립된 예체능 분야의 수재 학교를 통해 이루어져 왔으며, 1980년대 초 김정일 국방위원장이 기초과학 교육 및 외국어 교육의 강화와 더불어 '수재교육' 도입을 교육 정책의 목표로 삼으며 본격화되었습니다.

'평양 제1중학교'

'평양 제1중학교'는 제1중학교 중에서도 가장 유명한 곳입니다. 출신 학교장의 추천을 통해 입학시험을 치를 수 있어 선발 과정이 매우 까다롭다고 합니다. 해마다 3학년을 마치는 각 도의 1중학교와 평양의 창덕학교 등의 학생들을 대상으로 두 차례 시험을 시행해 편입 학생도 선발합니다. 평양 제1중의 전신은 김정일 국방위원장이 재학했던 '평양 남산 고급중학교'로 알려져 있습니다.

평가의 유형

남	북
필기시험(筆記試驗)	필답시험(筆答試驗)
구술시험(口述試驗) 구두시험(口頭試驗)	구답시험(口答試驗)
서류 전형(書類 銓衡)	문건심의(文件審議)
면접시험(面接試驗)	인물심사(人物審査)

용례로 보기

필기시험과 필답시험

남 서류 심사에서 오십 명을 추려서 오십 명이 재차 {필기시험과} 면접을 치르고 나서 최종적으로 한 명을 뽑는데 연지가 뽑혔다.《박완서: 서 있는 여자》

북 졸업시험은 어김없이 27일에 진행되였다. … 오전에는 {필답시험을} 치고 오후에는 구답시험을 치고….《장수봉: 시험을 앞두고》

구술시험과 구답시험

남 그 법과 학생은 … {구술시험} 때 자기가 얼마나 멋진 대답을 했는가를 이편에서는 알아듣지도 못하는 법률 용어를 써가면서 열심히 설명했다.《이병주: 관부연락선》

남 의예과의 경우에는 … {구두시험도} 있었는데 주로 생물학 문제들을 물었다.《박명근: 소년병의 일기》

북 달룡이는 {구답시험을} 치는 학생처럼 참고서들에서 보았던 문제들을 거침없이 대답했습니다.《리봉림: 꼬마동물원》

면접시험과 인물심사

남 1차 시험에서 우수한 성적으로 합격을 한 나에게 2차 {면접시험에서} 시험관이 질문을 했다.《차기문: 영원한 삶을 위하여》

북 입학시험을 자신만만하게 끝낸 나에게는 이제 {인물심사만이} 남았다.《강귀미: 나의 가정 이야기》

북의 소학교에서는 3, 4학년 때에 '구답시험'을 봅니다. '구답시험'은 여러 문제 중에서 한 문제를 뽑아 시험관인 선생님 앞에서 3~5분 동안 답을 외우거나 말하는 방식으로 진행됩니다. 3학년부터 1년에 두 번 시험을 보는데, 최우등은 5점, 우등은 4점, 보통은 3점, 합격은 2점, 락제는 1점으로 구분된다고 합니다.

상벌 제도

남	북
개근상(皆勤賞)	
우등상(優等賞)	최우등표창(最優等表彰)

남의 학교에서는 우수한 성적을 거둔 학생에게 '우등상'을, 하루도 빠짐 없이 성실하게 출석한 학생에게 '개근상'을 줍니다. 이외에도 여러 가지 상을 수여함으로써 학생이 학업 능력을 키우고 올바른 가치관을 가질 수 있도록 독려하고 있습니다.

북에서는 상을 대개 '표창(表彰)'이라고 합니다. 남의 우등상과 비슷한 것으로는 '최우등표창'이 있습니다. '표창장'은 한 달에 한 번 소집되는 소년단위원회에서 소년단 단체 생활을 잘하는 학생들을 추천하여 수여합니다. 주로 4월 15일, 2월 16일, 국가 명절에 주며, '학교 표창장', '군·시 표창장', '도 표창장', '중앙 표창장', 그리고 제일 높은 표창인 '김일성소년영예상'이 있습니다.

용례로 보기

남 나도 6년을 개근하여 졸업할 때에는 {개근상으로} 두꺼운 국어사전을 부상으로 받았다.《홍사만: 다섯 순간 이야기》

남 "성적도 언제나 좋았습니다. 학기말마다 성적표와 함께 으레 {우등상을} 받았지요."《이만교: 너무나도 모범적인》

북 성미 꽁한 철수는 제 삼촌이 {최우등표창으로} 사준것이니 당장 고쳐놓으라고 고집스레 따라다녔답니다.《리영실: 눈먼 사랑》

북의 벌(罰) 제도 '자기비판(自己批判)'

북의 학교에는 한 달에 한 번씩 하는 '생활총화' 시간이 있습니다. 그 시간에는 자신이 잘못한 일을 반성하고 다른 친구들이 잘못한 점을 상호 지적한다고 합니다. 벌로는 주로 화장실 청소, 운동장 쓸기, 교실 청소하기, 톱밥 가져오기 등이 주어진다고 합니다.

통지표와 성적증

남	북
통지표(通知表)	성적증(成績證)

남에서는 학생 개개인의 학업성적, 학교생활 상황, 신체 발달, 출결 상황 등을 기록한 '통지표'를 학기말이나 학년말에 가정으로 보냅니다. '통지표'는 '생활통지표'라고도 합니다.

통지표에는 학업 성취와 관련한 내용이 자세하게 기록되는데, 예전에는 '수-우-미-양-가'의 5단 평가 척도로 제시되었으나, 근래 들어 'A-B-C-D-E' 또는 '매우 잘함-잘함-보통-노력 요함' 등의 평가로 제시되는 경우가 많습니다.

북에는 '성적증'이 있습니다. 북의 성적증에도 학업성적, 출결 상황, 품행 등이 기록되며, 학업 성취와 관련하여 보통 '최우등(5점)-우등(4점)-보통(3점)-합격(2점)-락제(1점)'의 평가가 제시됩니다.

성적증에는 필수 과목인 '김일성혁명력사'의 성적이 가장 먼저 제시되고, '현행당정책', '로작(勞作)' 등의 성적이 제시됩니다. '현행당정책'은 로동당 정책에 대해 배우는 것이며, '로작'은 김일성 주석과 김정일 국방위원장의 이야기를 실은 작품을 배우는 교과입니다.

용례로 보기

남 다른 모든 과목은 … 98점 이하를 내려가 본 적이 없었는데 … 음악만은 매 학기마다의 {통지표에} 70점 내외의 처량한 성적이어서….《조태일: 사나이로 태어나서》

남 {통지표를} 받으면 으레 담임 선생님의 소견란에 '발표력이 왕성합니다.'라는 식의 칭찬이 줄곧 적혀 있었다.《최인호: 사랑아, 나는 통곡한다》

북 줄곧 최우등만 해온 그자신도 막상 5점점수가 꽉 들어찬 {성적증을} 받을 때면 가슴이 기쁨으로 한껏 부풀군 했다.《민경숙: 어머니의 날개》

학적 기록 장부

남	북
(학교)생활기록부(學校生活記錄簿) 학적부(學籍簿)	생활평정서(生活評定書)

남의 '(학교)생활기록부'는 학생들의 신체적, 정신적, 정의적, 사회적 발달 상황과 이와 관련된 환경 등에 대하여 연속적으로 기록한 장부를 말합니다. '(학교)생활기록부'는 초등학교에 입학하면서부터 만들어지고 고등학교를 졸업할 때까지 기록됩니다. 보통 '미술에 소질이 있습니다.', '성격이 밝고 활발하여 친구들 사이에서 인기가 많습니다.'와 같이 학생의 성격이나 학교생활에 관련된 것에 대해 교사가 작성합니다. 교사에게는 학생에 대한 기본적인 정보가 필요하므로 초등학교 때 작성된 '(학교)생활기록부'는 중학교, 고등학교로 진학할 때마다 누적되어 보내지며, 전학을 갈 때에도 새 학교로 옮겨집니다.

북에서는 학생들과 관련한 내용을 '생활평정서'에 기록합니다. 북의 '생활평정서'는 학교생활과 조직생활에 대한 평가와 더불어 출신성분이나 사상 검토 내용이 기록되며, 교원은 물론 소년단·청년동맹 지도원, 기관의 책임자도 작성에 참여합니다.

동아리와 소조

남	북
동아리	소조(小組)

북의 학교생활에서 남의 동아리 활동과 가장 비슷한 것은 학교 내 과외 활동인 '소조활동'입니다. '소조(小組)'는 일반적으로 수학, 자연 과목, 외국어 등의 교과목 학습소조를 하거나 음악, 미술, 체육 등의 예체능 소조활동을 합니다.

소조활동을 하는 소수의 학생들은 매일 방과 후 2~3시간 동안 교원의 지도를 받습니다. 소조는 개인의 흥미나 관심에 따라 자율적으로 가입할 수 있는 것이 아니며, 재능이나 성적이 뛰어난 학생들의 참여로 이루어집니다.

용례로 보기

남 내가 정 선배와 처음 알게 된 건 시를 쓰는 {동아리에서였지만}, 그는 전혀 시와 어울릴 것 같지 않는 사람이었다.《서성란: 빙어》

북 학생들은 방과후에 누구나 … 여러 분야의 {소조에} 망라되여 학교에서 배운 지식을 더욱 공고히 다져가는데….《강두만: 문학예술에 바친 위대한 사색》

〈동아리〉의 의미 차이

남에서 〈동아리〉는 주로 '취미나 뜻이 같은 사람들이 함께 활동하는 모임'을 이르는 말로 쓰입니다. 직장이나 중고등학교에서도 동아리 활동을 하지만, 보통은 대학교의 취미 모임을 이르는 말로 많이 씁니다. 북에서는 남과 달리 〈동아리〉라는 말을 부정적으로 씁니다. 《조선말대사전》의 풀이를 보면, '부정적인 인물의 무리'를 뜻하며, 북의 인용례에서도 부정의 어감이 드러납니다.

《표준국어대사전》	《조선말대사전》
동아리 [명사] 같은 뜻을 가지고 모여서 한패를 이룬 무리.	**동아리** [명] 부정적인물들로 한패를 이룬 무리 또는 목적을 같이하는 한패.

북 그 소실년의 놈팽이가 … 오랑캐놈들과 한 {동아리가} 되여 길안내를 해왔다는데….《박태민: 성벽에 비낀 불길》

소풍과 원족

남	북
소풍(消風, 逍風)	들놀이 / 원족(遠足)

용례로 보기

남 엄마가 싸 주신 김밥과 과자, 사이다 등 한보따리 지고 … 즐거운 {소풍날이었다}. 산에 올라가 … 합창까지 장기 자랑이 끝나고 수건돌리기, 보물찾기까지 다 끝났다.《경종호 외: 맛있는 이야기》

북 유치원에서 {들놀이를} 가는 날입니다. … 진달래 곱게 핀 동산에 올라 보물찾기도 하고 멋진 유희도 한답니다.《전병두: 창작지도-유년동화 금빛룡마를 탄 철이》

북 어느 따뜻한 봄날 남희네 학급에서는 문수리 뒤산에 {원족을} 갔었습니다.《변희근: 편지》

북에서는 소풍을 '들놀이' 또는 '원족'이라고 합니다. '원족'은 봄과 가을에, 주로 학교 근처의 야산으로 간다고 합니다. '원족' 활동은 남의 소풍과 비슷합니다. 보물찾기나 학생 업고 달리기 등의 간단한 운동회를 하거나 학급별 장기 자랑을 합니다.

왕따와 몰아주기

남	북
왕따(王-) / 따돌림	몰아주기 / 따돌리기

✔ 남에서 말하는 〈왕따〉란 '한 집단 안에서 특정한 사람을 심하게 따돌리는 일, 또는 그런 따돌림을 당하는 사람'을 뜻합니다. 〈왕 따돌림〉의 준말로 보이는데 본래는 은어입니다.

✔ 북에서도 청소년들 사이의 따돌림 문제가 있는데 이를 〈몰아주기〉, 〈따돌리기〉라고 합니다. 〈몰려주기〉, 〈모서리〉라고도 하는데, '모서리 먹다'라는 표현은 '구석진 곳으로 몰리다'라는 뜻의 은어입니다.

용례로 보기

남 전교 일이 등을 다투던 녀석은 도무지 인간미라고는 없어 성적을 최우선으로 아는 공부 잘하는 애들 사이에서도 이른바 {왕따를} 당하고 있었다.《정지아: 행복》

북 동생들은 내가 숙제검열을 하려고 하면 "그만둬. 아버지가 봐준댔어." 하고 대꾸질하는것이였다. … 모두가 나를 {몰아주기로} 꿍꿍이를 했나보다.《사랑과 정, 혈육》

필기도구

남	북
볼펜(ball pen)	원주필(圓珠筆)
샤프(sharp)	수지연필(樹脂鉛筆)
매직(펜)(magic pen)	마지크(magic)

용례로 보기

볼펜과 원주필

남 잉크가 떨어지면 미련 없이 휴지통에 버려지는 {볼펜}.《최인호: 산중일기》

북 맨 뒤줄에 앉은 용남이만은 {원주필} 쥔 손이 학습장우를 헛손질하고있었습니다.《안경운: 고개방아가 만들어낸 요술빵》

샤프와 수지연필

남 미아는 새로 산 {샤프}와 새로 산 샤프심으로, 짝을 따라 공책 뒷장에, 둥글고 예쁘장한 하트를 그린다.《한유주: 불가능한 동화》

북 홍준이는 벌쭉 웃더니 딱딱 소리가 나게 {수지연필} 누르개를 눌러 연필심도 뽑아보고 수첩장에 사각사각 글도 써봅니다.《한기석: 조국의 모습》

매직펜과 마지크

남 나는 자신도 모르게 어느새 그 굵직굵직한 {매직펜} 글씨의 낙서를 읽고 있었다.《이청준: 씌어지지 않은 자서전》

북 도구로서는 펜대뿐아니라 원주필, 만년필, {마지크}, 먹을 묻혀 그리는 참대꼬챙이 등 여러 가지가 있다.《정철진: 누구나 할수 있는 연필화와 펜화》

북의 인기 학용품, 수지연필

최근 북에서 인기 있는 학용품은 수지연필이라고 합니다. 수지연필은 펜대가 합성수지로 되어 있어 '수지연필'이라는 이름으로 부릅니다.

평양수지연필공장에서는 연필심 규격이 여러 가지인 수지연필과 원주필, 색수지연필, 판필(보드마커 같은 필기구) 등을 생산하고 있는데, 특히 수지연필은 잘 써지고 연필심이 쉽게 부러지지 않아 사용자들에게 인기가 높다고 합니다.

그리기 도구

남	북	비고
파스텔 (pastel)	그림분필 (--粉筆)	
포스터컬러 (poster color)	포스터카라 (poster colour) 선전화색감 (宣傳畫色-)	
팔레트 ([프]palette)	조색판(調色板) 갤판(-板)	

용례로 보기

남 그는 {팔레트에} 붉은 물감을 풀었다. '이 빛깔이 아니야.' 그는 푸른빛을 조금 섞어보았다.《한강: 붉은 꽃 속에서》

북 은주가 색감이 뒤섞인 {조색판에} 긴 붓을 찍어가며 화려한 그림을 그리고있었다.《김유권: 섣달 그믐날밤》

북 수채화색감은 … 물에 잘 녹으므로 {갤판에서} 풀면서 쓴다.《수채화》

'수채화나 유화를 그릴 때에 그림물감을 짜내어 색을 섞거나 개는 판'을 남에서는 〈팔레트〉, 북에서는 〈조색판〉으로 부릅니다. 남에서는 외래어인 〈팔레트〉를, 북에서는 한자어인 〈조색판〉을 〈갤판〉으로 다듬어 쓰는 것을 권장하고 있습니다.

《표준국어대사전》	《조선말대사전》
팔레트 (〈프〉palette) [명사]『미술』 수채화나 유화를 그릴 때에, 그림물감을 짜내어 섞기 위한 판. '갤판'으로 순화.	**조색판** (調色板) [명] ⇒갤판.
갤판 [갤:-] (-板)「명사」『미술』 =팔레트.	**갤판** [명]《미술》 그림을 그릴 때 색감을 섞거나 조화시키는데 쓰는 판대기.

그림 종이

남	북	비고
도화지(圖畫紙)	도화지(桃花紙) 그림종이	
스케치북 (sketchbook)	도화책(圖畫冊)	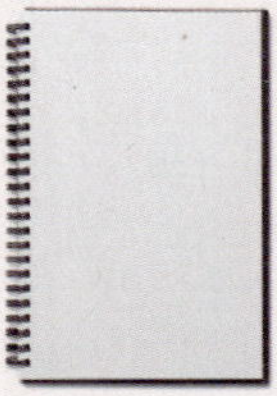

용례로 보기

도화지와 그림종이

남 영지는 {도화지} 위에 커다란 동그라미 하나를 그리고 있었다.《위경진: 땅끝 마을 선생님》

북 연필로 형태를 잡은데다 드문드문 밝은 색을 칠해놓은 {도화지} 한장, 거기엔 그래도 뭔가 꿈이 있는듯싶었던것이다.《김용찬: 다리》

북 나는 아저씨가 내려가기를 기다리며 {그림종이에} 연필이 가는대로 그림을 그려나갔습니다.《곽순국: 고향마을》

'그림을 그리는 데 쓰는 종이'를 일컬어 남에서는 〈도화지〉, 북에서는 〈도화지〉나 〈그림종이〉라고 합니다. 이외에 북에서는 '그림이 그려져 있는 종이'도 〈그림종이〉라고 합니다.

《조선말대사전》

그림종이 [명]

① 그림을 그리는데 쓰이는 종이. 용도에 따라 크게 채색종이, 소묘종이, 속사종이 등이 있으며 질에 따라서도 여러 종류로 나눈다.

② 그림이 있는 종이.

붙이는 물건

남	북	비고
접착제(接着劑)	접착제(接着劑) 붙임풀	
스카치테이프 (Scotch tape)	붙임띠	

본래 〈스카치테이프(Scotch tape)〉란 접착용 테이프를 생산하는 특정 업체의 상표 이름입니다. 이 상품이 널리 쓰이면서 고유명사였던 〈스카치테이프〉가 보통명사로 쓰이게 된 것입니다. 북에서는 이 〈스카치테이프〉를 순우리말인 〈붙임띠〉라고 부릅니다.

《표준국어대사전》	《조선말대사전》
스카치테이프 (scotch tape) [명사] 접착용 셀로판테이프. 상품명에서 나온 말이다.	**붙임띠** [부침-] [명] (무엇을 붙이는데 쓰는) 점착성물질을 발라서 만든 비닐띠.

용례로 보기

남 선물은 고급 포장지로 둘러싸여 있었지만 {스카치테이프가} 붙여진 곳이 느슨하여 집에서 포장한 것처럼 보였다.《박성원: 하늘의 무게》

북 덕성이 봉인한 {붙임띠를} 떼고 지함뚜껑을 제껴놓았다.《김용한: 기쁨》

부는 악기

남	북	비고
리코더(recorder)	피리	
멜로디언(melodion)	입풍금(-風琴)	

서양 목관악기의 하나인 〈리코더〉를 북에서는 〈피리〉라고 부릅니다. 그런데 북의 문학작품 등에서 리코더의 뜻을 가진 〈피리〉는 쓰임을 찾아보기가 어렵습니다.

보통 북에서 말하는 〈피리〉는 우리가 알고 있는 〈피리〉와 같은 대상, 즉 '세로로 부는 전통 관악기'를 일컫는 듯합니다. 그럼에도 불구하고 남의 리코더를 북에서 〈피리〉라고 부르는 것은 북에서는 '속 빈 대에 구멍을 뚫고 입김을 불어넣어 소리를 내는 악기를 통틀어' 〈피리〉라고 부르기 때문입니다. 외래어인 〈리코더〉라는 말 대신에 순우리말인 〈피리〉로 바꾸어 부른 것이라고 볼 수 있습니다.

용례로 보기

멜로디언과 입풍금

남 피아노 교실에 다니기 시작하면서 이모가 사다 준 {멜로디언으로} 짧고 간단한 동요 한 곡을 어찌어찌 쳐 보였을 때도 그랬다.《김서령: 티타티타》

북 석대의 전기기관차는 … 잘 울리는 {입풍금}같은 경쾌한 기적소리를 연방 질러댄다.《권장석: 새령마루로》

치는 악기

남	북	비고
실로폰 (xylophone)	목금(木琴) 실로폰(xylophone)	
캐스터네츠 (castanets)	카스타네트 (castanet)	
탬버린 (tambourine)	탐부린 (tambourine)	
트라이앵글 (triangle)	트라이앙글(triangle) 삼각철(三角鐵) 세모종(--鐘)	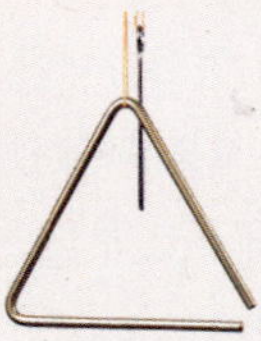

용례로 보기

실로폰과 목금

남 나는 밤이 이슥토록 아버지에게 (실로폰을) 배워 「동무 생각」, 「꽃밭에서」 등의 곡을 물방울처럼 곱게 퉁겨낼 수 있었다.《엄창석: 어린 연금술사》

북 방울새의 울음소리와도 같은 똘랑똘랑한 (목금)소리가 달리는 차안에 쫙 퍼졌습니다.《김정: 일요일》

트라이앵글과 세모종

남 그가 … 술 한 모금 넘기고 (트라이앵글을) 친다. 충청도에 있는 어느 산사의 풍경 소리와 비슷하다.《심재천: 잔류》

북 물속같이 깊은 방안의 적막을 부드럽게 가르며 명랑한 (세모종)소리가 울리였다.《리령철: 아리랑》

〈짝짜기〉는 '손에 들고 마주쳐서 짝짝 소리를 내는 악기'를 말하는데 응원할 때 많이 씁니다. 남에서는 〈캐스터네츠〉를 가리켜 순우리말로 〈짝짜기〉라고도 합니다.

남 "이게 이름이 뭐더라. 우리는 {짝짜기라고} 불렀는데." 손녀가 입을 떼기도 전에 사위가 소리쳤다. "캐스터네츠요. 지난번엔 피리더니. 뭐, 악단이라고 만드시게요?" … 짝. 짝. 짝. 캐스터네츠를 손가락에 끼고 삼 삼 칠 박수를 쳐보았다.《윤성희: 구름판》

08 직장 생활

노동의 보수(1)

남	북
임금(賃金)	생활비(生活費)

남에서는 '노동의 대가로 받는 보수'를 일컬어 〈임금(賃金)〉이라고 합니다. 통상적으로는 임금을 대신하여 '다달이 받는 급여'라는 뜻의 〈월급(月給)〉을 쓰지만, 북에서는 〈생활비(生活費)〉라고 합니다.

남과 북은 체제의 차이가 있기 때문에 〈임금〉과 〈생활비〉의 의미가 조금 다릅니다. 남에서의 〈임금〉은 대가(代價)에 방점을 둔 자본주의적인 보수인 반면, 북에서의 〈생활비〉는 분배(分配)에 방점을 둔 사회주의적인 보수를 뜻합니다.

《표준국어대사전》	《조선말대사전》
임금 (賃金) [명사] 근로자가 노동의 대가로 사용자에게 받는 보수. 급료, 봉급, 수당, 상여금 따위가 있으며 현물 급여도 포함된다.	**생활비** (生活費) [명] 《경제》 로동자, 사무원들의 생활을 보장하기위하여 사회주의국가가 로동의 량과 질에 따라 분배하는 몫의 화폐적표현.

용례로 보기

남 나는 밀린 {임금을} 받지 못하고 직장을 떠난 실직자였다.《김훈: 내 젊은 날의 숲》

남 비록 일은 고되지만, 기술도 경력도 없는 그가 이만한 {월급을} 받는 것은 감지덕지한 일이었다.《한강: 어느 날 그는》

북 그게 아마 입직후 첫 {생활비를} 받는 날이였을것이다. 우린 그때 둘이서 그 돈을 어떻게 쓸가 하는 문제를 놓고 찧고까불고 했지.《김정: 인생의 악보》

노동의 보수(2)

남	북
기본급(基本給)	–
수당(手當)	가급금(加給金)

남에서는 '노동의 대가로 받는 보수'를 일컬어 〈임금(賃金)〉이라고 합니다. 〈임금〉은 세부 항목으로 책정되어 있는데, 그중 〈기본급(基本給)〉이란 '수당을 제외한 기본적인 급여'를 말합니다. 〈기본급〉 외에 '따로 주는 보수'를 일컬어 〈수당(手當)〉이라고 하며, 이에는 '가족 수당, 위험 수당, 특별 수당, 직책 수당, 시간 외 수당' 등이 있습니다.

남에서는 자본주의적인 보수를 뜻하는 〈임금(賃金)〉을 받지만, 북에서는 사회주의적인 보수를 뜻하는 〈생활비(生活費)〉를 받습니다. 〈가급금(加給金)〉이란 '기본 생활비 외에 로동자들에게 주는 추가적인 생활비'를 일컫는 말입니다.

《표준국어대사전》	《조선말대사전》
기본급 (基本給) [명사] 임금(賃金)을 구성하는 요소 가운데, 여러 가지 수당을 제외한 급료. 여러 가지 수당, 상여금, 퇴직금 따위의 산정 기준이 된다.	–
가급금 [--끔] (加給金) [명사] ① 정한 한도 이외에 더 주는 돈. ② 『북』『경제』 노동자나 사무원에게 생활비 외에 더 주는 추가 생활비.	**가급금** (加給金) [명] 《경제》 생활비표에 규정된 로동부류와 기능등급, 직제에 의한 생활비준액만으로써는 일률적으로 해결할수 없는 특수한 조건을 고려하여 해당한 로동자, 사무원들에게 기본생활비밖에 보충적으로 더 주는 추가적생활비.
수당 (手當) [명사] 정해진 봉급 이외에 따로 주는 보수.	**수당** (手當) [명] (낡) 로동자, 사무원들에게 일의 내용의 중요성이나 조건의 특수성과 관련하여 기본생활비밖에 보충적으로 더 주는것.

용례로 보기

남 현장에 들어와서 일을 하고 있는 … 하청 업체 노동자들은 {기본급도} 낮았을 뿐 아니라 별도의 수당도 제대로 없었다.《방현석: 겨울 미포만》

남 직장인들은 초과 근무 {수당} 없이도 밤 12시까지 회사 일을 한다.《홍사만: 다섯 순간 이야기》

북 가스 냄새가 좀 나는 데서 일하면 유해 {가급금}, 일을 좀 많이 하면 계획 초과 상금, 뭘 좀 아껴쓰면 원가 저하 상금….《김형지: 적후의 별들》

맞벌이(가정)와 직장세대

남	북
맞벌이(가정)(---家庭)	직장세대(職場世帶)

《표준국어대사전》	《조선말대사전》
맞벌이 [명사] 부부가 모두 직업을 가지고 돈을 벎. 또는 그런 일.	**직장세대** (職場世帶) [명] 부부가 다 직장에 다니는 세대.

용례로 보기

남 작은아들은 충청도 천안에서 … 일하고 있는데 그의 아내인 막내며느리는 유치원 교사로, 소위 {맞벌이} 부부다.《김용철: 웃는 상주》

북 상점앞에는 벌써 찬거리를 사러 나온 아주머니들 몇이 서있었다. 새벽 출근을 하는 {직장세대의} 주부들인 모양이였다.《진재환: 보통날아침》

북에서는 1946년 '남녀평등법'을 공포하고 여성의 고용 차별을 금지하는 한편, 남성과 동등한 임금이나 노동 권리를 누리는 것을 보장하고자 하였습니다. 이러한 배경으로 북에서는 1950년대 후반부터 여성들의 사회 진출이 늘어났고, 지금은 경제 인구의 50%를 여성이 차지할 정도로 급증했다고 합니다. 따라서 '직장세대'도 자연스럽게 늘어난 것으로 보입니다.

파트너와 짝패

남	북
파트너(partner)	짝패(-牌)

남에서는 '직장 생활 등에서 같은 일을 맡아 함께 일하는 사람'을 일컬어 〈파트너〉라고 합니다. 북에서는 비슷한 개념의 단어로 〈짝패〉를 씁니다. 《조선말대사전》을 보면 〈짝패〉는 '서로 짝을 이룬 패, 또는 그 사람'을 뜻합니다.

2018년 평창 동계 올림픽에서 북의 피겨 페어스케이팅의 렴대옥과 김주식 선수가 큰 활약을 보여줬을 때, 렴대옥 선수는 '감독동지와 팀의 〈짝패〉 동지가 있었기 때문에 좋은 성적을 거둘 수 있었다.'라는 소감을 밝힌 바 있습니다. 〈짝패〉와 〈파트너〉는 남북의 각 사전에 모두 올라 있는 단어이지만, 북에서는 〈짝패〉를, 남에서는 〈파트너〉를 더 자주 쓴다는 데에 차이가 있습니다.

《표준국어대사전》	《조선말대사전》
파트너 (partner) [명사] ① 상거래나 춤, 경기, 놀이 따위에서 둘이 짝이 되는 경우의 상대편. '동료', '짝', '협조자'로 순화. ② 부부의 한쪽에서 본 다른 쪽. 배우자를 이르는 말이다.	**파트너** (partner) [명] ① 친구 또는 동반자. ② 경기나 무용 같은데서 두 사람이 한조가 되는 경우의 상대편. 흔히 무도장에서의 춤 대상자를 가리킨다.
짝패 (-牌) [명사] 짝을 이룬 패.	**짝패** (-牌) [명] 서로 한짝을 이룬 패 또는 그 사람.

용례로 보기

남 5년 동안 업무적인 면에서 우리는 거의 완벽한 {파트너였고} 사적으로도 가장 친밀한 관계였다.《조해진: 로기완을 만났다》

북 이제는 윤원구도 정섭이도 지어 김인수까지 그와 {짝패가} 되여 일하자고 들었다.《석윤기: 두만강지구》

북 "왜 진작 길을 바로잡아주지 못했소, {짝패의} 일인데 동무도 책임이 있잖소."《권정웅: 세대앞에서》

프리랜서와 자유직업자

남	북
프리랜서(free-lancer)	자유직업자(自由職業者)

남의 〈프리랜서(free-lancer)〉는 '일정한 소속 없이 자유 계약으로 일하는 사람'을 일컫는 말입니다. 대부분 〈프리랜서〉라고 하지만 〈비전속인〉, 〈자유 계약자〉 등으로 순화하여 이르기도 합니다. 북에서는 프리랜서처럼 일하는 사람을 〈자유직업자〉라고 하지만, 북의 사회체제 특성상 직장에 소속되지 않고 일하는 것은 어렵기 때문에 실질적으로 자유직업자가 있다고 하기는 어렵습니다.

《표준국어대사전》	《조선말대사전》
프리랜서 (free-lancer) [명사] 일정한 소속이 없이 자유 계약으로 일하는 사람.	**자유직업자** (自由職業者) [명] 자본주의사회에서, 문필가나 변호사 등과 같이 일정한 고용관계를 맺지 않고 근무시간의 구속을 받지 않으면서 자기의 기술이나 능력을 써서 자유의사에 따라 독자적으로 돈을 벌어 생활하는 사람.

용례로 보기

남 그가 방송국을 나와 {프리랜서} 선언을 할 수밖에 없었던 것도 방송국에서 받는 월급만으로는 … 아이들의 교육비와 두 곳의 생활비를 감당할 수가 없어서였다.《이순원: 첫눈》

북 그는 해방전부터 {자유직업자로} 남북삼천리를 부평초처럼 떠돌아다니며 별의별 일을 다 해보았다.《최준희: 말과 글에서의 생략의 효과》

식당의 종업원

남	북
웨이터(waiter) (남자) 웨이트리스(waitress) (여자)	접대원(接待員) 봉사원(奉仕員)

- 호텔이나 서양식 음식점에 가면 손님의 시중을 드는 서비스 직 종업원이 있습니다. 이 종업원은 음식을 가져다주거나 손님이 필요로 하는 물품을 준비해 줍니다. 남에서는 남자 종업원을 〈웨이터〉라고 하고, 여자 종업원을 〈웨이트리스〉라고 합니다. 예전에는 호칭으로도 쓰였으나, 근래 들어 호칭으로는 잘 쓰지 않습니다. 북에서는 이러한 종업원을 일컬어 〈접대원〉, 또는 〈봉사원〉이라고 부릅니다.

- 북에서 〈접대원〉은 여성들이 선호하는 직업입니다. 접대원은 외화상점이나 호텔, 음식점, 편의봉사사업소 등에서 일을 하는데, 외국인과 접촉할 수 있고 외화를 벌 수 있어 경제적인 부분에서도 만족도가 크기 때문입니다. 접대원이 되기 위해서는 일정 수준의 대학 교육을 이수해야만 자격이 주어진다고 합니다.

《표준국어대사전》	《조선말대사전》
웨이터 (waiter) [명사] 호텔, 서양식 음식점, 술집, 찻집 따위에서 손님의 시중을 드는 남자 종업원. **웨이트리스** (waitress) [명사] 호텔, 서양식 음식점, 술집, 찻집 따위에서 손님의 시중을 드는 여자 종업원.	**접대원** (接待員) [명] (려관이나 식당 등에서) 손님을 접대하는 봉사일군.

용례로 보기

남 {웨이터가} 다가오자 나는 커피를 시켰고, 그녀는 과일 주스를 시켰다.《이순원: 그대 정동진에 가면》

남 진희는 … 남은 생선 초밥을 먹었고, 접시가 빈 것을 확인한 {웨이트리스가} 사과를 내왔다.《송경아: 아기 찾기》

북 기다렸던듯 {접대원이} 곁에 다가오더니 례절스럽게 주문식사안내서를 내밀었다.《최학수: 눈부시다》

북 {봉사원}처녀가 과일과 청량음료병이 담긴 다반을 들고 들어와 앞탁에 조심히 차려놓았다.《김용한: 기쁨》

일의 마무리

남	북
평가(評價) / 피드백(feedback)	총화(總和)
마무리하다 / 끝맺다 / 매듭짓다	마무리하다 / 결속하다(結束--)

- 남에서는 일을 마무리할 때 '평가'를 합니다. 북에도 비슷한 개념으로 '총화'를 하는 시간이 있습니다. 《조선말대사전》의 풀이에 따르면 〈총화〉는 '사업이나 생활의 진행정형과 그 결과를 분석하고 결속지으며 앞으로의 사업과 생활에 도움이 될 경험과 교훈을 찾는 것'입니다.

- 북의 직장인들은 주로 '생활총화'를 합니다. '생활총화'는 '조직이나 집단 내에서 주기별로 구성원의 생활을 검증하는 회의'를 말합니다. 직장인들은 '생활총화'를 통하여 각자의 업무와 생활을 반성하고 비판하는 시간을 갖습니다. 이외에도 '사업의 형편이나 상태를 분석'하는 '사업총화', 일정 기간 작업한 내용에 대해 총화하는 '작업총화' 등이 있습니다.

[북] 당원들은 길섶에서 좀 떨어져있는 포전들에는 확실히 관심을 적게 두었다는것을 솔직하게 말했다. {생활총화가} 끝난후 한걸음 나앉으며 그는 말했다.《석창의: 주체농법을 관철한 보람》

용례로 보기

평가, 피드백과 총화

[남] 가끔은 자신이 야근을 하거나 주말에 출근하기 때문에 오히려 일을 못한다는 {평가를} 받는 건 아닐까하는 생각이 들었지만….《편혜영: 동물원의 탄생》

[남] 내 개인 작업에 대한 {피드백} 시간이 이어졌다. … 그녀의 목소리는 신랄하고 날카로웠다.《조경란: 사소한 날들의 기록》

[북] 공장에서는 매일 {총화를} 실속있게 조직하여 다음날 계획했던 일이 뒤지 않도록 조직사업을 짜고들었다.《리영수: 그날계획은 그날로》

'회의를 마무리하다'와 '회의를 결속하다'

[남] 일단 회담을 좀 더 지켜보자는 애매한 결론을 내리고 회의를 {마무리했다}.《김광호: 52개의 별》

[북] 회의를 {결속하게} 되였을 때 나는 자리에서 일어났다.《변창률: 한분조장의 수기》

달력

남	북
달력(-曆) / 캘린더(calendar)	달력(-曆) / 력서(曆書)

용례로 보기

남 경조사가 있는 날을 하루하루 표시하다 보면 {달력에는} 어느 달이든 한두 번, 또는 두세 번까지 기념일이 생기게 마련이다.《김원일: 세월의 너울》

남 12월 10일? 작년 치 탁상용 {캘린더를} 뒤져보니까 12월 10일은 월요일이었다.《현재훈: 곰팡이》

북 그가 … {달력을} 보면서 "아니, 오늘이 음력 섣달그믐날이군."이라고 말하는바람에 우리의 이야기는 설과 관련된것으로 바뀌였다.《박승희: 길동무들과 함께》

북 어머니의 눈길도 날자를 가늠하는듯 {력서의} 수자에 잠시 머물러있었습니다.《박수연: 아름다운 풍경》

북의 달력에는 국가명절, 민속명절, 기념일 등이 표시되어 있습니다. 김일성 주석과 관련된 기념일의 경우, 상단에 비교적 상세한 설명이 쓰여 있습니다. 특히 김일성 주석의 생일(태양절 4.15.)과 김정일 국방위원장의 생일(광명성절 2.16.)은 붉은색 숫자에 붉은 테두리가 쳐져 있어 국가적 차원의 기념일로 강조하고 있습니다.

문서 전송기

남	북	비고
팩스(fax) 팩시밀리(facsimile)	팍스(장치)(fax裝置) 모사전송(기)(模寫電送機)	

용례로 보기

남 도면을 {팩스로} 보내고 나자 차장이 다시 전화를 걸어왔다.《김훈: 공무도하》

북 이튿날 그는 이런 짤막한 글을 {팍스로} 보내여왔다. '헤어질 때 눈물이 앞을 막아 인사도 제대로 못한것이 유일한 후회로 남는다.'《남대현: 조국과 함께 있는 사람들》

북 도면, 사진 같은것을 신속히 전송하여 옮겨그리는 {모사전송}장치는 지금 그 리용분야가 확대되고있다.《박경복: 전자공학의 리용》

남과 북은 판문점 공동 경비 구역(JSA) 안에 있는 연락 사무소에서 '남북 직통전화'를 통해 연락을 주고받아 왔습니다. 이 전화는 주 전화인 초록색 전화와 예비용 전화인 붉은색 전화로 구분되어 있으며, 초록색은 북에 전화를 걸 때, 붉은색은 받을 때 사용합니다. 그 외 남과 북은 '팩스'를 통해 서로 문서를 주고받기도 합니다. 2018 남북 정상회담을 앞두고 관련 중요 사안에 대한 협의를 할 때에도 수차례 전화와 팩스를 주고받았습니다.

2018년 남북 정상회담에서 합의된 내용이 기록된 '판문점 선언' 이후 개성공단 안에는 '남북 공동 연락 사무소'가 세워졌습니다. 그간 전화나 팩스 등으로 연락을 주고받던 남과 북의 담당자들은 이 연락 사무소가 생긴 후 직접 얼굴을 맞대고 관련 사안에 대해 논의하고 있습니다.

09 의료

몸의 통증

남	북
두통(頭痛)	머리아픔 / 두통(頭痛)
치통(齒痛) / 이앓이	이쏘기 / 치통(齒痛)
생리통(生理痛) / 월경통(月經痛)	월경통(月經痛) / 달거리아픔
복통(腹痛) / 배앓이	배아픔 / 배앓이 / 복통(腹痛)
요통(腰痛)	허리아픔 / 허리앓이 / 요통(腰痛)

북에서는 〈다식증(多食症)〉은 〈게걸증〉으로, 〈탈모(脫毛)〉는 〈털빠짐증〉으로, 〈야맹증(夜盲症)〉은 〈밤눈증〉으로 다듬어 씁니다. 이처럼 북의 의학 용어는 아픈 부위와 증상을 직관적으로 나타내기 때문에 이해하기 쉽습니다. 남에서도 〈복통(腹痛)〉과 〈요통(腰痛)〉 같은 한자어를 순우리말인 〈배앓이〉와 〈허리앓이〉로 다듬어 쓰기도 합니다.

용례로 보기

두통과 머리아픔

남 영주는 머릿속에 가벼운 {두통을} 느끼며 엄지손가락으로 관자놀이를 꾹꾹 눌렀다.《박형숙: 봄밤》

북 그는 지금 … 도저히 납득이 되지 않는 문제로 하여 {머리아픔을} 체험하고있었다.《김삼복: 대지의 딸》

치통과 이쏘기

남 아내가 아니면 난 평생 치과에 가지 않고 {치통을} 앓으며 살지도 몰라.《함정임: 아주 사소한 중독》

북 "젊은 의사 이 사람, 우리 손주녀석 {이쏘기가} 이젠 딱 멎었네. 선생손은 정말 약손이라고 온 도시에 소문이 자자하네."《로미향: 앞선 사람》

복통과 배아픔

남 "여름철에는 굴이 독성을 품어요. 그게 {복통을} 일으키죠."《김용만: 능수엄마》

북 심한 {배아픔으로} 환자는 의식을 잃고있었다. 병력서를 들여다보니 궤양의 병력이 있었고 초진도 위천공이였다.《김정현: 그들의 청춘시절》

요통과 허리아픔

남 공연에 대한 마담의 열정은 아이를 낳고 겨우 사흘 뒤 곡예 무대에 섰다가 평생을 괴롭힐 고질적인 {요통과} 관절염을 얻게 했다.《권하은: 꿈꾸는 밤》

북 전상음은 허리에 두 손을 얹으며 얼굴을 찡그렸다. 이틀전부터 때없이 찾아드는 {허리아픔이} 발작했던것이다.《리령철: 아리랑》

쇼크

남	북	비고
쇼크(shock)		남 육체적+정신적 충격 북 육체적 충격

남과 북에서 〈쇼크〉는 병적인 상태를 뜻하는 의학 용어로 씁니다. 신체적으로나 정신적으로 심한 충격을 받았을 때 갑자기 순환 혈액이 줄어들어 호흡이 잘 안 되거나, 얼굴이 창백해지거나, 혈압이 떨어지는 등 몸의 기능이 나빠지는 상태를 〈쇼크〉라고 합니다.

남에서는 의학 용어 외에도 '예상하지 못한 갑작스러운 상황 때문에 크게 놀라고 당황한 상태'를 이르러 〈쇼크〉라고 하며, 주로 '쇼크를 받다', '쇼크를 먹다', '쇼크에 빠지다'와 같이 씁니다. 남의 사전에서는 외래어인 〈쇼크(shock)〉 대신에 〈충격(衝擊)〉으로 다듬어 쓸 것을 권장하고 있습니다.

남 갑작스러운 사고 소식에 그는 {쇼크를} 받아 아무런 말도 하지 못했다.

《표준국어대사전》	《조선말대사전》
쇼크 (shock) [명사] ① 예상하지 못한 상황이 생겼을 때 갑자기 느끼는 마음의 동요. ②『의학』 갑작스러운 자극으로 일어나는 정신·신체의 특이한 반응. (생략)	**쇼크** (shock(영)) [명] 《의학》 몸안의 내장장기에 필요한 량의 피가 흘러들지 못하여 조직안에서 물질대사가 장애되거나 정상적인 세포기능을 유지할수 없게 된 병적상태.

용례로 보기

의학 용어로서의 쇼크

남 청년은 출혈이 심해 {쇼크} 직전의 상태인 듯했고 여러 군데 골절상과 창상을 입은 듯했다.《손홍규: 청년 의사 장기려》

북 "심장병이 악화되였답니다. 지금 {쇼크}상태입니다."《석남진: 비결》

크게 놀라고 당황한 상태

남 "너도 정찬재 전시회 보고 {쇼크} 먹었냐?"《이평재: 마야》

남 "내 얘기 듣고 연실은 {쇼크를} 받을지 모르지만 오늘은 모든 걸 털어놔야겠어."《안도섭: 명동 시대》

혈액형과 피형

남	북
혈액형(血液型)	피형(-型) / 혈액형(血液型)
채혈(採血)	피뽑기 / 채혈(採血)
출혈(出血)	피나기 / 출혈(出血)

북에서는 〈혈액형(血液型)〉, 〈채혈(採血)〉, 〈출혈(出血)〉 등의 한자어를 〈피형(-型)〉, 〈피뽑기〉, 〈피나기〉 등으로 다듬어 씁니다.

《표준국어대사전》	《조선말대사전》
혈액형 [혀래경] (血液型) [명사] 『의학』 혈액의 유형. 적혈구와 혈청의 응집 반응을 기초로 분류하는데, 에이비오식 혈액형과 아르에이치식 혈액형 따위가 있다.	**혈액형** [-컹] (血液型) [명] =피형. **피형** (-型) [명] 《생리》 적혈구에 있는 응집원과 혈청에 있는 응집소사이의 호상작용에 기초하여 사람의 피를 몇가지 류형으로 나누는 형. 흔히 에이(A)형, 비(B)형, 오(O)형, 에이비(AB)형의 네가지로 나눈다.

용례로 보기

남 "{혈액형이} 맞았으면 좋겠습니다. 먼저 {혈액형} 검사부터 하시지요. 안 선생은 A형이던데…."《조정래: 태백산맥》

북 한제완은 세상에 태여나 아직 {피형}검사를 해본 일은 없지만 시침을 떼고 O형인체 했다.《림재성: 최후의 한사람》

북 "동무의 {피형은} 저 군인에게 맞지 않지 않소. 간호원인 동무가 잘 알면서 그러누만."《한경희: 정성은 기적을 낳는다》

남에는 A, O, B, AB 혈액형에 따른 성격 특성이 있다는 설이 있어 이를 유머의 소재로 삼기도 합니다. 북에도 이와 같은 〈피형〉별 성격설이 있다고 합니다.

남 "내 {혈액형}, 소심한 A형이잖아. 네가 화낼 게 무서워서 못 받았어."《황인숙: 당신 개의 그림자라도 되고 싶어》

한의원과 고려병원

남	북
한의원(韓醫院)	고려병원(高麗病院) 동의병원(東醫病院)

북에서 '고려(高麗)'를 쓰는 이유

북은 1960년대 '한의학(韓醫學)'의 명칭을 '동의학(東醫學)'으로 변경했으며, 1993년 '고려의학(高麗醫學)'으로 다시 변경했습니다. 역사학적으로 볼 때, 의학은 고려 시대부터 중의학과 차별화되며 주체적으로 거듭나기 시작하였는데, 이와 같이 독립적이고 자주적인 의학을 주장하기 위하여 북에서는 '고려의학'이라는 명칭을 쓴다고 합니다. 북에서는 한의사를 '고려의사'라고 하는데, '고려의사'는 의사 국가 고사를 치르는 과정 없이 1년의 예과 과정과 본과 6년의 교육을 포함하는 7년 과정의 의학대학 고려의학부를 졸업하면 자격을 얻을 수 있습니다.

용례로 보기

남 작년 가을에는 하도 목, 어깨가 아파서 디스크인 줄 알고 {한의원} 가서 침 맞고 약을 먹었다.《박정애: 춤에 부치는 노래》

북 "아까 낮에 {고려병원에} 찾아가서 구체적인 진단과 약처방을 떼왔습니다. 철수에겐 침료법이 제일 효과적이라고 하더군요."《김응호 외: 터전》

북의 '고려의학과학원'

평양시 대동강구역 문수거리에는 '고려의학과학원'이 있습니다. 이곳은 고려의학으로 환자들을 치료하는 전문병원이기도 하며, 고려의학을 학문적으로 연구하는 최대의 연구기관이기도 합니다. 산하에는 50여 개에 달하는 전문 연구 기관이 있습니다.

의사 양성 과정

남		북
전공의(專攻醫) 수련의(修鍊醫)	인턴 (intern)	–
	레지던트 (resident)	–
전문의(專門醫)		전문의사(專門醫師)

의사가 되기 위한 절차

남에서 의사가 되려면 의학을 전공하는 대학이나 전문 대학원을 졸업하고, 각각 의학사 또는 전문 석사 학위를 받은 뒤, 국가시험을 통해 의사 면허를 취득해야 합니다. 이후 '인턴', '레지던트'의 수련의 과정을 거쳐 '전문의'가 됩니다.

북에는 인턴, 레지던트 과정과 같은 수련의 과정은 없고 졸업 후 바로 각종 병원의 전문과에 배치됩니다. 북의 '전문의사'는 의학대학 졸업 시험을 치르고 의사 자격을 받는 사람으로 알려져 있습니다.

북에만 있는 독특한 의료인, '준의(準醫)'

북에는 독특한 의료인인 '준의'가 있습니다. '준의'는 의학전문학교인 3년제 전문학교에서 양성됩니다. 의학전문학교는 '준의'를 포함해 '보철사'와 '조산원', '조제사' 등의 중등보건일군을 양성하는 곳입니다. '준의'는 주로 리·동 진료소 등의 1차 의료기관에 배치를 받아 호담당의사로 근무하며 2차, 3차 의료기관에서 근무할 때는 주로 간호원의 업무를 담당합니다.

북 (준의) 리성호동무를 비롯한 진료소의 의료일군들은 새해농사차비에 떨쳐나선 농업근로자들의 건강을 잘 돌봐주는것을 자기들의 의무로 깊이 자각하고…《리문범: 들끓는 현장에서》

용례로 보기

남 그는 6년제 의과대학을 졸업하고 {인턴}, {레지던트} 과정을 마치고 신경외과 {전문의} 자격까지 땄으며 현재 성업 중인 어떤 개인 종합병원의 담당 과장으로 재직하고 있었다.《유익서: 어름산이고》

북 머리아픔을 멈추는 약을 써도 효과가 없는 경우에는 반드시 {전문의사의} 진찰을 받도록 하여야 한다.《리명기: 종양의 일반증상은 어떤가》

보건소와 진료소

남	북
보건소(保健所)	진료소(診療所)

남의 '보건소'는 질병을 예방하고 환자를 진료하며 공중 보건을 향상시키려고 각 지역에 둔 공공 의료 기관입니다. 이와 비슷한 기관으로 북에는 '진료소'가 있습니다. 북의 '진료소'는 남의 읍 정도에 해당하는 리(理)에 설치된 1차 병원으로, 의사 한 명이 한 지역을 맡아 책임지고 진료하는 '의사 담당제'로 운영됩니다. 이 진료소에서 환자의 증상이 심각하다고 판단할 경우에는 상급 병원인 2차 병원, 3차 병원으로 환자를 옮길 수가 있습니다.

용례로 보기

남 면 소재지의 {보건소에} 가서 진찰을 받은 결과, 급성맹장염이란 판정이 내려졌다.《이윤학: 거울을 둘러싼 슬픔》

북 건설자들을 위해 꾸려 놓은 {진료소에는} 나라에서 좋은 약들과 의료기구들을 보내주어 도시병원 못지않게 모든 치료조건이 보장되여 있었다.《김우경: 정일봉의 불로초》

북 리인민병원 원장동무는 병원에서 불과 5리밖에 떨어져있는 농장원들을 위해 {진료소를} 따로 내오고 병원과 {진료소에} 있는 의료일군들이 한개 작업반씩 맡아가지고….《허덕춘: 도시를 닮아가는 산간마을》

산후조리원과 산원

남	북
산부인과 (병원)(産婦人科 病院)	산원(産院)
산후조리원(産後調理院)	

용례로 보기

남 정민은 {산부인과} 분만실에 들어간 지 하루 만에 … 귀여운 사내아이를 출산했다.《이신혜: 실종》

남 어머니는 바쁜 와중에도 병원 {산후조리원을} 찾아와 산모와 아이를 보고 가셨고, 그날도 우리 부부는 아기를 안고….《전성태: 이야기를 돌려드리다》

북 며칠동안 {산원에} 입원하셨던 어머니가 고운 녀자애기를 안고 오셨으니까요.《리금철: 신동이》

북 수많은 창문들이 해빛에 반짝이는 {산원}건물을 마주하고 서있느라니 첫 해산을 하던 때의 나날들이 … 눈앞에 삼삼히 밝혀왔다.《장순화: 친정집》

북의 산원은 몸조리만 하는 남의 산후조리원과는 달리 출산과 몸조리를 모두 할 수 있는 곳입니다. 그중 '평양산원'은 북의 여성들에게 친정집으로 불릴 만큼 매우 좋은 곳으로 평가되고 있습니다.

북 평양산원

'평양산원'은 평양시 대동강구역 문수동에 위치한 여성 전문병원으로 최신식 의료 시설을 갖추고 있습니다. 건물에는 2,000여 개의 방들이 병실 및 연구 공간으로 운영되고 있습니다. 모든 분만실에는 무통 출산 장치를 비롯한 현대적 의료 설비와 기구들이 준비되어 있으며, '갓난애기방(신생아실)'에는 조산아를 위한 최신형 보육기(인큐베이터)도 갖추고 있다고 합니다.

P·A·R·T

10 교통

버스와 빼스

남	북	비고
버스(bus)	빼스(bus)	남 시내버스 시외버스 관광버스 북 시내빼스 시외빼스 관광빼스

북 빼스

북에는 주로 무궤도전차의 보조 수단으로 운행하는 '시내빼스'와 주요 도시 사이를 운행하는 '시외빼스'가 있습니다. '시내빼스'는 평양시의 경우 40여 개 노선이 있으며, 시내 변두리에서 인근 교외를 연결해 주는 역할을 합니다. 시내빼스를 내리고 탈 때에는 남과는 반대로 승차는 후문으로, 하차는 앞문으로 한다고 합니다. 시외빼스는 평양과 신의주, 원산, 만포, 사리원, 남포 등 주요 도시 사이에 운행되고 있지만, 운행 횟수가 많지 않아 시내를 벗어나는 장거리 여행은 철도를 이용하는 경우가 많습니다.

차량 번호판

북의 차량 번호판에는 지역과 차량 번호가 제시되어 있습니다.

남의 차량 번호판은 2004년부터 그 모양이 변경되었습니다. 맨 앞 두 자리 숫자는 차종을, 두 번째 한글은 자동차의 용도를, 네 자리 숫자는 차량 등록번호를 뜻합니다.

지하철과 지하철도

남	북
지하철(地下鐵) / 전철(電鐵)	지하철도(地下鐵道)
–	궤도전차(軌道電車)

북의 지하철도는 지하의 전용 철길로 다니는 도시 전철이고, 궤도전차는 일반 도로의 노면 위에 부설된 철길로 다니는 전동 차량입니다.

용례로 보기

남 토요일 오후에 나는 {지하철} 시청역 입구에서 문희를 기다리고 있었다.《윤대녕: 제비를 기르다》

북 박옥실동무와 상등병 조현숙동무들은 {지하철도} 붉은별역사앞에서 커다란 손짐을 들고 가는 한 할머니를 보게 되였다.《김혜숙: 우리 인민군대》

북 망설이는 사이에 쇠울타리너머 저 앞도로에서는 평양역쪽으로 가는 {궤도전차가} 벌써 서너대는 더 되게 지나갔다.《리령철: 아리랑》

북 평양 지하철도

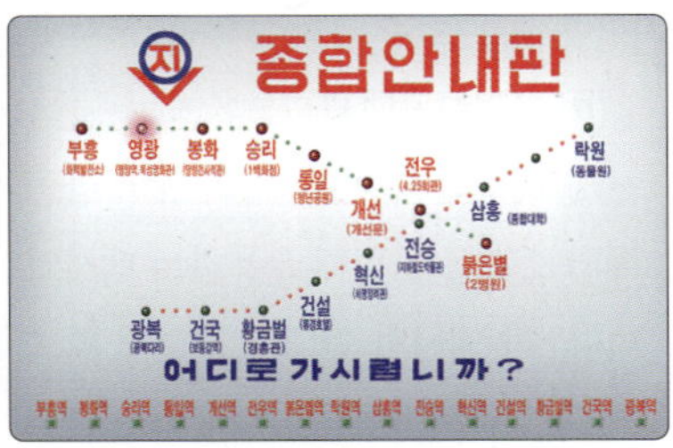

북 평양 지하철도 안내판

북 평양 궤도전차

평양 지하철도는 현재 '부흥~붉은별선', '광복~락원선'의 2개 노선이 있습니다.

평양 궤도전차는 현재 1호선(평양역~만경대), 2호선(토성~락랑~문수), 3호선(서평양역~락랑), 금수산선(삼흥역~금수산기념궁전)의 4개 노선이 있습니다.

택시

남	북
택시(taxi)	

- 평양의 택시는 최근 몇 년 사이에 부쩍 늘어나 차종과 색깔이 다양해졌으며, 택시 운전사도 유망 직종으로 떠오르고 있는 추세입니다. 운영 기관 역시 기존의 대외봉사총국과 평양시운수총국의 두 곳에서 더 많은 기관으로 늘어난 것으로 파악됩니다. 택시의 표지도 한글과 영어를 병행해 쓰던 것이 영어 〈TAXI〉로만 쓴다고 합니다.

- 평양 택시의 번호판 앞부분에는 '평양○○'이라고 적혀 있습니다. 특히 '평양70'에서 '평양99'까지의 번호를 단 택시들이 90% 이상을 차지한다고 하는데, 이 번호는 차의 소속 기관을 나타내며, 대부분 로동당이 운영하는 기관과 무역회사들의 차번호라고 합니다.

북 고려항공택시

'고려항공택시'는 북의 고려항공에서 승객들을 위해 운용하는 택시입니다. 이 택시의 안내 포스터에 따르면, 평양국제비행장을 이용하는 손님들의 편의 보장을 위해 승용차와 소형버스, 사파리형 승용차 등을 구비하여 다양한 서비스를 제공한다고 합니다. 중국 베이징, 선양, 러시아 블라디보스토크 등 해외의 고려항공 사무소에서도 직접 '택시' 서비스를 예약할 수 있는데, 원하는 목적지까지 이동이 가능하며, 일요일과 야간에도 서비스가 제공됩니다.

공항(비행장)과 항공사

구분	남	북	비고
공항 (비행장)	김포국제공항 (金浦國際空港) 인천국제공항 (仁川國際空港)	평양(순안)국제비행장 (平壤順安國際飛行場) 평안(순안)국제공항 (平壤順安國際空港)	남 주로 〈공항〉으로 씀 북 주로 〈비행장〉으로 씀
항공사	대한항공 (大韓航空) 아시아나항공 (asiana航空)	고려항공 (高麗航空)	남 '제주항공', '진에어' 등의 저가 항공이 있음

- 남의 대표 공항은 '인천국제공항'과 '김포국제공항'입니다. 군용 비행장으로 시작한 '김포국제공항'은 2000년 3월까지 국제선과 국내선을 모두 운항하였으나, 2001년 3월에 '인천국제공항'이 개항하면서 국제선 운항은 주로 인천국제공항에서, 국내선 운항은 주로 김포국제공항에서 이루어지고 있습니다.

- 북의 대표 비행장은 평양시에 위치한 '평양(순안)국제비행장'입니다. 북은 공항을 주로 비행장이라고 하므로 흔히 '평양(순안)국제비행장'으로 부릅니다. 이 비행장은 1959년 평양과 모스크바 노선이 개설된 것이 시초이며, 현재 중국 베이징과 상하이 등 국제노선이 있습니다.

북 고려항공 항공기

북 고려항공 항공권

여권과 려권

남	북
여권(旅券)	려권(旅券)

- '다른 나라를 방문하는 사람에게 본국에서 발급하는 신분 증명 문건'을 가리켜 〈여권/려권〉이라고 합니다. 남의 여권은 초록색(일반), 붉은색(관용), 파란색(외교용)으로 구분됩니다. 남에서는 2020년에 일반 여권의 디자인과 색상을 초록색에서 파란색 계열로 바꾸는 것을 계획하고 있습니다.

- 북의 〈려권〉은 파란색(일반), 초록색(관용), 붉은색(외교용)과 또 하나의 파란색(공무려행용)으로 구분됩니다. 이 중 '공무려행용'은 '공무용 려행을 위한 일반 려권'으로, 국제 경기에 참가하는 선수들에게 발급되는 려권입니다.

용례로 보기

남 나는 공항 출구 {여권} 심사대에 선 채 {여권을} 내밀었다.《강유일: 피아노 소나타 1987》

북 비행장역사의 출입구에서 세관원이 무표정한 얼굴로 그들에게 손을 내밀자 {려권들을} 내밀었다.《허문길: 폭풍의 산아》

남 (일반용) 여권

북 (외교용) 려권

비자와 사증

남	북
비자(visa) / (입국)사증(入國査證)	(입국)사증(入國査證)

✔ 〈비자〉는 '외국인의 출입국을 허가하는 증명서'를 말합니다. 〈사증〉 또는 〈입국사증〉이라고도 합니다.

✔ 북에서는 〈비자〉를 〈사증〉이라고 합니다. 남에서는 입국할 때 외국인만 입국 비자를 제시하면 되지만, 북에서는 모든 인민과 외국인이 입국과 출국 시에 사증을 제시해야 합니다.

《표준국어대사전》	《조선말대사전》
비자 (visa) [명사] 『법률』 =사증(査證).	–
사증 [–쯩] (査證) [명사] 『법률』 외국인에 대한 출입국 허가의 증명. 외국을 여행하려는 사람은 현재 자기 나라 또는 체재국(滯在國)의 대사(大使), 공사(公使), 영사(領事)로부터 여권에 그 나라의 출입국 허락 서명을 받아야 한다.	**사증** [–쯩] (査證) [명] 국경을 통과할수 있는 증서. 국가의 일정한 기관이 출국하려는 자기 나라 공민과 입국 또는 출국하려는 다른 나라 사람에게 발급한다.
입국사증 (入國査證) 『법률』 =사증(査證).	**입국사증** [–쯩] (入國査證) [명] 《법률》 다른 나라 사람이 자기 나라에 들어오는것을 허락하는 증명서.

용례로 보기

남 중국 대사관 측에서는 우리 모두 당분간 중국 입국 금지자로 묶여 있다며 {비자를} 내주지 않았었다.《박인식: 첫사랑뿐》

남 김 씨와 동행하기 위해 워싱턴의 일본 대사관에 {사증을} 신청하자, 처음에는 이름을 한자로 쓰지 않고 영문으로만 썼다고 접수를 거부했다.《이신범: 광야의 끝에서》

남 차례가 되어 나는 여권과 함께 일본의 중국 대사관에서 발급받은 조그만 {입국사증을} 그 국민복 관리에게 내밀었다.《한수산: 먼 그날 같은 오늘》

북 사위가 려권수속을 하느라고 … 숨차게 뛰여다녔는데 마지막고비인 오사까의 령사관에서 {사증}신청이 부결맞았다.《김병훈: 개이지 않는 하늘》

북 베이징주재 에스빠냐대사관에서 {입국사증을} 받기로 한 출발이였다. … 그런데 베이징에 도착해 보니 {입국사증이} 아직도 나와 있지 않았다.《김덕철 외: 결승선》

북 사증

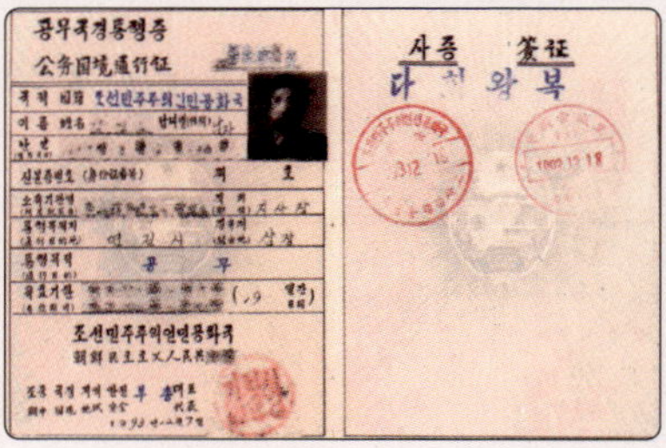

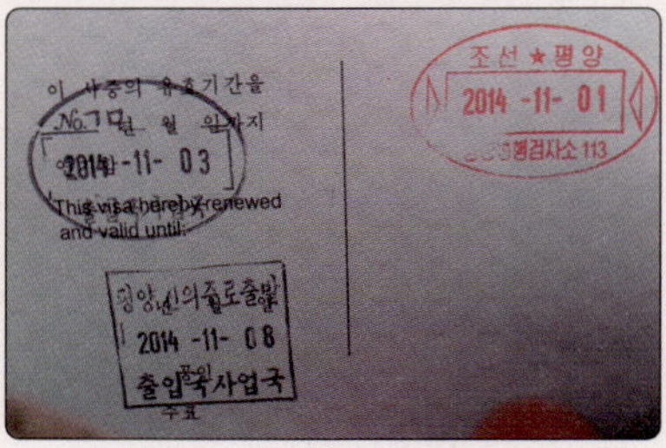

수하물과 손짐

남	북
수하물(手荷物) / 수화물(手貨物)	손짐

남에서는 공항에서 출국을 하거나 입국을 할 때 짐을 부치거나 찾으면서 '수하물/수화물을 부치다(찾다)'와 같이 말합니다. 북에서는 주로 〈손짐〉이라는 고유어를 쓰기 때문에, 공항에서도 "손짐이 몇 개나 됩니까?"와 같은 말을 자주 들을 수 있습니다.

《표준국어대사전》	《조선말대사전》
수하물 (手荷物) [명사] ① 손에 간편하게 들고 다닐 수 있는 짐. '손짐'으로 순화. ② 교통편에 손쉽게 부칠 수 있는 작고 가벼운 짐.	**손짐** [-찜] [명] ① 손으로 들어서 나를수 있는 간단한 짐. ② 《운수》 철도에서 맡아서 짐임자와 함께 수송하는 짐.
손짐 [-찜] [명사] =수하물①.	**수하물** (手荷物) [명] ⇒손짐.

용례로 보기

남 달랑 {수하물} 컨베이어 두 개만 놓여있는 조그만 공항은 인적이 없이 한산했다.《문호성: 육도경》

남 그는 입국 심사대에서 여권에 입국 스탬프를 받고, 짐을 찾으러 {수화물} 수취소로 갔다.《양창국: 여정》

북 "동무의 {손짐은} 규정보다 두키로그람이나 초과합니다."《림재성: 송가》

출경과 입경

일반적으로 외국에 오고 갈 때에는 〈입국(入國)〉이나 〈출국(出國)〉이라는 말을 씁니다. 그런데 남에서는 육로로 북의 지역을 오갈 때 〈입경(入境)〉 또는 〈출경(出境)〉이라고 합니다. 이 말에는 국경(國境)이 아닌 단순한 경계선을 넘는다는 뜻이 담겨 있습니다. 다만, 북에서는 이 말을 잘 쓰지 않습니다.

《표준국어대사전》	《조선말대사전》
입경 [-꼉] (入境) [명사] 국경이나 일정한 지리적인 경계 안에 들어감.	**입경** (入境) [명] (낡) 국경이나 일정한 지경안에 들어가는것.
출경 (出境) [명사] 어떤 지방의 경계(境界)를 넘어 다른 지방으로 나감.	**출경** (出境) [명] 봉건사회에서, 일정한 지경밖으로 나가는것.

남 동해선 도로 남북 출입 사무소

출·입경 절차는 '남북 출입 사무소'에서 밟습니다. '남북 출입 사무소'는 경의선과 동해선이 있으며, 각각에는 철도와 도로 사무소가 따로 있습니다.

도로 교통 용어

남	북
보도(步道)	걸음길
교차로(交叉路)	사귐길 / 교차로(交叉路)
횡단보도(橫斷步道) / 건널목	건늠길
사거리(四--) / 네거리	네거리 / 십자길(十字-) 십자거리(十字-)

용례로 보기

보도와 걸음길

남 "안전한 {보도가} 있는 큰길이 있었지만 난 지름길을 택하기로 한 거야."《하성란: 개망초》

북 차길을 사이두고 량옆으로 넓게 뻗은 {걸음길에도} 사람들의 흐름 그칠새 없다.《현승남: 미래에 살자》

교차로와 사귐길

남 "커다란 {교차로가} 보일 때까지 잊어버리고 마냥 가세요. 그런 다음 그 교차로에서 좌회전하세요. 혹은 우회전해도 좋습니다."《유애숙: 무언가》

북 {사귐길에서} 곧바로 또는 오른쪽으로 가려 할 때에는 교통지휘신호에 따라 자전거를 타고 가며….《자전거교통안전규정》

횡단보도와 건늠길

남 버스에서 내려 길을 건너기 위해서 '우선멈춤' 표지가 있는 {횡단보도} 앞에 섰다.《윤흥길: 직선과 곡선》

북 달려오던 화물자동차가 제동이 걸린 바퀴를 끌며 코앞에서 멈춰섰다. 그제서야 좌우를 살피지 않고 {건늠길} 복판에 들어선 자신을 깨달았다.《리동구: 비약의 나래》

사거리와 십자길

남 수인은 좌회전 신호를 받기 위해 {사거리} 한복판에 멈춰 있었다.《정경윤: 고열》

북 동서남북을 련결하는 {십자길이} 나졌다. 성복은 남쪽방향으로 자전거를 꺾었다.《길성근: 우정의 별》

운전 용어

남	북
우회전(右回轉)	우회전(右回轉) / 우측전환(右側轉換)
좌회전(左回轉)	좌회전(左回轉) / 좌측전환(左側轉換)
유턴(U-turn)	돌아오기 / 제돌이
피턴(P-turn)	-
정차(停車)	차멎기
주차(駐車) / 파킹(parking)	주차(駐車)
발레파킹([프]valet[영]parking)	-

《표준국어대사전》	《조선말대사전》
유턴 (u-turn) [명사] 자동차 따위가 'u' 자 모양으로 돌아 방향을 바꿈.	-
피턴 (p-turn) [명사] 자동차 따위가 교차로에서 좌회전하는 대신에 'p' 자 모양으로 돌아 방향을 바꾸는 일.	-
발레파킹 (〈프〉valet〈영〉parking) [명사] 백화점, 음식점, 호텔 따위의 주차장에서 주차 요원이 손님의 차를 대신 주차하여 줌. 또는 그러한 일.	-

용례로 보기

남 엄마의 차는 우리 학교 교문 반대편 차도로 들어와서 저 길 위에서 {유턴을} 한 다음 내 앞으로 다가올 것이었다.《공지영: 즐거운 나의 집》

남 나는 핸들을 꺾어 다시 읍내에서 외곽으로 빠지는 다리 아래로 {피턴을} 했다.《신장현: 은 종은 한 번만 울린다》

남 {발레파킹을} 위해 달려 나온 주차요원에게 키홀더를 건넨 사람은 그가 아니라 혜영이었다.《서연: 하늘 아래 단 한 사람》

북의 교통안전 교육

교통안전 교육을 교양 교육으로 규정하여 중요성을 강조해 오던 북은 2000년대 들어서며 이를 '학교교육', '가정교육', '사회교육' 차원으로 접근하여 체계화하였습니다. 북의 교통안전 교육 프로그램으로는 '교통질서대로 가자요', '도로표식지능놀이' 등이 있습니다. '도로표식지능놀이'는 어린이를 대상으로 한 교통안전 교육이며 놀이 방식으로 진행합니다. '도로표식지능놀이' 판 위에 그려져 있는 도로표식에 따라 모형 자동차들을 움직이며 도로 교통안전 규칙을 익히는 것입니다. 한편, 2010년부터는 중학교 학생들에게도 교통안전 교육을 강조하기 시작하여 각 학교들은 '교통안전교양실', '사고방지교양실'을 마련하기 시작했다고 합니다.

교통안전 표지

남의 〈표지판(標識板)〉과 북의 〈표식판(標識板)〉

〈표지(標識)〉와 〈표식(標識)〉은 한자어가 같습니다. 다만, 〈標識〉를 남에서는 〈표지〉라고 읽고, 북에서는 〈표식〉이라고 읽는 데에 차이가 있습니다. 이 때문에 '교통안전을 위하여 만든 구조물'을 남에서는 〈표지판〉이라고 하고, 북에서는 〈표식판〉이라고 합니다.

의미	남	북
일시정지		
주정차		  
횡단보도	 	
속도 규제	 	
기타	 	 

운전면허(증)

남	북
운전면허(증)(運轉免許證)	

남과 북의 운전면허 제도

남의 운전면허는 차량의 종류에 따라 크게 1종과 2종으로 구분됩니다. 북의 운전면허는 크게 중장비 면허와 일반 자동차 면허로 구분되는데, 중장비 면허증은 1~7급, 자동차는 1~4급으로 나뉩니다. 북의 운전면허 취득은 매우 까다로운 편이며, 특히 1급은 자동차 설계가 가능해야 취득할 수 있다고 합니다.

남에서 운전면허를 취득하려면 보통 학원에서 일정 시간 동안 교육을 받은 뒤 시험을 봐야 합니다. 북에서는 '운전원 양성소'라는 운전면허 학교에 다녀야만 면허를 취득할 수 있는데, 이곳에 다니기 위해서는 당이나 기관에서 추천을 받아야 합니다. 운전원 양성소에서 교육을 받는 기간은 1년 정도이며, 운전 방법과 차량 정비 등에 관한 교육을 받습니다.

남에서의 운전면허 시험은 '학과 시험', '장내 기능 시험', '도로 주행 시험'의 세 종류로 실시되며, 언제든지 시험을 볼 수 있습니다. 북의 운전면허 시험은 '자동차의 구조와 교통에 관한 규정, 정비 등 이론 시험'과 '일반 코스 시험', '시내 주행'의 세 가지로 구분되며 모두 합격해야 합니다. 북의 운전면허 시험은 1년에 두 번, 4월과 9월에 있다고 합니다.

북 운전면허증

주유와 급유

남	북
주유(注油)	급유(給油)
주유소(注油所)	연유공급소(燃油供給所) 급유소(給油所)

남에서는 자동차에 기름을 넣을 때에 〈주유하다〉라고 하며, 비행기나 배 등에 기름을 넣을 때에는 〈급유하다〉라고 합니다. 북에서는 비행기, 자동차, 배 등을 구분하지 않고 모두 〈급유하다〉라고 합니다. 《조선말대사전》의 〈주유(注油)〉에 관한 풀이를 보면, '기름을 넣는 행위'는 제시되어 있지 않아 남에서 쓰는 주유의 개념과는 차이가 있음을 알 수 있습니다.

남에서는 자동차에 기름을 넣는 기반 시설이 갖추어진 곳을 〈주유소〉라고 하며, 북에서는 〈연유공급소〉 또는 〈급유소〉라고 합니다. 〈연유(燃油)〉는 '연료로 쓰는 기름'을 뜻하는 말로 이를 공급하는 곳을 〈연유공급소〉라고 하는 것입니다.

《표준국어대사전》	《조선말대사전》
주유 [주:-] (注油) [명사] 자동차 따위에 기름을 넣음.	**주유** (注油) [명] ⇒기름주기. **기름주기** [명] (기계 같은것에) 기름을 치는 일.
급유 (給油) [명사] 비행기, 배, 자동차 따위에 연료를 보급함.	**급유** (給油) [명] (자동차, 비행기, 기계 등에) 기름을 치거나 넣는 것.

용례로 보기

남 기름을 채우고 세차도 해두어야겠다는 생각에 동네의 단골 {주유소에} 차를 세웠다.《김영두: 우리는 사랑했을까》

북 명숙은 선참 {연유공급소로} 지게차를 몰고가 연유를 공급받고나서 1대를 향해 부살같이 달려갔다.《김정남: 항만의 금별》

북 "연유가 떨어져서 {급유소에} 갔다와야 할것 같습니다."《리령철: 아리랑》

정기승차권과 통근권

남	북
정기승차권(定期乘車券) 정기권(定期券)	통근권(通勤券)

✔ 남에는 일정한 기간 정해진 구간을 자유롭게 이용할 수 있는 기차나 지하철 등의 승차권이 있는데 이를 '정기승차권', 줄여서 '정기권'이라고 합니다. 주로 날마다 대중교통을 이용해야 하는 학생이나 직장인이 사용하는데 대개 요금 할인을 받습니다.

남 정기승차권

✔ 북에도 '통근권'이 있습니다. '통근권'은 통근을 하는 사람에 한하여 특별히 발행한 차표를 말합니다. 이중 기차 통근권은 안내원이 개찰구에 나와 아침 출근 시간과 저녁 퇴근 시간에 맞추어 이용 횟수 표시를 한다고 합니다.

용례로 보기

남 세 정류장을 가면 지하철역이 나온다. … 표를 사는 번거로움을 피하기 위해 {정기권을} 준비해 둔다.《한수산: 모든 것에 이별을》

남 미영은 다시 그를 이끌고 길거리에 있는 가게에 들어가 … 교통 카드를 만들어 일주일 치 버스 {정기권을} 충전해 줬다.《박상: 15번 진짜 안 와》

북 {통근권이} 있다고 K군을 버리고 나혼자 전차를 타기에는 … 의리라는것이 허락하지 않고….《최독견: 벌금》

'차표를 끊다'와 '차표를 떼다'

남	북
끊다	떼다 / 끊다

남에서는 기차나 버스 등을 타려고 표를 살 때 '표를 끊다'라고 합니다. 차표뿐만 아니라 공연 관람을 위한 입장권 등을 살 때에도 '끊다'라는 표현을 씁니다. 북에서도 '표를 끊다'라는 말을 쓰지만, '표를 떼다'라는 말을 더 많이 씁니다.

《표준국어대사전》	《조선말대사전》
끊다 [끈타] [동사] ⑩ 옷감이나 표 따위를 사다.	**떼다** [동] ⑧ (일정한 문건을) 절차를 거쳐서 받거나 또는 내주다. **끊다** [-타] [동(타)] ③ (표와 관련된 단어와 함께 쓰이여) 돈을 주고 사거나 수속을 하고 받다.

용례로 보기

남 나는 오후에 강남 고속버스 터미널 매표소로 가서 … 대구행 승차권을 한 장 {끊었습니다.《조성기: 통도사 가는 길》

남 역으로 가서 기차표라도 {끊어} 주려고 했는데 이미 예매를 했다며 그가 악수를 청했다.《이길환: 길에게 묻다》

북 오가는 기차표는 무슨 돈으로 {떼고} 숙박비는 무슨 돈으로 대며 … 옷은 무슨 돈으로 사나 말이예요.《문상봉: 딸에게서 온 편지》

북 나는 안해와 함께 서평양역으로 나왔다. 강계로 가는 차표를 {떼기} 위해서였다.《김진경: 산삼꽃》

북 "저쪽에서 표를 {끊으십시오}." "차례로 탑시다."《최완호: 공원에서》

엘리베이터와 수직승강기

남	북
에스컬레이터(escalator)	계단(식)승강기(階段式昇降機) 승강계단(昇降階段)
엘리베이터(elevator) 승강기(昇降機)	(수직)승강기(垂直昇降機) 엘레베터(elevator)

용례로 보기

에스컬레이터와 계단(식)승강기

남 1층의 잡화 매장을 한 바퀴 둘러보고 {에스컬레이터를} 이용해 2층으로 올라갔다.《박상우: 매미는 이제 이곳에 살지 않는다》

북 2층으로 올라가는 {계단승강기로} 향하며 둘러보니 의자에 앉아 책을 보고 있는 한사람이 시야에 들어왔다.《강귀미: 해후》

북 {계단식승강기로는} 백화점을 찾는 사람들이 끝없이 오르내렸습니다.《손류경: 봄동산의 나리》

엘리베이터와 (수직)승강기

남 {엘리베이터를} 타고 5층으로 올라갈 때까지 노인은 말없이 따라왔다.《최인호: 돌의 초상》

남 경현은 … 21층의 단추를 다시 한 번 눌렀다. {승강기는} 21층에서 어김없이 멎었고, 스르르 문이 열렸다.《최인석: 인형 만들기》

북 조봉우는 창수를 따라 현관으로 들어가 {승강기를} 타고 3층으로 올라갔다.《소영호: 가장 귀중한것》

북 {수직승강기가} 쉽없이 오르내리는 야영각의 멋진 홀….《원경옥: 래일이 웃는 도시에서》

수직승강기 〈ㅈ〉과 〈ㄱ〉층

북의 주체사상탑 전망대를 오르내리는 〈수직승강기〉에는 〈ㅈ〉, 〈ㄱ〉과 같이 한글 자음으로 표기된 층이 있습니다. 여기서 〈ㅈ〉은 '지하층'을 〈ㄱ〉은 주체사상탑의 '기단층'을 가리킵니다.

자동차 내부

번호	남	북
①	핸들(handle) / 운전대(運轉–)	운전대(運轉–) / 핸들(handle) 조향륜(操向輪) 조향손잡이(操向–––)
②	백미러(▾back mirror) 룸 미러(room mirror) 후사경(後寫鏡)	후사경(後寫鏡)
③	사이드브레이크(side brake)	손제동(–制動) 제동손잡이(制動–––)
④	액셀(러레이터)(accelerator) 가속페달(加速pedal)	가속기(加速機, 加速器) 가속장치(加速裝置) 악셀(레터)(accelerator)
⑤	브레이크(brake) 제동기(制動機)	제동기(制動機)
⑥	클러치(clutch)	크라치(clutch)
–	안전벨트(安全belt) / 안전띠(安全–)	안전띠(安全–)

자동차 내부

용례로 보기

백미러와 후사경

남 택시를 몰면 {백미러로는} 뒷길을 살피는 것이 아니라 사람을 살펴야 한다는 얘기를 들었었다.《임동헌: 별》

남 박가가 차에 속력을 줄이며 {룸미러} 속으로 뒤쪽을 돌아본다.《홍성원: 주말여행》

남 운전사는 {후사경을} 통해 나를 바라보더니 묻지도 않은 말을 하면서 벌쭉 웃었다.《이지흔: 물》

북 젊은 운전사가 이따금 {후사경에} 비친 대철의 얼굴을 슬금슬금 엿보고있었다.《강귀미: 표창장》

사이드브레이크와 손제동기

남 그건 평소 주차를 할 때 {사이드브레이크를} 올렸을 때에나 들어오던 불이었다.《이순원: 첫사랑》

북 운전사는 제동기를 콱 밟으면서 {손제동기까지} 힘껏 당겼다. 자동차가 빽-하고 아츠러운 소리를 내며 멎어섰다.《김동욱: 대홍단》

액셀러레이터와 가속기

남 {액셀러레이터} 밟은 발에 힘을 주었다. 자동 운행 속도가 시속 80㎞에서 85㎞로 올라갔다.《민병완: 우상의 그림자》

남 정지 신호에 조급증이 난 차들은 횡단보도의 파란 신호가 꺼지기도 전에 {엑셀을} 밟았다.《김준성: 어떤 종점》

북 상철은 {가속기를} 그냥 밟은 채로 차를 내몰았다. 속도계는 40에서 50키로 사이를 분주히 오가고 있다.《석윤기: 특수차 37호》

브레이크와 제동기

남 {브레이크} 페달을 밟아 속도를 줄이며 좌우를 살피자 우측으로 콘도 진입로가 나타난다.《박상우: 인생 작법》

남 누군가 불쑥 나타날 것만 같아 인영은 {제동기에서} 발을 떼지 않은 채 천천히 차를 몰았다.《서하진: 나나》

북 마을 굽인돌이를 돌아서던 나는 {제동기를} 힘껏 밟으며 자동차를 멈춰세우지 않으면 안되였다.《리성지: 첫분공》

〈백미러(▼back mirror)〉는 '차의 뒤쪽을 비쳐볼 수 있게 달아 놓은 거울'로 남의 사전에 올라 있는 말입니다. 정식 영어로는 〈rear view mirror〉라고 해야 합니다. 남에서는 〈뒷거울〉로 다듬어 쓸 것을 권장하고 있습니다.

자동차 외부

번호	남	북
①	와이퍼(wiper)	비물닦개 / 물씻개
②	보닛(bonnet)	본네트(bonnet)
③	타이어(tire)	다이야(tire)
④	헤드라이트(headlight) 전조등(前照燈)	전조등(前照燈) / 앞등(-燈) 헤드라이트(headlight)
⑤	범퍼(bumper)	밤바([일]bampâ) 완충장치(緩衝裝置)
⑥	트렁크(trunk)	짐칸
⑦	(후)미등(後尾燈) 브레이크 등(brake 燈)	뒤등(-燈)
⑧	깜빡이 방향 (지시) 등(方向 指示 燈)	신호등(信號燈) / 방향등(方向燈)
⑨	번호판(番號版)	

자동차 외부

용례로 보기

와이퍼와 비물닦개

남 차가 출발하자 다시 {와이퍼가} 찌꺽거리며 차창에 달라붙는 빗방울들을 쓸어냈다.《박혜상: 쇠붙이들》

북 전조등의 불빛속엔 비가 내리는 뿌연 공간이 드러나고 {비물닦개는} 좌우로 부지런히 움직이며 흐려지는 시창을 연방 닦아내군했다.《리희남: 불멸의 영상》

트렁크와 짐칸

남 그가 장비들을 모두 차 {트렁크에} 실을 때까지 그녀는 팔짱을 낀 채 현관 앞에 서 있었다.《한강: 몽고반점》

북 승용차에서 내린 큰오빠가 짐들을 차례로 받아 뒤에 있는 {짐칸}뚜껑을 열고 그 속에 착착 넣어 쌓았다.《김진성: 력사에 묻다》

헤드라이트와 전조등

남 준영이 차를 돌려 오른편으로 향하자 {헤드라이트} 불빛 속에 얼어붙은 폭포 줄기가 보였다.《이정하: 나비지뢰》

남 그는 오로지 자신의 차가 뿜어내는 {전조등} 불빛에 의지해서 차를 몰았다.《편혜영: 소풍》

북 땅거미가 깃들고 차들은 {전조등을} 켜달고 달리기 시작했다.《한익훈: 삶의 마루》

북 **차량 임시 번호판**

북 **차량 번호판**

자전거 부분 명칭

남	북
브레이크(brake) / 제동기(制動機)	제동기(制動機)
헤드 튜브(head tube)	앞관(-管)
탑 튜브(top tube)	웃관(-管)
다운 튜브(down tube)	아래관(--管)
페달(pedal)	베달, 페달(pedal) / 디디개
크랭크(crank)	크랑크(crank)
밸브(valve)	발브(valve)
타이어(tire)	다이야(tire)
바큇살 / 스포크(spok)	바퀴살
링(ring)	바퀴테

남

북

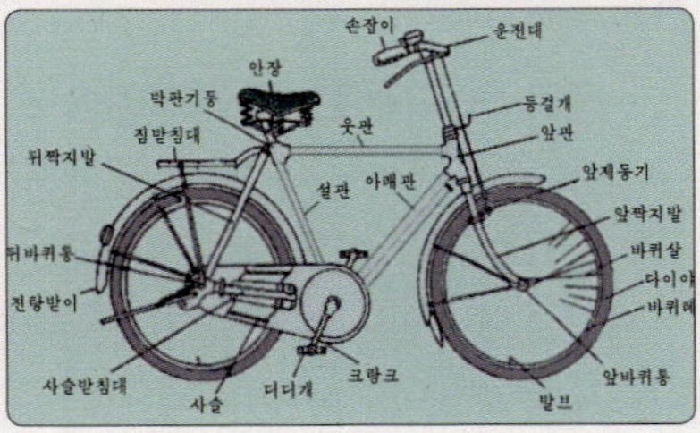

P·A·R·T

11 방송

뉴스와 보도

구분	남	북
프로그램	뉴스(news)	보도(報道) / 뉴스(news)
	시사 교양(時事 敎養)	시사해설(時事解說)
진행자	아나운서(announcer) 앵커(anchor)	(보도)방송원(報道放送員)
	리포터(reporter)	

용례로 보기

남 {아나운서가} 뉴스를 전하는 사이 학수의 사진이 화면을 가득 메웠다.《윤정규: 얼굴 없는 전쟁》

남 {앵커가} 다음 뉴스로 냉장고가 폭발했다는 소식을 전했다.《전석순: 철수 사용 설명서》

북 김승근은 걸으면서 방송에서 힘있게 울려퍼지는 {방송원의} 목소리를 깊은 감동속에 들었다.《주상준: 안개속의 과녁》

북의 〈보도(報道)〉와 〈보도방송원〉

사회주의 국가의 특성상 국영 체제로 운영되는 북의 방송은 상업방송이 존재하지 않습니다. 방송은 주로 인민들의 교양을 목적으로 프로그램이 편성되고 있습니다. 북의 방송은 조선중앙위원회의 관리 아래에 3가지의 방송으로 나누어집니다. 북의 주민들을 대상으로 한 방송, 대남방송, 그리고 국제방송입니다.

드라마와 텔레비죤극

남	북
드라마(drama)	텔레비죤(련속)극(television連續劇)
연속극(連續劇)	련속방송극(連續放送劇)
시리즈(series)	련속(連續)

용례로 보기

남 나는 아저씨가 보는 {드라마를} 좋아하진 않았지만, 그 프로그램이 방영 중일 때 동네 전체가 쥐 죽은 듯 고요해지는 풍경은 맘에 들었다.《김애란: 두근두근 내 인생》

북 집안에서는 텔레비죤을 보고 있었다. 재미있는 {텔레비죤련속극을} 방영하는중이였다.《석남진: 비결》

북 나는 … 영화나 {텔레비죤극을} 한두번만 보고도 거기에 나오는 숱한 대사들을 뜬금으로 줄줄 외워서 어른들을 깜짝깜짝 놀래왔다.《리준길: 날으는 아이》

북에서는 텔레비전 드라마가 영화보다 인기가 많다고 합니다. 그간 드라마의 주제는 최고지도자의 가계와 관련한 것, 항일혁명에 참가한 인물들이 사회주의혁명을 이루어 가는 과정에 대한 것이 많았지만, 최근에는 일상생활 속의 상황을 소재로 한 작품들이 만들어지고 인기를 끌고 있다고 합니다.

콘테스트와 경연

남	북
오디션(audition)	예술인 뽑기(藝術人 --) 선발(選拔)
콘테스트(contest) / 경연(競演)	경연(競演)
데뷔([프]début)	데뷰(debut(프))

용례로 보기

콘테스트와 경연

남 분장한 대여섯 사람의 손님 가운데 진짜 채플린과 가장 닮은 사람을 뽑는 {콘테스트가} 벌어졌다.《이어령: 현대인이 잃어버린 것들》

북 심사원들도 {경연} 참가자들도 놀라운 재능을 보여준 나어린 소녀에게 아낌없는 찬사를 연방 퍼부었다.《김성희: 권원한》

북의 경연(競演) '전국 근로자 노래경연 대회'

남에 KBS1 '전국 노래자랑'이 있다면 북에는 '전국 근로자 노래경연 대회'가 있습니다. 이는 1986년 김정일 국방위원장의 지시로 만들어진 프로그램으로, 북 최초의 TV 노래경연 대회입니다. 대회 초기 참가자들이 선택한 자유곡은 주로 '민요'였다고 합니다.

단역배우

남	북
엑스트라(extra) / 단역(端役) 보조 출연자(補助 出演者)	단역(端役) / 군중역(群衆役) 보조 출연자(補助 出演者)

남에서 '엑스트라'는 '연극이나 영화 등에서 군중이나 행인처럼 잠깐만 출연하는 배역, 또는 그 배역을 맡은 사람'을 일컫는 말입니다. 비중이 적기 때문에 한 사람이 여러 배역을 맡기도 하며, 일반적으로 대사가 없는 것이 특징입니다. 흔히 '엑스트라'라고 부르지만 '단역', '보조 출연자', '곁다리', '조역(助役)' 등으로 부르기도 합니다. 북에서는 이들을 '단역', '군중역' 등으로 부릅니다.

용례로 보기

남 TV 화면 속에서는 조선 시대 포졸 옷을 입은 {엑스트라} 배우들이 하늘을 붕붕 날아다니며 싸우고 있었다.《정이현: 너는 모른다》

남 대사가 두세 마디라도 그에게 배정된다면 그건 큰 행운이 아닐 수 없을 정도로 그는 정말 {단역만을} 맡게 되었어.《박성원: 유서》

북 영화에서 {단역을} 수행한 배우라 할지라도 관중들의 마음속 깊이에 독특한 역형상으로 오래동안 자리잡고있는 배우가 있다.《김영철: 《쇠물집》어머니》

북 어쩌다가 {군중역에} 출연해본것이 그의 첫 예술활동이였다.《김성희: 한진섭》

스타와 인민배우

<table>
<tr><th>남</th><th>북</th></tr>
<tr><td>연예인(演藝人)</td><td>예술인(藝術人)
배우(俳優)</td></tr>
<tr><td>스타(star)</td><td>인민배우(人民俳優)</td></tr>
<tr><td>탤런트(talent)
배우(俳優)</td><td rowspan="2">영화배우(映畫俳優)</td></tr>
<tr><td>영화배우(映畫俳優)</td></tr>
<tr><td>개그맨(gagman)
개그우먼(gagwoman)
코미디언(comedian)
희극배우(喜劇俳優)</td><td>희극배우(喜劇俳優)
만담배우(漫談俳優)</td></tr>
</table>

- 남에서는 인기가 많은 연예인이나 운동선수 등을 가리켜 '스타(star)'라고 합니다. 북에도 인민들의 사랑을 받는 '인민배우'가 있습니다. '인민배우'는 영화, 음악, 무용, 연극 분야에서 특출한 공훈을 세우고, 인민들의 사랑과 존경을 받으며, 국가 및 사회적 사업에서 애국적이고 헌신적인 활동을 한 배우에게 주는 인민칭호입니다. 북의 인민배우는 국가로부터 명예칭호가 주어진다는 점이 남의 스타와 다릅니다.

- 남에서는 '배우'라고 하면 '연기를 하는 사람'만을 이릅니다. 북에서는 '연기를 하는 사람'뿐만 아니라 '노래, 연주, 무용, 화술 등을 하는 사람'도 배우라고 합니다.

용례로 보기

연예인과 예술인

남 그들은 화면에 비치는 {연예인을} 보면서 얼굴이 작다, 너무 예쁘다 등의 부러움 섞인 찬탄을 내뱉고 있었다.《박주영: 종이 달》

북 저녁에 {예술인} 언니들이 공연을 마치고 돌아오면 시원한 과일이라도 대접해주어야겠다는 마음에서였다.《서정호: 첫공연》

스타와 인민배우

남 "영화에 출연해도 좋아. 연화는 지금 화려한 {스타가} 될 행운의 길이 열려 있어."《유홍종: 사바로 가는 길》

북 "단장동무, 가운데 서서 인사를 하는 배우가 누구입니까? … 정말 춤도 잘 추고 북도 잘 칩니다." "{인민배우} 리남동무입니다."《리호인: 청춘》

개그맨과 희극배우

남 {개그맨은} 죽었던 사람도 벌떡 일어나 배꼽을 쥐게끔 좌중을 들었다 놨다 순식간에 분위기를 띄웠다.《김한수: 빈 수레 끄는 인간》

북 명윤성은 남을 웃기길 좋아했고 유모아와 기지가 있어서 … 벗들속에는 그에게 화가가 아니라 {희극배우로} 되라고 한 사람도 있었었다.《배경휘: 넋의 토양》

성우와 배음사

남	북
성우(聲優)	화술배우(話術俳優) 배음사(配音士)

남에서는 '영화의 음성 녹음이나 라디오 드라마 등에서 목소리로만 연기하는 배우'를 일컬어 '성우'라고 합니다. 북에서는 이들을 '화술배우' 또는 '배음사'라고 합니다.

북 그의 목소리는 … 강렬한 호소성이 비낀 특색있는 소리였다. {화술배우나} 가수가 되였으면 관중들한테 강한 인상을 줄수 있는 육성이였다.《백현우: 삶의 보람》

북의 배음사는 '평양연극영화대학' 방송과나 배우과를 졸업한 학생 중에서 선발하거나, 각 군부대의 예술선전대, 도예술선전대 등에서 활동 중인 배우 중에서 선발한다고 합니다. 북에서는 방송 화술 분야와 관련된 배우들의 절반 이상이 '조선중앙방송위원회 문예총국' 연극단에 소속되어 있습니다. 외화 더빙 등 영화 부분 화술과 관련된 배우들은 주로 조선예술영화촬영소 등에 소속되어 활동하고 있습니다.

P·A·R·T

12 통신

컴퓨터와 콤퓨터

남	북
컴퓨터(computer)	콤퓨터(computer) (전자)계산기(電子計算機)
피시(PC:personal computer) 데스크톱(컴퓨터)(desktop computer)	탁상(용/형)콤퓨터 (卓上用/形computer) 개인형콤퓨터(個人形computer)
노트북(컴퓨터)(notebook computer)	노트콤(notecom)
태블릿 (피시)(tablet PC)	판형콤퓨터(板形computer)

- 남의 태블릿 피시에 해당하는 북의 판형콤퓨터는 2012년경 등장한 것으로 알려져 있으며, 대표적인 제품으로는 '삼지연', '아리랑', '아침', '룡흥', '묘향', '울림' 등이 있습니다.

- '룡흥'은 주로 교육과 놀이에 초점이 맞춰진 제품으로, 각종 교육용 응용프로그램이 설치되어 있습니다. 교과서와 참고서 외에도 문서를 열 수 있도록 돕는 프로그램이 깔려 있으며, 소학교부터 중고등 교육을 망라하는 콘텐츠가 포함되어 있다고 합니다.

북 판형콤퓨터 룡흥

- '울림'은 언어·과학·기술 종류의 사전, 백두산 총서를 비롯한 e-book, 교육 영상과 피아노 연습, 계산기 등 풍부한 학습 자료와 다양한 게임이 설치되어 있다고 합니다.

북 판형콤퓨터 울림

키보드와 건반

남		북		비고
키 (key) 버튼 (button)	이에스시 (ESC)	건(반) (鍵盤)	탈퇴(脫退) 이에스씨(ESC)	Esc
	탭(Tab)		탭, 타브(Tab)	⇤⇥
	딜리트 (Delete)		지우기 / 삭제(削除) 딜리트(Delete)	Delete
	스페이스 (바) (space bar)		공백띠(空白-) 공백건(空白鍵)	Space Bar
	인서트 (Insert)		끼워넣기 삽입(揷入)	Insert

남의 키보드는 쌍자음이 가능한 글자(ㅂ, ㅈ, ㄷ, ㄱ, ㅅ)를 가장 위에 배치하였고, 북의 키보드는 가장 많이 쓰이는 자음(ㄹ, ㄴ, ㅎ, ㅅ)을 검지 쪽에 배치하였습니다. 북은 두음법칙을 적용하지 않기 때문에 가장 많이 쓰는 자음인 〈ㄴ〉과 〈ㄹ〉을 쉽게 쓸 수 있는 곳에 배치한 것입니다.

남 키보드(두벌식) (KS X 5002 자판)

북 건반(두벌식) (국규 9256 자판)

운영체제와 운영체계

남	북
운영체제(運營體製) 오에스(OS)	운영체계(運營體系) 조작체계(操作體系) 체계프로그람(體系program)
주로 〈윈도즈(Windows)〉 사용	주로 〈붉은별〉 사용

북의 콤퓨터 〈운영체계〉, '붉은별'

남에서는 주로 '윈도즈(Windows)'를 컴퓨터 운영체제로 쓰며, 북에서는 조선콤퓨터쎈터(KCC)가 자체 개발한 '붉은별'을 운영체계로 씁니다. '붉은별'은 리눅스를 기반으로 하고 있으며, 현재 버전 4.0까지 개발된 것으로 알려져 있습니다.

북 운영체계 붉은별

용례로 보기

남 컴퓨터가 발전하면서 윈도우를 이용한 {운영체제가} 세상에 모습을 드러낸 것입니다.《차배옥덕: 큰 여자 깬 남자》

북 대규모 콤퓨터기업체들은 이 {운영체계가} 큰 전망을 가지고 있다고 보면서 리눅스를 정식 받아들이기로 결정하였다.《김철룡: 세계과학기술발전동향에 대하여》

바탕화면 구성

남	북
시작 메뉴(始作 menu)	시작메뉴(始作menu) 시작차림표(始作--表)
폴더(folder) / 디렉토리(directory)	폴더(folder) / 등록부(登錄簿)
파일(file)	
휴지통(休紙桶)	회수통(回收桶)
스크롤 바(scroll bar)	말기봉(--棒) / 말기띠 (표시)이동띠(標示移動-) 화면이동봉(畫面移動棒)
툴 바(tool bar)	도구띠(道具-)

남북의 정보통신 용어

남	북
시(C) 드라이브	씨(C)구동기
데이터베이스	자료기지
랜(LAN) / 근거리통신망	란(LAN) / 국부망
네트워크 / 망	망
온라인 서비스	직결봉사
필드	마당
해커	해커 / 콤퓨터침해자

문서 편집 프로그램

남	북	비고
워드프로세서 (word processor)	문서처리프로그람 (文書處理programme) 문서처리쏘프트웨어 (文書處理software)	남 한글 프로그램을 많이 씀 북 워드 프로그램을 많이 씀
(아래아)한글 (Hangeul)	창덕(changdok) 단군(Tangun)	자체 개발 워드프로세서

남에서는 문서 편집 프로그램으로 '한글(.hwp)'을 많이 쓰지만 북에서는 '워드프로세서(.doc)'를 많이 씁니다.

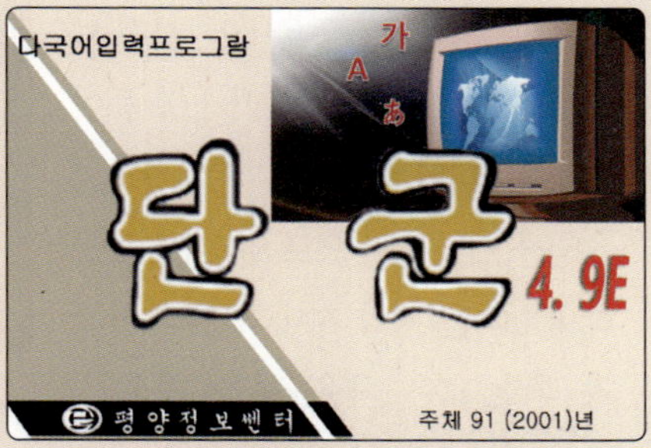

북 자체 개발 워드프로세서 〈단군〉

남의 '(아래아)한글'과 북의 '창덕'은 남북이 자체 개발한 문서 편집 프로그램입니다. '창덕'은 워드프로세서 전용 소프트웨어인 '단군'과 달리 전자 출판 기능까지 갖춘 소프트웨어입니다. '창덕'은 1990년 처음 개발되었으며, 2002년 버전 7.0이 나온 이후로 지속적으로 서비스되는 것으로 알려져 있습니다.

애플리케이션과 응용프로그램

남	북
애플리케이션(application) 앱(App)	응용프로그람(應用program) 응용쏘프트웨어(應用software)

애플리케이션은 일반적으로 특정한 업무를 수행하기 위하여 개발된 응용프로그램을 뜻하지만, 남에서는 주로 스마트폰에서 실행하는 응용프로그램을 가리킵니다. 줄여서 '앱(App)'이라고 하거나, 구어적으로 '어플'이라고 부릅니다.

북에도 남의 앱에 해당하는 응용프로그람이 있습니다. 길을 알려주는 프로그램인 '길동무 1.0', 사진 보정용 프로그램인 '봄향기 1.0' 등이 대표적입니다.

최근 개발된 것으로 알려진 '평양안내 1.0'은 평양 시내의 여러 상점과 과학, 교육, 체육, 문화, 의료 기관의 위치 정보와 연락처 등을 제공한다고 합니다.

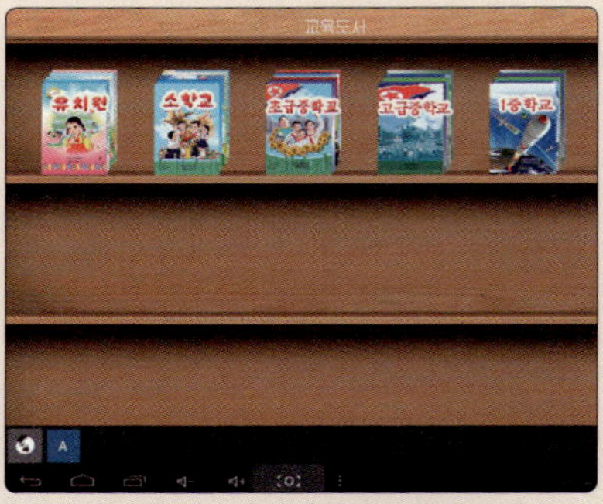

북 교육용 〈응용프로그람〉 화면

백신과 왁찐

남	북	비고
바이러스(virus)	비루스([라]Virus)	
악성 코드(惡性 code)	악성비루스(惡性Virus)	
백신(vaccine)	왁찐([도]Vakzine)	자체 개발 대표 백신 / 왁찐 남 V3 / 알약(-藥) 북 클락새 / 실리왁찐

'컴퓨터 바이러스를 찾아내서 그 기능을 정지시키거나 없애는 프로그램'을 일컬어 남에서는 '백신'이라고 하고, 북에서는 '왁찐'이라고 합니다. 남에서도 예전에는 독일어 '바크친(Vakzin)'을 음차하여 쓰던 '왁찐'이라는 용어를 받아들여 썼으나, 이후 영어인 '백신(vaccine)'으로 바꾸어 쓰고 있습니다.

북의 대표적인 왁찐에는 '클락새'와 '실리왁찐'이 있습니다. 천연기념물인 새 이름에서 따온 '클락새'는 남의 '크낙새'를 북에서 부르는 말입니다. '클락새'는 파일 검사, 바이러스 실시간 감시, 보고, 갱신 등의 기능이 있으며, 파일 검사를 통하여 진행 상황과 상태를 점검할 수 있습니다.

북의 방화벽 프로그램, '평양성'

방화벽 프로그램은 컴퓨터의 정보 통신망에 불법으로 접근하는 것을 차단하는 시스템입니다. 북에는 방화벽 프로그램 '평양성'이 있습니다. '평양성'은 평양정보쎈터에서 개발한 것으로 사건 기록, 침입 탐지, 침입자 목록 등의 기능을 갖추고 있습니다.

이메일과 전자우편

남	북
이메일(email) 전자우편(電子郵便)	전자우편(電子郵便) 이메일(email) 인터네트우편(internet郵便)
스팸 (메일)(Spam Mail) 정크 메일(Junk Mail)	스팜메일(SpamMail) 스팜우편(Spam郵便)

용례로 보기

남 나는 … 컴퓨터를 닫으려 하다가 {이메일} 수신함을 열어보았다. 거기에 뜻밖에 통영에서 보낸 한 씨의 편지가 와 있었다.《윤중리: 칼과 장미》

남 나는 … 컴퓨터에 저장해 둔 청탁 원고를 {전자우편을} 통해 출판사에 보내려고 인터넷을 열었다.《이상실: 그릴 수 없는 자화상》

북 "그 동포가 무슨 다른 말을 한것은 없다오?" "없습니다. 그저 {전자우편으로} 편지 한통 보낸것밖에는."《리령철: 아리랑》

'스팸메일'은 발신자가 아무런 관계가 없는 수신자에게 일방적으로 보내는 전자우편으로, 쓰레기나 다름없다고 하여 '정크메일(JunkMail)'이라고도 합니다. 주로 인터넷을 통해 불특정 다수에게 대량으로 보내지는 광고 또는 홍보성 이메일을 가리킵니다. 북에서는 이를 '스팜메일', '스팜우편'이라고 부릅니다.

핸드폰과 손전화

남	북
핸드폰(handphone) 휴대폰(携帶phone) 휴대전화(기)(携帶電話機) 손 전화(기)(– 電話機)	손전화(기)(–電話機) 핸드폰(handphone)

구분	남	북
구조에 따른 종류	폴더 폰(folder phone)	접이식 손전화(기)(––式 –電話機)
	슬라이드 폰(slide phone)	밀기식 손전화(기)(––式 –電話機)
	터치 폰(touch phone)	화면접촉수감식 손전화(기) (畵面接觸手感式 –電話機)

용례로 보기

남 소년은 버스 정거장 대기 의자 구석에 앉아 {핸드폰으로} 누군가와 통화하고 있다.《함정임: 아주 사소한 중독》

남 {휴대전화} 액정에 메시지 도착을 알리는 화면이 떴다.《전아리: 앤》

북 원림의 {손전화기에서} 호출신호가 야무지게 울렸다. 변웅의 련락이였다.《류준: 봄의 협주곡》

북 "미안합니다. 제 좀… 제 좀 있다가 다시." 전상음은 … 상대방에게 량해를 구하고는 서둘러 {손전화기를} 꺼버리였다.《리령철: 아리랑》

남에서 핸드폰 번호는 대개 '010'으로 시작합니다. 북에서는 '1912'로 시작하는데, 이는 김일성 주석이 태어난 해가 1912년이기 때문이라고 합니다.

스마트폰과 지능형손전화기

남	북
스마트폰(smart phone)	타치(touch) 지능형손전화기(知能型-電話機)

남의 '스마트폰'은 휴대전화에 인터넷 통신과 정보 검색 기능, 컴퓨터 지원 기능을 추가한 지능형 단말기를 일컫는 말입니다. 사용자가 원하는 응용 프로그램을 직접 설치할 수 있고 이동 중에 인터넷 통신을 할 수 있습니다.

북에서는 스마트폰은 '타치' 또는 '지능형손전화기'라고 부릅니다. 자체 개발한 것으로 알려진 대표적인 지능형손전화기로는 '아리랑', '평양', '진달래' 등이 있습니다. 지능형손전화기의 바탕화면에는 통화, 주소록, 사진기, 음악, 달력, 시계, 게임을 뜻하는 유희 등 다양한 기능의 프로그램이 깔려 있습니다.

북 지능형손전화기

문자와 통보문

남	북
문자(메시지)(文字message)	통보문(通報文)
이모티콘(emoticon)	감정표현기호(感情表現記號) 감정표현문자(感情表現文字)

북에서는 문자메시지를 '통보문'이라고 합니다. 통보문에는 '단문통보문'과 '다매체통보문'이 있습니다. '단문통보문'은 상대방에게 일반적인 문자메시지만 보내는 것이며, '다매체통보문'은 상대방에게 사진, 음악, 짧은 동영상 등을 보내는 기능을 말합니다.

남 이모티콘

P·A·R·T

13 스포츠

동계 올림픽_빙상 종목

남	북	비고
스피드스케이팅 (speed skating)	속도빙상경기 (速度氷上競技)	
쇼트트랙 (short track)	짧은주로속도빙상경기 (--走路速度氷上競技)	
피겨스케이팅 (figure skating)	휘거스케트경기 (figure skate競技) 빙상무용(氷上舞踊)	
아이스하키 (ice hockey)	빙상호케이 (氷上hockey)	
컬링 (curling)	카링 (curling)	

✔ 2018년 평창 동계 올림픽은 북에서 '피겨스케이팅, 쇼트트랙, 알파인 스키, 크로스컨트리, 아이스하키'의 총 5개 종목에 출전하여 큰 화제가 되었습니다. 이중 여자 아이스하키는 남북 단일팀인 'KOREA'로 출전하였습니다.

동계 올림픽_설상 종목

남	북
노르딕 복합(nordic combined)	북방형스키경기(北方型ski競技)
알파인 스키(alpine ski)	고산스키경기(高山ski競技)
바이애슬론(biathlon)	스키사격경기(ski射擊競技)
스노보드(snowboard)	–
스키 점프(ski jump)	스키조약경기(ski跳躍競技)
크로스컨트리(cross country)	거리스키경기(距離ski競技)
프리스타일 스키(freestyle ski)	교예스키(巧藝ski)

《표준국어대사전》	《조선말대사전》
바이애슬론 (biathlon) [명사] 『운동』 스키의 거리 경기와 사격을 복합한 경기 종목. 개인 종목과 릴레이 종목이 있는데, 개인 종목에서 거리는 20㎞이며, 도중 네 곳에서 5발씩 모두 20발을 쏘게 된다.	**스키사격경기** (ski射擊競技) [명] 스키를 타고 하는 사격경기. 지침길을 달리는 도중 일정한 구간마다에 설치된 사격자리에서 보총으로 서로 다른 거리에 있는 둥근 목표를 향하여 다섯발씩 쏘아서 맞히기를 겨루는 경기이다. (이하 생략)
프리스타일 스키 (freestyle ski) [명사] 『운동』 자유로운 연기를 하여 기술과 화려함을 겨루는 스키 경기. 발레, 모글, 에어리얼의 세 종목이 있다.	**교예스키** (巧藝ski) [명] 《체육》 앞뒤로 마음대로 지칠수 있게 만든 스키를 신고 여러가지 재주를 부리는 스키운동.

동계 올림픽_슬라이딩 종목

남	북
봅슬레이(bobsleigh)	
루지(luge)	류쥬(luge)
스켈레톤(skeleton)	–

《표준국어대사전》	《조선말대사전》
봅슬레이 (bobsleigh) [명사] 『운동』 방향을 조정하는 키가 달린 강철제 썰매. 또는 그 썰매로 눈과 얼음으로 만든 코스를 활주하는 경기. 4인조와 2인조가 있으며 동계 올림픽의 정식 종목이고 2인조는 2회, 4인조는 4회를 활주하여 그 시간의 합계로 순위를 결정한다.	**봅슬레이** (bobsleigh(영)) [명] 《체육》 조종장치가 있는 쇠로 만든 썰매 또는 그 썰매를 타고 제정된 지침길을 따라 내려지치기를 겨루는 체육경기의 하나. 지침길은 1,500m이상이 되여야 하며 이 구간에 반경 20m이상 되는 굽인돌이가 적어도 15개이상 있어야 한다. 썰매는 2인용과 4인용이 있다. 겨울철올림픽경기종목으로 되고있다.
루지 (luge) [명사] 『운동』 썰매를 타고 약 1,000미터의 얼음 코스를 활주하여 시간을 겨루는 겨울 스포츠. 또는 그 썰매. 1인승은 4회의 활주 시간을 합친 것, 남자 2인승은 2회의 시간을 합친 것으로 우열을 가린다.	**류쥬** (luge(영)) [명] 멈추개와 운전대가 없는 썰매.

축구 용어(1)

구분	남	북
기본 기술	패스(pass)	련락(連絡) / 파스(pass)
	어시스트(assist) / 도움	득점련락(得點連絡)
	슛(shoot) / 슈팅(shooting)	차넣기 / 슛(shoot)
	골(goal)	꼴(goal)
	드리블(dribble)	(공)몰기 / 드리블(dribble)
	헤딩(heading) / 헤더(header)	머리받기 / 헤딩(heading)
	스로인(throw-in)	던져넣기 / 스로우인(throw-in)
킥(kick)	킥오프(kick off)	먼저차기
	프리킥(free kick)	벌차기(罰—) / 프리키크(free kick)
	코너킥(corner kick)	구석차기 / 코너키크(corner kick)
	페널티킥(penalty kick)	십일메터벌차기(十一meter罰—)
반칙	핸들링(handling)	손다치기 / 핸들링(handling)
	오프사이드(offside)	공격어김 / 옵사이드(offside)
	옐로카드(yellow card)	노란딱지 / 경고표(警告票)
	레드카드(red card)	빨간딱지 / 퇴장표(退場票)

용례로 보기

슛과 차넣기

남 일석이는 나를 가볍게 제치고 유유히 골문 앞으로 전진해서 황홀한 {슛을} 날립니다.《구효서: 라디오 라디오》

북 그는 속도도 빠르고 공몰기도 뛰여난데다가 {차넣기까지} 좋으니 우리 팀이 질수밖에 있습니까.《함용길: 기계다리 허죽산》

슛과 차넣기

패스와 련락

남 공격수는 수비수보다 상대 골문으로부터 한 발짝이라도 더 가까운 곳에서 {패스를} 받을 수 없어.《김경욱: 동화처럼》

북 축구할 때두 너한테 공을 {련락} 안할테다.《김정: 1학년생》

패스와 (공)련락

핸들링과 손다치기, 페널티킥과 십일메터벌차기

남 이건 {페널티킥을} 얻어 놓고 관중석을 향해 똥볼을 찬 꼴이 아닌가.《천명관: 고령화 가족》

북 연장전 후반 7분경 중국팀 선수들은 자기 문전앞에서 {손다치기}반칙으로 {11m벌차기를} 당하였다.《장철유 외: 푸른잔디우에서》

페널티킥과 십일메터벌차기

드리블과 몰기

남 축구공을 소유한 열여덟 살의 나는 강을 내려다보며 {드리블} 연습을 했다.《한유주: 멸종의 기원》

북 공다루기와 {몰기}, 차기를 정확히 하자면 지지발과 차기발이 동시에 자기의 역할을 원만히 수행해야 합니다.《길성근: 축구소녀》

오프사이드와 공격어김

남 여자와 축구를 보기 위해서는 {오프사이드} 같은 기본적인 룰부터 설명해야 했다.《김경욱: 동화처럼》

북 {공격어김이라는} 규칙조차 모르던 때라 대방방어진에 속도가 빠른 정민을 깊숙이 박아두었다가, 긴련락의 역습으로 보기 좋게 두꼴을 넣어 읍팀은 예선에서 성과를 거두었다.《림종상: 그해 여름과 겨울》

뽀르뚜갈 팀의 **먼저차기**로 전반전이 시작됐습니다.
11번 베르나르도 실바 선수가 **머리받기를** 했습니다.
우르과이 팀에서 공격마당 오른쪽에서의 **코너키크.**
로날두 선수의 **련락 찬스**입니다.
우르과이팀의 **문지기** 1번 무슬레라 선수가 잘 잡아냈습니다.
수아레스 **련락**줬습니다.
머리받기 꼴인됐습니다.
벌차기 명수인 로날두 선수가 **벌차기**에 나섭니다.
– 북의 축구 중계 중에서 –

2018년 6월에 열렸던 러시아 월드컵의 우루과이와 포르투갈 경기를 북에서도 중계방송했습니다. 이때의 축구 해설을 들어보면 낯선 용어들이 나오는데, '먼저차기, 머리받기, 련락, 벌차기' 등이 그것입니다.

남의 축구 용어에는 대체로 외래어가 많으며, 북의 축구 용어에는 고유어로 다듬은 말이 많습니다. '공중으로 떠오른 공을 머리로 받는 것'을 남에서는 '헤딩' 또는 '헤더'라고 하며, 북에서는 '머리받기'라고 하는 것이 대표적인 예입니다.

축구 용어(2)

번호	남	북
①	수비수(守備手)	방어수(防禦手)
②	미드필더(midfielder)	중간방어수(中間防禦手)
③	공격수(攻擊手)	
④	센터포워드(center forward) 중앙 공격수(中央 攻擊手)	중앙공격수(中央攻擊手)
⑤	레프트윙(left wing) / 왼쪽날개	왼쪽날개
⑥	라이트윙(right wing) / 오른쪽날개	오른쪽날개
⑦	골키퍼(goalkeeper)	문지기(門--)

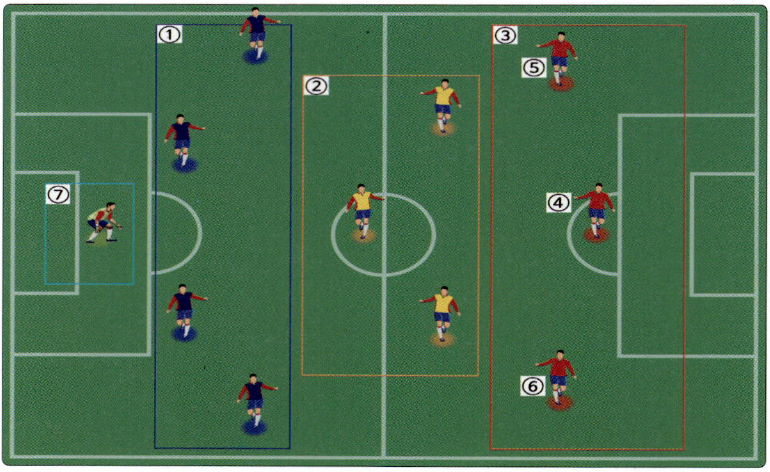

용례로 보기

골키퍼와 문지기

남 "움직이지 않고 골을 막는 {골키퍼가} 최고예요. 그만큼 위치 선정을 잘했다는 거니까요." 《조경란: 풍선을 샀어》

북 마을을 대표하는 축구선수들중 {문지기인} 명일이는 철벽의 {문지기였습니다.}《김기범: 영남이가 넣은 꼴》

수비수와 방어수

남 넘어진 {수비수의} 발 사이로 그가 강력한 오른발 슛을 날린다.《박청호: 사랑했지만》

북 배후에 있던 우리 선수는 짧은련락으로 당황해하는 상대편 {방어수를} 쉽게 골려넘기고 통쾌하게 슛하였습니다.《리웅수: 나를 보고있소!》

미드필더와 중간방어수

남 "이제야 진가를 발휘하는 것 같아. 김○○은 세계적인 {미드필더가} 될 거야."《고은주: 꿈을 꾸었어요》

북 특히 {중간방어수로} 공격에도 적극 가담하여 3개의 꼴을 넣어 관중들의 경탄을 자아냈다.《장철유 외: 푸른 잔디우에서》

야구 용어

구분	남	북
누/루(壘)	홈(home) 홈베이스(home base) 본루(本壘)	본루(本壘) / 본진(本陣)
	일(1)루(一壘)	일(1)루(一壘) / 일(1)진(一陣)
	이(2)루(二壘)	이(2)루(二壘) / 이(2)진(二陣)
	삼(3)루(三壘)	삼(3)루(三壘) / 삼(3)진(三陣)
위치 및 역할	포수(捕手)	포수(捕手)
	타자(打者)	타격수(打擊手) / 타수(打手)
	투수(投手)	투수(投手)
	구원투수(救援投手)	구원투수(救援投手)
	일(1)루수(一壘手)	일(1)진방어수(一陣防禦手)
	이(2)루수(二壘手)	이(2)진방어수(二陣防禦手)
	삼(3)루수(三壘手)	삼(3)진방어수(三陣防禦手)
	유격수(遊擊手)	유격수(遊擊手)
	중견수(中堅手)	중견수(中堅手)
	좌익수(左翼手)	좌익수(左翼手)
	우익수(右翼手)	우익수(右翼手)
	내야수(內野手)	내야수(內野手)
	외야수(外野手)	바깥구역방어수(--區域防禦手) 외야수(外野手)
	주자(走者)	진격수(進擊手)

경기 용어	스트라이크(strike)	정확한공(正確--)
	볼(ball)	부정확한공(不正確--)
	체인지업(change up)	갑자기방향바꾸기(---方向---)
	세이브(save)	공살리기
	아웃(out)	실격(失格)
	원아웃(one out)	실격자한명(失格者-名)
	스리아웃(three out)	삼(3)인실격(三人失格)
	안타(安打) / 히트(hit)	안전타격(安全打擊)
	롱 히트(long hit) / 장타(長打)	장타(長打)
	홈런(home run)	홈란(home run)
	번트(bunt)	살짝타격(--打擊) / 살짝치기
	파울볼(foul ball)	경외공(境外-)
	슬라이딩(sliding)	미끄러져진격(----進擊)

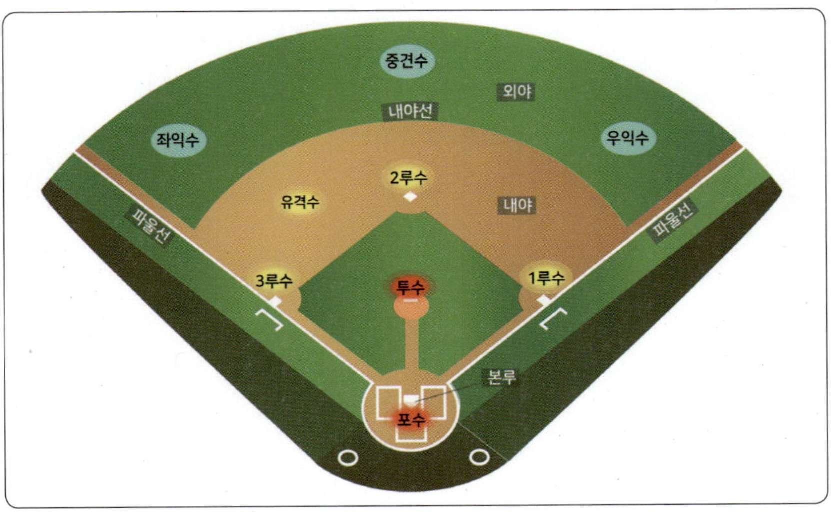

남 야구 선수 위치

포수와 타자 / 타격수

투수

용례로 보기

홈과 본진

남 야구 선수는 1루에 살아나가서 {홈으로} 귀환해야 하는 임무를 띠고 있잖아요.《김도언: 전무후무한 퍼스트 베이스 맨》

북 타격수가 공을 멀리 쳐보냈을 때에는 단번에 2진, 3진까지 진격하거나 {본진까지도} 돌아올수 있다.《배영욱: 야구경기》

타자와 타격수

남 나는 부동의 4번 {타자}, 위대한 포수, 최우수 선수.《성석제: 황금의 나날》

북 공격은 방어하는 단체의 투수가 포수에게 던지는 공을 공격하는 단체의 {타격수가} 야구봉으로 치는것을 말한다.《배영욱: 야구경기》

스트라이크와 정확한 공

남 그는 … 투 {스트라이크} 이후 공을 던지고는 포수 쪽은 거들떠보지도 않고 곧장 더그아웃으로 향하는 모습을 보여 주었던 투수였다.《박현욱: 새는》

북 주심은 포수뒤에 자리잡고 {정확한 공과} 부정확한 공에 대하여 선언하며 타격수와 투수, 포수의 동작에서 규칙과 어긋나는 점들을 판정한다.《배영욱: 야구경기》

농구(롱구) 용어

구분	남	북
경기장	링(ring)	롱구륜(籠球輪) /링(ring)
	네트(net) / 그물	링그물(ring--)
	백보드(backboard)	롱구판(籠球板)
선수 역할	가드(guard)	방어수(防禦手)
	포워드(forward)	공격수(攻擊手)
	센터(center)	중앙공격수(中央攻擊手)
경기 용어	리바운드볼(rebound ball)	판공(板-)
	드리블(dribble)	공몰기
	인터셉트(intercept) / 가로채기	가로채기
	푸싱(pushing)	밀기
	점프(jump)	조약(跳躍)
	어시스트(assist)	득점련락(得點連絡)
	레이업슛(lay-up shoot)	달리다가넣기
	덩크슛(dunk shoot)	꽂아넣기
	자유투(自由投) / 프리스로(free throw)	벌넣기(罰--)
	스크린(screen)	엄호(掩護)
	파울(foul) / 반칙(反則)	반칙(反則)
	바이얼레이션(violation)	위반(違反)
	페널티(penalty)	처벌(處罰) / 벌칙(罰則)
	트래블링(travelling) / 워킹(walking)	걷기위반(--違反)
	하프타임(half time)	중간휴식(中間休息)
	오버타임(over time)	연장시간(延長時間)

용례로 보기

센터와 중앙공격수

남 "키만 멀대같이 큰 아이였어요. 농구부 {센터였는데}, 한 게임 뛰고 나면 쿵쾅쿵쾅 심장이 춤추는 느낌이 참 좋다던 … 그런 녀석이었어요."《정이현: 달콤한 나의 도시》

북 삽시에 롱구장의 측면들에서 {중앙공격수를} 중심으로 두명의 선수들이 쏜살같이 중간선을 넘어서며 일명 외룡중학교팀의 날카로운 삼지창을 이루었다.《최문경: 평양중학생》

덩크슛과 꽂아넣기

남 넓은 운동장에서 움직이는 것이라곤 그와 농구공밖에 없었다. … 어느새 {덩크슛을} 꽂은 남자가 링에 매달렸다.《한재호: 부코스키가 간다》

북 선수의 위치선택과 … 판공따기는 최고수준에 이르렀으며 그의 {꽂아넣기는} 롱구애호가들을 황홀케 하고있다.《방철림: 롱구계의 거장》

지난 2018년 7월에는 평양에서 남북 통일 농구 대회가 열렸습니다. 이 경기는 2003년 평양에서 열린 통일 농구 경기 이후 15년 만입니다. 1972년 7·4남북공동성명을 되새기기 위하여 7월 4일~5일로 날짜를 맞추었으며, 남북 선수들이 '평화 팀'과 '번영 팀'으로 나누어 친선경기를 치렀습니다.

배구 용어

구분	남	북
경기장	코트(court)	(배구)경기장(排球競技場)
	네트(net) / 그물	그물
	안테나(antenna)	(그물)한계선표식대(--限界線標識臺)
선수 역할	세터(setter)	련락수(連絡手)
	포워드(forward) 전위(선수)(前衛選手)	전위(선수)(前衛選手)
	후위(선수)(後衛選手)	
경기 용어	서브(serve) / 서비스(service)	쳐넣기 / 써브(serve)
	블로킹(blocking)	막기
	스파이크(spike)	때리기 / 치기 / (순간)타격(瞬間打擊)
	페인트(feint)	속임동작 / 살짝공
	네트터치(net touch) 그물닿기	그물다치기 네트타치(net touch)
	네트오버(net over) 오버네트(over net)	그물넘어치기 / 그물넘기
	듀스(deuce)	듀스(deuce) 회전승부결정전동점 (回轉勝負決定戰同點)
	라인크로스(line cross)	선밟기(線--)
	사이드아웃(side out)	싸이드아우트(side out)
	서비스에이스(service ace)	쳐넣기득점(---得點)
	트릭점프(trick jump)	기만조약(欺瞞跳躍)
	토스(toss)	때리기련락(---連絡)

블로킹과 막기

스파이크와 때리기 / (순간)타격

《표준국어대사전》	《조선말대사전》
블로킹 (blocking) [명사]『운동』 배구에서, 상대편의 스파이크에 대하여 네트 앞에서 점프하여 두 손으로 공을 막아 상대편 코트로 공을 되돌려 보내는 일.	**막기** [명]《체육》 배구경기에서 상대편이 공격하는 공을 그물우에서 손으로 막는 방어기술. 한사람막기와 두사람 혹은 세사람이 함께 막는 몰막기가 있다.
–	**몰막기** [명]《체육》 (배구경기에서) 두세명의 선수가 함께 막기에 참가하는 기술수법.
스파이크 (spike) [명사]『운동』 배구에서, 네트 가까이 띄운 공을 상대편 코트로 세게 내리치는 공격.	**때리기** [명]《체육》 배구에서 경기자가 높이 뛰여올라 그물우의 공을 상대편쪽에 손으로 강하게 쳐서 내려뜨리는 동작.(=)치기. 타격.

용례로 보기

스파이크와 순간타격

남 네트 앞까지 달려온 여자아이들은 개구리처럼 배를 내밀고 뛰어올라 엉성한 {스파이크를} 시도했다.《김영하: 빛의 제국》

북 소년예술축전에 함께 다니던 동무중의 한 처녀는 … 자기가 배구시합에서 {순간타격으로} 재치를 보이던 때….《백현우: 젊음을 자랑하라》

속임동작과 살짝공

북 기사장 김창근동무가 높이 조약하며 강타할듯이 {속임동작을} 하고 생산과장 리정복동무가 {살짝공으로} 그물을 넘겼다.《엄일교: 체육을 생활화하여》

탁구 용어

남	북
서브(serve) / 서비스(service)	쳐넣기 / 써브(serve)
드라이브(drive)	걸어치기 / 드라이브(drive)
스매싱(smashing) 스매시(smash) / 강타(强打)	때려치기 / 강타(强打)
리시브(receive)	받아치기
커트(cut)	깎아치기
네트(net)	그물
그립(grip)	(탁구)채잡기(卓球---) 그리프(grip)
펜홀더 그립(pen holder grip)	끼워잡기
셰이크핸드 그립(shake hand grip)	감아잡기

용례로 보기

남 오빠가 아버지 쪽으로 {서브를} 날렸는데, 탁구 시합을 시작한 지 삼십 분 만에 처음으로 성공한 서브였다.《윤성희 외: 하다 만 말》

북 박영순은 {쳐넣기부터} 주도권을 쥐고 … 가운데로 강타를 들이대는통에 장립은 탁구채도 대보지 못하고 련속 실점을 당하였다.《함용길: 영생하는 청춘》

1991년 4월 24일 일본 지바에서 열린 세계 탁구 선수권 대회 여자 단체전에 남북 단일팀이 참가하여 우승했습니다. 지난 2018년 7월에 열린 2018 코리아 오픈 탁구 대회에서는 남과 북이 혼합복식에 단일팀으로 참가하여 우승을 차지하면서, 27년 만의 감동을 재현하였습니다.

골프 용어

번호	남	북
–	골프(golf)	
①	드라이버(driver)	제일긴채
–	아이언(iron)	쇠채
–	우드(wood)	나무채
②	티(tee)	공알받침
–	홀(hole)	구멍 / 홀(hole)
③	그린(green)	정착지(定着地) / 그린(green)
–	페어웨이(fairway)	잔디구역(--區域)
④	해저드(hazard)	방해물(妨害物)
⑤	벙커(bunker)	모래웅덩이

《표준국어대사전》	
드라이버 (driver) [명사] 『운동』 골프에서, 먼 거리로 공을 치고자 할 때 쓰는 골프채.	**그린** (green) [명사] 『운동』 골프에서, 홀 주변에 만든, 퍼트를 하기 위한 잔디밭.
티 (tee) [명사] 『운동』 골프에서, 제1타를 칠 때 공을 올려놓는 대(臺). 고무, 나무, 플라스틱 따위로 만든다.	**해저드** (hazard) [명사] 『운동』 골프에서, 코스 안에 설치한 모래밭·연못·웅덩이·개울 따위의 장애물.
홀 (hole) [명사] 『운동』 골프에서, 그린 위에 설치한 지름 10.8cm 정도의 구멍.	**벙커** (bunker) [명사] 골프장의 코스 중, 모래가 들어 있는 우묵한 곳.

아이스하키(빙상호케이) 용어(1)

남	북
아이스하키(ice hockey)	빙상호케이(氷上hockey)
슛(shoot)	쳐넣기
패스(pass)	련락(連絡) / 파스(pass)
리바운드(rebound)	돌입쳐넣기
포어 체크(fore-check)	추격(追擊) / 압박(壓迫)
백 체크(back-check)	
파워 플레이(power play)	5-4, 5-3
페널티 킬(penalty kill)	4-5, 3-5
블록 샷(blocked shot)	뻗어막기

아이스하키 경기는 반칙에 대해 엄격하여 퇴장 벌칙이 자주 내립니다. 퇴장 벌칙에는 2분, 5분, 10분 퇴장이 있는데, 퇴장 벌칙을 받아 선수가 뛸 수 없는 상황을 '파워 플레이' 또는 '페널티 킬'이라고 합니다. 상대편 선수가 퇴장 벌칙을 받은 경우를 이르러 '파워 플레이'로, 우리 선수가 퇴장 벌칙을 받은 경우를 이르러 '페널티 킬'로 구분합니다. 남에서는 이 용어를 그대로 쓰고 있으며, 북에서는 〈5-4/5-3〉, 〈4-5/3-5〉라고 하는데, 숫자는 경기를 뛰는 선수의 수를 뜻합니다. 예를 들어 〈5-4〉는 상대편 선수 한 명이 퇴장 벌칙을 받은 상태를 말합니다.

2018년 평창 동계 올림픽의 여자 아이스하키 종목에는 남북 단일팀이 참가하였습니다. 단일팀은 총 35명으로 남측 선수 23명, 북측 선수 12명으로 구성되었습니다. 단일팀의 명칭은 'COR'이었으며, 단가는 '아리랑'이었고, 한반도기가 그려진 특별 단복을 입었습니다. 개폐회식에는 '한반도기'를 들고 행진하였습니다.

아이스하키(빙상호케이) 용어(2)

구분	번호	남	북
선수 역할	①	디펜스(defense)	방어수(防禦手)
	②	포워드(forward)	공격수(攻擊手)
	③	윙(wing)	날개수(--手)
	④	센터(center)	중앙공격수(中央攻擊手)
	⑤	골리(goalie)	문지기(門--)
선수 장비		퍽(puck)	팍(puck)
		스틱(stick)	채
		스케이트(skate)	스케트(skate)
경기장 구역	⑥	디펜스 존(defense zone)	방어구역(防禦區域)
	⑦	뉴트럴 존(neutral zone)	중앙지대(中央地帶)
	⑧	오펜시브 존(offensive zone)	공격구역(攻擊區域)

아이스하키의 선수 역할과 경기장 구역

P·A·R·T

14 취미와 놀이

놀이 시설

구분		남	북
장소		놀이공원(--公園) / 놀이동산	유희장(遊戲場)
놀이기구		롤러코스터(roller coaster)	관성렬차(慣性列車)
		바이킹(viking)	배그네
		회전목마(回轉木馬)	회전말(回轉-) / 회전목마(回轉木馬)

용례로 보기

롤러코스터와 관성렬차

남 거기서 시속 백 킬로미터가 넘는 {롤러코스터를} 탔다.《편혜영: 첫 번째 기념일》

북 시속 120㎞의 속도로 공중궤도를 따라 질풍같이 내달리는 {관성렬차와} 공중렬차가 눈앞에 확 다가들었다.《리송연: 평양의 금강대성산》

바이킹과 배그네

남 놀이동산엘 가자고, 가서 {바이킹만} 한 번 타면 모든 것이 좋아질 것 같다고 그는 말했다.《윤성희: 계단》

북 유희장의 아름답고 커다란 {배그네}, … 관성단차….《박경애: 영원히 빛나라!》

회전목마와 회전말

남 {회전목마가} 있는 놀이공원을 알아요?《은희경: 그것은 꿈이었을까》

북 회전비행기며 {회전말}, 미끄럼대를 비롯한 유희오락기구들이 그쯘하게 갖추어져있다.《길성근: 아름다운 강》

북 만경대유희장

바둑 용어

남	북	설명	비고
화점(花點)	화점(花點) / 별	바둑판에서 기본이 되는 아홉 개의 점.	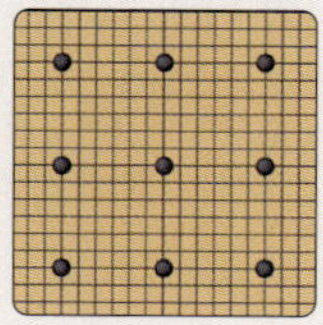
고목(高目)	웃별	바둑에서, 네 귀의 넷째 가로줄과 다섯째 세로줄, 또는 다섯째 가로줄과 넷째 세로줄이 서로 만나는 눈.(그림에서 흑과 동그라미)	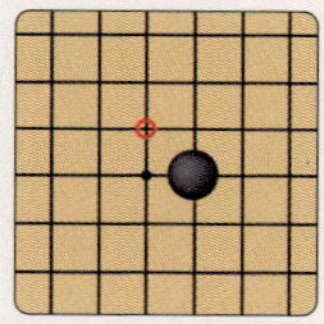
소목(小目)	아래별	바둑에서, 네 귀의 셋째 가로줄과 넷째 세로줄, 또는 넷째 가로줄과 셋째 세로줄이 서로 만나는 눈. (그림에서 흑과 동그라미)	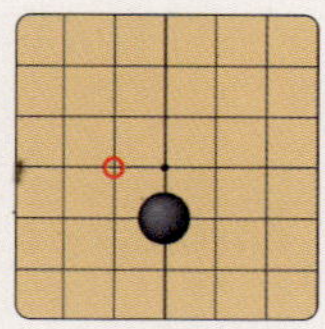
공배(空排)	공배(空排) 헛자리	바둑에서, 어느 쪽이 두어도 집이 되지 않는 빈 밭. 둘 곳을 다 둔 뒤에 서로 번갈아 가며 이 자리를 메우고 남은 집을 세어 승부를 가린다.	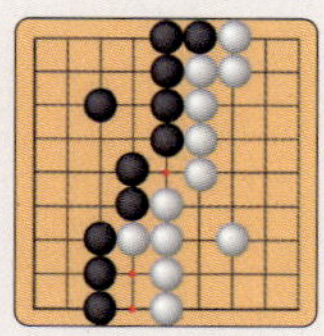
꽃놀이패 (---霸)	놀아리패 (---霸)	바둑에서, 한편은 패가 나면 큰 손실을 입으나 상대편은 패가 나도 별 상관이 없는 패.	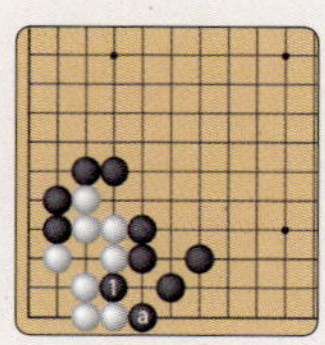
포도송이	호떡	바둑에서, 여러 개의 돌들이 포도송이처럼 뭉쳐 있는 형태. 효율이 최악인 형태로 상대편 돌이 이 형태가 되도록 몰아붙이기도 한다.	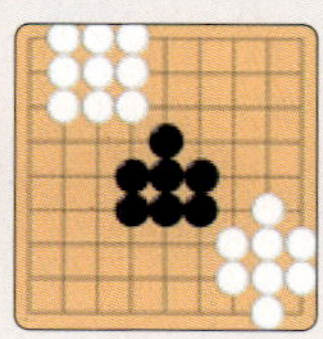

북의 바둑 소프트웨어 <은별>

2016년, 구글(Google)이 만든 인공지능 바둑 프로그램인 알파고(AlphaGo)와 남의 이세돌 9단이 펼친 바둑 대결은 세계의 주목을 받았었습니다. 알파고는 현존하는 최고 수준의 바둑 프로그램으로 알려져 있습니다. 그런데 이 알파고가 등장하기 이전에 세계 정상의 자리를 다투었던 프로그램으로 북의 '은별'이 있습니다.

'은별'은 1997년 북의 조선콤퓨터쎈터 산하 삼일포정보쎈터에서 개발한 바둑 프로그램입니다. 이후 업그레이드 버전인 '은별2006'도 나왔는데, 북은 이 프로그램으로 세계 컴퓨터 바둑 대회에서 다년간 우승의 기록을 세우기도 했습니다. 이후 또 한차례 업그레이드된 '은별2010'은 통일부의 반입 승인을 얻어 남에서 정식으로 선보인 바도 있습니다.

산책로와 유보도

남	북
산책로(散策路)	유보도(遊步道)

✔ '휴식을 취하거나 건강관리를 위해서 가벼운 마음으로 걸을 수 있게 만든 길'을 남에서는 〈산책로〉라고 하고, 북에서는 〈유보도〉라고 합니다.

✔ 북의 대동강은 남의 한강처럼 가족이나 친구끼리 산책을 즐기는 장소입니다. 특히 대동강 변을 따라 닦아 놓은 길을 일컬어 '대동강유보도'라고 하는데, 이 길은 평양 시민들에게 가장 사랑받는 산책 코스라고 합니다.

《표준국어대사전》	《조선말대사전》
산책로 [산:챙노] (散策路) [명사] 산책할 수 있게 만든 길.	**유보도** (遊步道) [명] 《건설》 산보하면서 휴식을 할수 있게 만든 거님길. 도시안의 록지들과 교외의 산림지대를 잘 어울리게 함으로써 도시의 풍치와 환경을 위생문화적이면서도 아름답게 한다. 흔히 거리, 강기슭, 바다가 등을 따라 조성한다.

용례로 보기

남 정원으로 난 오솔길을 따라가니 벚나무가 심어진 {산책로가} 이어져 있었다.《강석경: 내 안의 깊은 계단》

남 저녁을 먹고 난 선우와 서인은 호숫가로 난 {산책로를} 따라 걸었다.《권지예: 4월의 물고기》

북 {유보도에는} 저녁산보를 나온 사람들의 수가 점점 늘어갔다.《백현우: 젊음을 자랑하라》

북 인풍루 절벽 밑에는 {유보도가} 있었는데 그것은 폭이 좁아서 산보하기에나 맞춤했다.《김대성: 인풍루》

가위바위보와 가위주먹

<table>
<tr><th colspan="3">남</th><th colspan="2">북</th></tr>
<tr><td colspan="3">가위바위보(----褓)</td><td colspan="2">가위주먹
돌가(위)보(---褓) / 주먹가위</td></tr>
<tr><td colspan="2">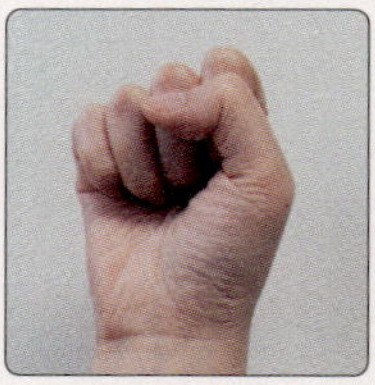</td><td></td><td>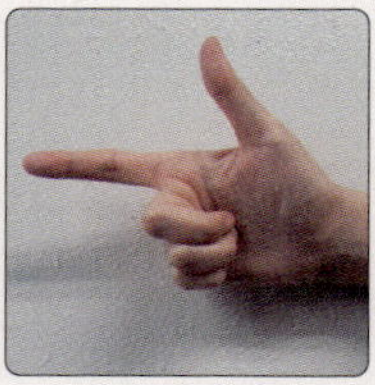</td><td>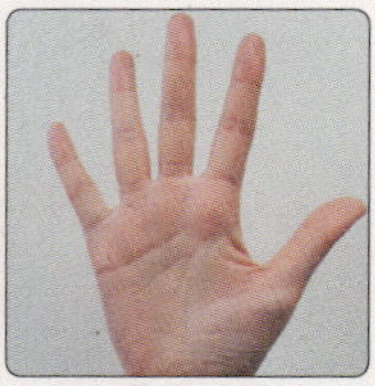</td></tr>
<tr><td>남</td><td>바위 / 주먹</td><td colspan="2">가위</td><td rowspan="2">보(자기)</td></tr>
<tr><td>북</td><td>주먹 / 돌</td><td colspan="2">가(위)</td></tr>
</table>

용례로 보기

남 두 번씩이나 술래가 되었던 뒤라서 나는 {가위바위보를} 할 때 조금 늦게 손을 내밀었다.《이평재: 거울 앞에 선 아나스타시아》

북 마침내 {가위주먹을} 하게 되였습니다. "{가위주먹!}" 다섯씩이나 모다붙어 하다나니 승부가 잘 나지 않았습니다.《리준길: 나도 아홉살》

북 우리는 저마끔 등을 떠밀내기를 하다가 끝내 {돌가보를} 하여 진 사람이 물 가지러 가게 되였는데 내가 짚이고말았다.《김윤희: 나는 더 아름다워지리라》

꽂꽂이

남	북	비고
꽂꽂이	꽂꽂이	남 솜씨+물건 북 물건
	꽂꽂기	북 솜씨

(남북이 서로 다르게 해석하는) "**꽂꽂이**가 정말 예쁘다."

남 꽃을 꽂아 놓은 모양이 예쁘다.
북 꽃병이 예쁘다.

남에서는 '꽃이나 나뭇가지 등을 꽃병이나 수반에 꽂아 아름답게 꾸미는 것'을 일컬어 〈꽂꽂이〉라고 합니다. 또한 '꽃을 아름답게 꽂아 놓은 물건'이라는 뜻으로도 〈꽂꽂이〉를 씁니다. 그런데 북의 사전을 보면 '꽃을 보기 좋게 꽂는 일이나 솜씨'는 〈꽂꽂기〉로, '꽃을 꽂는 병'은 〈꽂꽂이〉로 구분하고 있어 차이가 있습니다.

《표준국어대사전》	《조선말대사전》
꽂꽂이 [명사] 꽃이나 나뭇가지를 물이 담긴 꽃병이나 수반에 꽂아 자연미를 나타내며 꾸미는 일. 또는 그런 기법.	**꽂꽂이** [명] 꽃이나 꽃가지를 꽂아두고보는 병 같은것. **꽂꽂기** [명] 꽃이나 꽃가지를 병이나 바구니 같은데에 보기 좋게 꽂는 일 또는 그런 솜씨.

용례로 보기

남 식물 줄기는 물에 담근 채 잘라야 쉬 시들지 않음도 그네가 {꽂꽂이} 강습소에서 배운 상식이었다.《김원일: 오누이》
남 "아, 꽃향기 좋네. 누가 정성스럽게도 {꽂꽂이}를 해 놨네!"《김원우: 가슴 없는 세상》
남 {꽂꽂이에} 꽂혀 있는 한 묶음의 가을꽃은 이미 시들어 가고 있었다.《손창섭: 낙서족》

현악기와 줄악기

남	북
현악기(絃樂器) / 줄악기(–樂器)	줄악기(–樂器) / 현악기(絃樂器) 활줄악기(––樂器)

줄을 타거나 켜서 소리를 내는 악기를 남에서는 〈현악기〉라고 합니다. 북에서는 〈현악기〉도 쓰지만 〈줄악기〉 또는 〈활줄악기〉라고도 합니다. 남에서 '현'이라고 부르는 악기의 줄도 북에서는 '소리줄'이라고 하며, 연주도 '줄악기'의 '소리줄'을 튕긴다는 표현을 합니다.

남북의 음악 용어

기본음인 도 음에서 아래쪽 또는 위쪽의 다음 도 음까지 여덟 음정 사이를 남에서는 '옥타브' 또는 '팔도음정'이라고 합니다. 북에서는 이를 '돌이'라고 하며, '한 돌이, 두 돌이'라는 식으로 부릅니다.

공연자가 예정했던 공연을 다 끝낸 뒤에 관객들이 노래나 연주를 추가로 요청하는 행위를 남에서는 '앙코르'라고 하며, 북에서는 '재청'이라고 합니다.

남	북
옥타브(octave) 팔도음정(八度音程)	돌이
높은음자리표 (––音––標)	고음기호 (高音記號)
낮은음자리표 (––音––標)	저음기호 (低音記號)
앙코르(〈프〉encore)	재청(再請)
음표(音標)	소리표(––標)
듀엣(duet)	이중주(二重奏)
칸타타(〈이〉cantata)	교성곡(交聲曲)
조율(調律) 튜닝(tuning)	소리고르기

악기의 음 높낮이를 조절하는 작업을 남에서는 '조율', 영어로 '튜닝'이라고 하며, 북에서는 '소리고르기'라고 합니다.

용례로 보기

남 골목들에서는 {현악기} 소리들이 울려 나오기 시작했는데, 투박한 거문고 소리가 절대로 끊어질 것 같지 않은 평성으로 내달리다가….《조하형: 키메라의 아침》

북 나팔과 {줄악기}, 북으로 격조높이 울려터지던 대관현악이 지휘봉과 함께 일시에 그 음향을 싹 들이긋고….《김동욱: 두 운전수》

북 {현악기도} 그렇지만 건반악기도 오래동안 다루지 않으면 손이 굳어지고 그 기교도 물거품이 되고만다.《김정: 인생의 악보》

P·A·R·T

15 인간관계

결혼 문화

남	북
웨딩드레스(wedding dress)	첫날옷

결혼 연령

남에서는 '민법 제807조(혼인적령)'에 따라 남녀 연령 차이 없이 만 18세가 된 사람은 결혼을 할 수 있습니다. 단, 만 20세 전까지는 부모의 동의를 얻어야 합니다.

북에서는 '가족법 제9조'에 따라 남성은 18세, 여성은 17세부터 결혼할 수 있습니다. 그러나 실제로는 남성은 군 복무로, 여성은 노동력의 확보 등의 이유로 만혼을 장려하고 있다고 합니다.

결혼식 문화

남에서는 주로 예식장에서 신랑·신부와 인연이 있는 분을 주례자로 모시고 결혼식을 올립니다. 요즘에는 주례자 없이 신랑·신부가 직접 쓴 편지를 읽는 등, 형식에 얽매이지 않고 식을 올리기도 합니다. 보통 결혼식 이후에는 신혼여행을 떠납니다.

북에서는 주로 집에서 결혼식을 올립니다. 남측의 주례자와 비슷한 역할로 당 간부나 직장 상사를 모셔 덕담을 듣습니다. 결혼식 후에 신혼여행은 따로 가지 않으며, 인근 공원 등을 찾아 기념사진이나 비디오를 찍습니다.

용례로 보기

남 어디서 신부의 친구들이 모여들더니 {웨딩드레스가} 예쁘다느니 신부 화장이 잘됐다느니 하고 조잘대기 시작했다.《박완서: 휘청거리는 오후》

북 신부에게 입힐 {첫날옷도} 사고 이 백년가약 가락지도 마련할게 아닌가.《김종석 외: 평양 날파람》

이혼 문화

남	북
협의이혼(協議離婚)	–
재판상 이혼(裁判上 離婚)	재판상 리혼(裁判上 離婚)

이혼 방법

남에서의 이혼은 민법상 '협의이혼'이나 '재판상 이혼'의 방법으로 진행됩니다. '협의이혼'이란 부부의 동의 아래 이혼의 절차가 이루어지는 것으로 비교적 간단합니다. '재판상 이혼'은 부부간 이혼에 대한 합의가 이루어지지 않을 때 법원에 청구하여 이혼하는 방법입니다.

북에서는 '협의리혼'이라는 개념은 없고, '재판상 리혼'만 가능합니다. 한편, 북에서는 이혼 신청서의 수입인지 값을 매우 높게 책정하여 이혼을 간접적으로 제한하고 있습니다.

이혼 사유

남의 부부가 가장 많이 이혼하는 이유는 '성격 차이' 때문이라고 알려져 있습니다. 그 외에 경제 문제나, 배우자의 부정, 가족 간의 불화 등을 이유로 이혼을 합니다. 반면에 북에서는 개인적인 문제보다는 출신성분이 나쁜 경우, 신념이나 당성 등이 일치하지 않는 경우 등이 이혼의 사유로 거론되고 있습니다.

장례 문화

남	북
장례(葬禮)	
장례식장(葬禮式場)	–

장례의 기본 절차

남에서는 사람이 죽으면 병원에서 '시체검안서' 혹은 '사망진단서'를 발급받습니다. 보통 사망 신고는 장례식 이후에 하는데, 구청이나 동주민센터에 사망 후 한 달 이내로 하면 됩니다. 일반적으로 빈소는 인근 장례식장에 마련하고, 3일장으로 합니다.

북에서는 상을 당하면 인근 병원 또는 진료소에서 '사망진단서'를 발급받아 동(리)사무소에 신고합니다. 이어 시·군 상업관리소에 찾아가 '사망진단서'를 제시하면 이곳에서 장례를 치르는 데 필요한 물품과 식량, 식료품 등을 국정 가격으로 싸게 구입할 수 있습니다. 장례는 보통 집에서 치르며, 3일장이지만 1~2일장으로 치르는 경우가 대부분이라고 합니다.

장례 방식

남에서는 매장(埋葬)보다 화장(火葬)을 선호하는 추세입니다. 북에서도 화장을 적극 장려하고 있지만, 주민들의 대부분이 매장(埋葬)을 선호한다고 합니다.

상복(喪服)

남에서는 대체로 남자 상주는 검은색 양복을 입고 두 줄 완장을 차며, 여자 상주는 대체로 흰색 또는 검은색 치마저고리를 입고 흰 리본을 답니다. 북에서는 대체로 남자 상주는 평상복에 검은 완장을 차며, 여자 상주는 머리에 흰 리본을 꽂습니다.

새해 인사

남	북
새해 복 많이 받으세요!	새해를 축하합니다!

남에서 낯설게 느껴지는 "새해를 축하합니다."라는 인사말은 북에서 널리 쓰는 새해 인사 표현입니다. 실제로 북에서는 "새해 복 많이 받으십시오."보다 자주 쓰는 말이라고 합니다.

용례로 보기

남 "선생님, {새해 복 많이 받으십시오}."《복거일: 비명을 찾아서》

북 김금옥이 차렷자세로 아버지에게 설인사를 했다. "아버지, {새해를 축하합니다}!"《함용길: 동녘노을》

장수(長壽)를 바라는 말

남	북
오래오래 사세요! 만수무강하십시오!	오래오래 앉아계십시오!

북에서는 어른들께 '오래오래 앉아계십시오.'라고 말하는 경우가 많습니다. 이는 남에서 말하는 '오래오래 사시길 바랍니다.'와 같은 뜻으로, 웃어른의 장수를 기원하는 표현입니다.

용례로 보기

남 "참, 어머니두. 돌아가시긴 왜 돌아가세요. {오래오래 사셔야죠}."《한남철: 어둠의 숲》

북 "어머니, 앞으로도 자식들과 손자손녀들의 축복을 받으며 {오래오래 앉아계십시오}."《박혜란: 봄향기》

북 "할머니, {오래오래 앉아계시여} 통일이 되는 날을 꼭 보셔야 합니다."《김진성: 력사에 묻다》

부부가 서로를 부르는 말

남	북	비고
여보		
자기 이름 + 씨	이름 + 동무 성씨 + 동무	젊은 부부가 서로를 부를 때 남 자기야 / 희주 씨 북 희주 동무 / 최 동무
임자	로친네(老親-)	나이가 들어 아내를 부를 때

북에서 〈로친네〉는 '중년 부부 사이에서 아내를 친근하게 부르는 말'로 주로 쓰입니다. 남에서는 부부 사이에 부르는 말보다는 주로 '아랫사람이 노인을 낮잡아 이를 때'에 주로 쓰기 때문에 그 쓰임이 조금 다르다고 할 수 있습니다.

남 "저, {노친네} 저기 오네." 억만이 어이없는 얼굴로 말하였다.《강신재: 그들의 행진》

용례로 보기

여보

남 남자가 아내의 어깨를 흔들어 댔다. "{여보}, 괜찮아? 목소리가 왜 그래?"《원재길: 선인장》

북 "{여보}, 가난한 집에 시집와서 고생만 하는 당신을 보기가 면구스럽소."《전철호: 개성고 추장》

젊은 부부가 서로를 부를 때

남 수술실에서 회복을 마친 아내가 실려 왔다. "수고했어, {자기야}. 딸인데 자기만큼 예뻐." 아내의 손을 잡고 소리쳤다.《한석청: 먼 데서 온 손님》

북 "{보패 동무}, 빨리 차비하라구, 영화 '사도성의 이야기'가 왔대…." … "그래요? 아이 좋아!" … 아래'목에서 뜨개질을 하던 보패가 반색을 하며 대답한다.《리택진: 봄의 서곡》

나이가 들어 아내를 부를 때

남 집 앞 가까이 갔을 때 아내 백 씨가 밖을 내다보고 서 있다. "{임자}, 왜 나와 있소."《박경리: 토지》

북 그는 입이 귀밑까지 벌어져 덩실덩실 춤을 추며 마누라를 찾았습니다. "여보, {로친네}, 얼른 가서 호박씨 닷되만 얻어다주오."《김주현: 남잡이가 제잡이》

남자가 자신의 동기와 그 배우자를 부르는 말

남자 기준	남	북
형	형 / 형님	
누나	누나 / 누님	누이 / 누님 / 누나
남동생	동생의 이름 / 아우 / 동생	동생의 이름 / 동생
여동생	동생의 이름 / 동생	동생의 이름 조카 이름 + 어머니 아이 이름 + 고모
형의 아내	형수님 / 아주머님 / 아주머니	형수 / 형수님 / 아주머님 아주머니 / 조카 이름 + 어머니
누나의 남편	매형 / 자형 / 매부	형님 / 매형 / 매부
남동생의 아내	제수씨 / 계수씨	제수 / 제수님 조카 이름 + 어머니 / 아주머니
여동생의 남편	성씨 + 서방 / 매부 / 매제	매부 / 여동생 남편의 이름

용례로 보기

제수씨와 제수님

남 어머니의 말에 큰아버지가 불쑥 나섰다. "{제수씨}, 그게 무슨 말이오? 덕훈이가 없으니 이 사람이 하나밖에 없는 상주 아니오."《김병언: 이삭 줍기》

북 "{제수님}, 먼길에 수고많았습니다." … "저런 인사말이 어디 있어? 형님의 안해보구 제수라니, 형수라고 불러야지 촌수도 모르나?"《윤명희: 전우》

여자가 자신의 동기와 그 배우자를 부르는 말

여자 기준	남	북
오빠	오빠 / 오라버니 / 오라버님	
언니	언니	
남동생	동생의 이름 / 동생	동생의 이름 조카 이름 + 아버지 조카 이름 + 애비 아이 이름 + 삼촌
여동생	동생의 이름 / 동생	동생의 이름
오빠의 아내	언니 / 새언니 / 올케언니	형님 / 오레미
언니의 남편	형부	아저씨 / 형부님
남동생의 아내	올케	오레미 / 남동생 아내의 이름 조카 이름 + 엄마
여동생의 남편	성씨 + 서방 / 제부	아이 이름 + 이모부 조카 이름 + 아버지

여자가 여동생의 남편을 부를 때

남에서는 여동생의 남편을 부를 때 보통 '제부'라고 부르며, 성씨와 서방을 붙여 '신 서방'이라고 부르기도 합니다. 북에서는 여동생의 남편을 부르는 별도의 말은 없습니다. 자기 아이의 이름을 붙여 '승엽이 이모부'라고 하거나, 조카의 이름을 붙여 '유완이 아버지'라고 부릅니다. 북에는 봉건사회의 잔재라고 여겨 '서방'이라는 호칭은 잘 쓰지 않는다고 합니다.

용례로 보기

형부와 아저씨

남 "{형부}, 오늘 점심때는 모처럼 애들하고 외식 좀 하세요." … "처제도 함께 나가지, 장모님 모시고."《박정규: 흔적》

북 처제는 깔깔 웃었다. … "저야 촌뜨기지요뭐, 참, {아저씨}, 엄마가 삶아준 닭알은 넣었어요?"《한웅빈: 행운에 대한 기대》

올케와 오레미

남 "{올케}, 걱정할 거 없어. 서방이 없냐, 자식이 없냐, 재산이 없냐."《박완서: 꿈엔들 잊힐리야》

북 "{오레미}, 정말 수고 많이 했어." 알뜰은 아이를 어머니한테 돌려주며 부러운듯 말했다.《백현우: 불을 다루는 사람들》

남편이 아내의 가족을 부르는 말

아내 기준	남	북
아버지	장인어른 / 아버님	
어머니	장모님 / 어머님	
오빠	형님 / 처남 (처남: 오빠가 본인보다 나이가 어릴 경우)	형님 / 처남
언니	처형	아주머니 아이 이름 + 큰어머니 아이 이름 + 이모 큰어머니 / 이모
남동생	처남	남동생의 이름 / 처남 조카 이름 + 아버지 아이 이름 + 삼촌
여동생	처제	여동생의 이름 조카 이름 + 어머니 조카 이름 + 엄마 아이 이름 + 이모
오빠의 아내	아주머니	
언니의 남편	형님 / 동서 (동서: 언니의 남편이 본인보다 어릴 경우)	조카 이름 + 아버지 아이 이름 + 이모부
남동생의 아내	처남댁	아주머니
여동생의 남편	동서 / 성씨 + 서방	조카 이름 + 아버지 아이 이름 + 이모부

아내의 부모에 대한 지칭어도 남북에 차이가 있습니다. 남에서는 아내의 부모님을 지칭할 때에 〈장인〉, 〈장인어른〉, 〈장모〉, 〈장모님〉이라고 하며, 북에서는 〈장인〉, 〈가시아버지〉, 〈장모〉, 〈가시어머니〉라고 합니다.

용례로 보기

남 {장인도} {장모도} 없는 처갓집에서는 그를 반겨줄 사람이 없었다.《최인석: 평화의 집》
북 사위가 뜰에 나와서 마중하니 {가시아버지는} 새로 맞은 막내사위가 마중나온줄 알고 너무나 흡족하여 '네가 서방이냐?' 하고 물었다.《장근수: 서방의 어원》
북 {가시어머니가} 사위를 끔찍이 생각해서 준 닭을 여기서 없애버리면 되겠냐?《김복련: 평양어죽》

아내가 남편의 가족을 부르는 말

남편 기준	남	북
아버지	아버님	아버지 / 아버님
어머니	어머님 / 어머니	
형	아주버님	아주버니 / 아주버님 아이 이름 + 큰아버지 아이 이름 + 큰아버님
누나	형님	형님 / 누이 / 아이 이름 + 고모
남동생	도련님(미혼) 서방님(기혼)	적은이 아이 이름 + 삼촌
여동생	아가씨 / 아기씨	누이 / 동생 / 아이 이름 + 고모 조카 이름 + 어머니 조카 이름 + 엄마
형의 아내	형님	형 / 형님 / 조카 이름 + 어머니
누나의 남편	아주버님	아재 / 아저씨 아이 이름 + 고모아저씨 아이 이름 + 고모부 / 성씨 + 선생
남동생의 아내	동서	동서 / 동생 / 아우 조카 이름 + 어머니
여동생의 남편	서방님	아재 / 아저씨 아이 이름 + 고모아저씨 아이 이름 + 고모부 / 성씨 + 선생

용례로 보기

도련님, 서방님과 적은이

남 "형수님, 이거요. … 흑산도에 들렀다가 주워 왔어요. 가 보시지는 못할망정 그곳 냄새나 맡으시라구요." "{도련님}, 증말 고마워라우."《김소진: 장석조네 사람들》

남 덕순의 형수가 "{서방님}, 어서 피하시오." 하고 … 땅이 꺼지게 한숨을 쉬고 벌떡 일어서서 간다 온다 말이 없이 밖으로 나갔다.《홍명희: 임꺽정》

북 시동생을 보고있던 형수가 자리에서 일어나며 말했다. "{적은이}, 좀 쉬여요. … 난 밭에 또 나가봐야 하겠어요."《김동직: 흰 머리수건》

친가 친척을 부르는 말

아버지 기준	남	북
아버지	할아버지	할아버지 / 할아버님
어머니	할머니	할머니 / 할머님
형	큰아버지 / 큰아버님	큰아버지 / 큰아버님 백부 / 백부님
남동생	작은아버지 / 아저씨 / 삼촌	작은아버지 / 작은아버님 삼촌 / 숙부 / 숙부님
누이	고모 / 아주머니	고모 / 고모님 아주머니 / 고모어머니
형의 아내	큰어머니	큰어머니 / 큰어머님
남동생의 아내	작은어머니	작은어머니 / 작은어머님 숙모 / 숙모님 삼촌어머니 / 삼촌엄마
누이의 남편	고모부 / 아저씨	고모부 / 고모부님 아저씨 / 고모아저씨

용례로 보기

작은어머니와 삼촌어머니

남 "{작은어머니}?" "그래, 이것아! 내가 니 숙모여!"《김인숙: 나비의 춤》

북 "{삼촌어머니}! 안녕하세요? 방학이여서 삼촌네 집에 놀러왔습니다."《김영은: 품사소속을 헛갈리게 한 사투리》

삼촌엄마

북 그제 삼촌네 집에 갔다가 … 아래방에서 {삼촌엄마와} 이야기하는데 할아버지가 노해서 말씀했어요.《리종렬: 평양은 선언한다》

외가 친척을 부르는 말

어머니 기준	남	북
아버지	외할아버지 / 할아버지	외할아버지 / 외할아버님
어머니	외할머니 / 할머니	외할머니 / 외할머님
남자 형제	외삼촌 / 아저씨	외삼촌 / 아저씨 / 외숙부
여자 형제	이모 / 아주머니	이모 이모어머니 (출가 후) 아주머니
남자 형제의 아내	외숙모 / 아주머니	외숙모님 아주머니 / 아주머님 큰어머님 / 작은어머님
여자 형제의 남편	이모부 / 아저씨	이모부 / 이모아버지

이모어머니와 이모아버지

남에서 생소하게 들릴 수 있는 〈이모어머니〉는 북에서만 쓰는 말인데, 이는 '결혼한 이모를 높여 이르는 말'입니다. 〈이모부〉 역시 〈이모아버지〉로 높여 이르거나 부릅니다. 남에서는 높여 이를 때에는 존칭의 〈-님〉을 붙여 〈이모부님〉으로 부릅니다.

용례로 보기

남 {이모부는} 상옥의 시선을 피하며 어색하게 입을 열었다. "상옥아 일이 어렵게 되었구나." … "{이모부님} 입장만 곤란하게 해 드려 제가 죄송합니다."《김상옥: 하얀 기억 속의 너》

북 "백초구자위단장님네 집이 여기가 분명하니?" "음, 우리 {이모아버지가} 단장이야. 왜 그러는거야?"《강효순: 찔레꽃》

사회생활에서의 호칭과 지칭

남	북	비고
씨(氏)	동무	남 희주 씨 북 희주 동무
-님	동지(同志)	남 부장님 북 부장 동지
-님		남 직위나 신분이 높은 사람에게 흔히 씀. 북 존경받는 사람에게만 특히 한정하여 씀.

- 북에서는 '동무'나 '동지'를 격식을 갖추어 말하는 공적인 상황에서 주로 씁니다. 보통 상대방의 지위가 높을 때에 '동지'를 쓰고, 엇비슷하거나 아래일 때에는 '동무'를 씁니다. 남에서는 보통 전자의 경우에 '-님'을 붙이며, 후자의 경우에는 '씨'를 붙여 부릅니다.

- 남에서 〈동무〉는 친구를 가리키는 말이지만, 북에서는 친구라는 뜻보다 '혁명대오에서 함께 싸우는 사람'이라는 뜻으로 더 많이 쓰입니다.

《표준국어대사전》	《조선말대사전》
동무 [명사] 늘 친하게 어울리는 사람.	동무 [명] ① 《혁명대오에서 함께 싸우는 사람》을 친근하게 이르는 말. ② 같이 어울리여 사귀는 사람.

용례로 보기

씨(氏)와 동무

남 "나도 같이 가자, {선우 씨}!" 《임정연: 질러!》

북 "왔구나, 김동무! 아! {최동무도} 왔구나!" 《리북명: 새날》

-님과 동지(同志)

남 "{실장님}, 요즘 지사장님께서 부쩍 혼쭐이 나고 계십니다." 《하용준: 유기》

북 "{실장 동지}, 인젠 마음을 놓으십시오. 기어이 해내겠습니다." 《엄성영: 대령강의 풍경》

-님

남 "이번에 {과장님께서} 부장님께 인심을 단단히 쓰셨네요?" 《복거일: 비명을 찾아서》

북 "난 당신과 시비할 생각이 없어요. 간수부장을 꼭 보내줄 것만 부탁하오." … "{부장께선} 바빠 올 수 없소." 《박태민: 4번수》

선생과 선생님

남	북
선생님	선생 / 선생님

- 남에서는 상대방을 부를 때 〈선생님〉이라는 표현을 자주 씁니다. 관공서에서 민원인을 부를 때나, 직장에서 나이나 직급과 상관없이 상대를 존중하여 부를 때, 물건을 사고팔 때, 혹은 상대를 부르기에 마땅한 호칭이 없을 때에도 흔히 〈선생님〉이라고 부릅니다. 상황에 따라 상대가 자기보다 나이가 적거나 지위가 낮다고 판단될 경우에는 〈선생〉으로 부르기도 합니다.

- 북에서는 〈선생〉이라는 말 자체에 존대의 의미를 담아 씁니다. 그 때문에 이름이나 직급 뒤에 선생을 붙여 '원장 선생', '기자 선생', '수현 선생'과 같이 부르는 것이 일반적입니다. 〈선생님〉은 특별히 존경의 뜻을 담아 부를 때 쓰며 주로 교수, 학자, 의사 등 특정 직종에 있는 사람들에게 씁니다. 한편 북에서는 직함이나 학위명에도 '선생님'을 붙여 '교수 선생님', '박사 선생님'과 같이 부르기도 합니다.

용례로 보기

보편적인 상황에서

남 "의사 {선생님}, 어떻습니까, 별 가망이 없지요?"《전상국: 고려장》

북 "의사{선생}, 언어기능이 저절로 회복되는 경우도 있습니까?"《신용선: 환희속에서》

남 상대가 나이가 적다고 판단될 때

남 할애비는 혀를 찼다. … "의사 {선생}, 혈압은 이 할망구나 좀 재 보소. 정상이 아닌 모양이네."《최인석: 목숨의 기억》

북 특별히 존경의 뜻을 담아 부를 때

북 "{선생님}, 고맙습니다." 그 인사는 자기의 잘못과 배아픔을 고쳐준 고마운 의사{선생님에게} 드리는 인사였습니다.《윤정심: 살구》

16 의식주

옷의 종류

구분	남	북	비고
속옷	브래지어(brassiere) 브라(bra←brassiere)	가슴띠	
	러닝(셔츠)(←running shirt) 메리야스(←〈에〉medias)	런닝(그)(running) 런닝샤쯔(←running shirt) 스프링(spring)	남 메리야스(속옷) 북 메리야스(천 이름)
양말	스타킹(stocking)	살양말(-洋襪) 긴양말(-洋襪)	
	팬티스타킹(panty stocking)	양말바지(洋襪--)	
겉옷	드레스(dress)	나리옷	
	원피스(one-piece)	달린옷 원피스(one-piece)	
	투피스(two-piece)	나뉜옷 투피스(two-piece)	
	주름치마	주름치마 양산치마(洋傘--)	
	(짧은) 치마	동강치마 무릎치마 짧은치마	북 치맛단이 무릎에 오는 짧은치마
	정장(正裝) / 양복(洋服)	양복(洋服) / 정장(正裝)	남 양복(주로 남자의 옷) 북 양복(남녀 구분 없음)

용례로 보기

남 장례식장도 아닌데 회원들은 모두들 검정색 {원피스나} 정장 {투피스를} 입고 나왔다.《강영숙: 라이팅 클럽》

북 금숙은 잔주름이 촘촘히 간 흰 {달린옷에} 양복을 걸치고 가죽쏘파에 앉아 머리를 빗어넘겼다.《김은옥: 단발머리》

북 나는 태여난지 여섯달밖에 안되는 조카의 키를 가늠해보며 짙은 풀색에 하얀 눈꽃이 박힌 {나뉜옷을} 하나 샀다.《한경희: 하나》

북 녀성 속옷

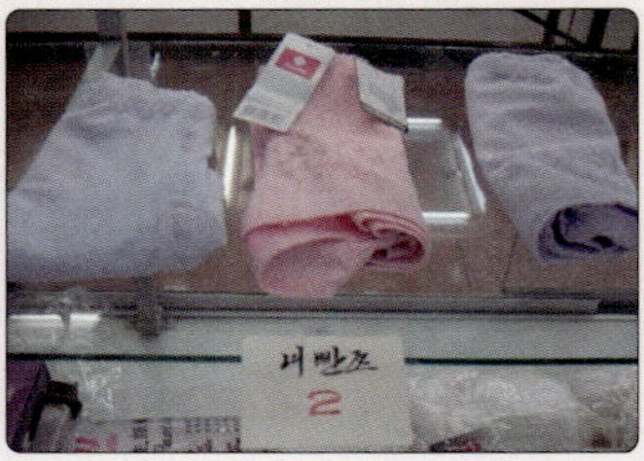

신발의 종류

남	북
롱부츠(long boots)	왈렌끼(←ва́ленки(로)) *《조선말대사전》 미등재
앵클부츠(ankle boots)	발목구두
슬리퍼(slipper)	방신(房-) / 끌신

용례로 보기

부츠와 왈렌끼

남 나는 … 지퍼도 없는 {롱부츠를} 최대한 우아하게 벗느라 진땀을 흘려야 했다.《정이현: 달콤한 나의 도시》

북 렴필재는 … {왈렌끼를} 신어보았으며 빠다맛을 안다는 공통점으로 친분관계를 맺어주었다.《온영수: 작곡가 리면상》

슬리퍼와 끌신

남 중문을 열자 입구에는 어른용 하늘색 거실 {슬리퍼가} 두 개 놓여 있고 그 옆에 핑크색 아동용 슬리퍼가 놓여 있었다.《노은주: 우리들에게 남겨진 시간》

북 나는 전실에서 {끌신을} 갈아신고 방안에 들어섰다.《허여극: 철산봉》

남과 북의 외래어 표기법

위의 표를 보면 〈왈렌끼〉와 같은 낯선 외래어가 눈에 띕니다. 남에서는 영어식 외래어를 쓰는 반면에, 북에서는 주로 러시아식 외래어를 씁니다. 남에서 〈소시지(sausage[영])〉라고 부르는 것을 북에서는 러시아어 〈칼바사(колбаса)〉를 받아들여 〈칼파스(←колбаса(로)〉라고 부르는 것이 대표적인 예입니다.

옷과 신발의 크기

남	북	비고
사이즈(size) / 크기 치수(-數) / 호수(號數)	호수(號數) / 싸이즈(size)	북 옷의 크기
	문수(文數)	북 양말이나 신발의 크기

- 남에서는 옷, 신발, 양말 등의 크기를 물을 때 보통 '사이즈가 얼마나?', 또는 '치수가 얼마나?'고 묻습니다.

- 북에서는 옷의 크기를 물을 때 '호수'나 '싸이즈'로, 신발이나 양말의 크기를 물을 때에는 '문수'로 물어 차이를 둔다고 합니다.

용례로 보기

남 옷 {사이즈는} 105. 신발 {사이즈는} 280밀리미터.《박주영: 냉장고에서 연애를 꺼내다》

남 그는 … 내 양말에 담뱃불 자국이 생기자, 어느 틈에 슬그머니 나가서 {치수가} 맞는 걸로 사다 주기도 했다.《황석영: 섬섬옥수》

북 자기 몸에 맞는 {호수의} 옷을 골라입으면 몸을 재서 만든것처럼 잘 맞는다.《옷차림과 몸단장》

북 그는 … 사람들을 하나하나 찾아다니며 신발 {문수를} 가늠해보았다.《415문학창작단: 두만강지구》

채소와 남새

남	북
채소(菜蔬) / 야채(野菜) / 남새	남새 / 채소(菜蔬) / 야채(野菜)

〈채소〉, 〈야채〉, 〈남새〉는 《표준국어대사전》과 《조선말대사전》에 모두 실려 있는 말이지만 남북의 일상생활에서 쓰이는 빈도에는 차이가 납니다. 남에서는 〈채소〉나 〈야채〉를 많이 쓰는 반면에 〈남새〉는 잘 쓰지 않고, 북에서는 〈남새〉를 많이 쓰는 반면 〈채소〉나 〈야채〉는 잘 쓰지 않습니다.

용례로 보기

남 김 씨는 김장철이 지기 전에 서둘러 {채소를} 뽑아 내다 팔아야겠다고 날을 꼽아 보며 … 입가에 미소를 지었다.《김한수: 양철 지붕 위에 사는 새》

남 감자를 사면서도 나는 실하고 통통한 놈을 고르려고 몇 군데의 {야채} 가게를 들락거렸다.《윤순례: 여덟 색깔 무지개》

북 "난 터밭에 {남새를} 심어가꾸고 저 사람은 그걸 내다 팔고… 그런 식으로 그럭저럭 살고 있지."《김대성: 내땅》

북 〈남새 료리〉 메뉴판

잎채소

남	북
상추	부루
양배추(洋--)	가두배추 / 양배추(洋--)
양상추(洋--)	-

그림의 채소를 남에서는 〈양배추〉로, 북에서는 〈가두배추〉로 부릅니다. 그런데 북의 말뭉치를 살펴보면 〈양배추〉도 쓰이고 있으며, 간혹 〈간낭배추〉라는 표현도 눈에 띕니다.

《조선말대사전》		
가두배추 [명] 남새의 한가지. 두껍고 살진 잎이 겹겹이 싸여 둥근 통을 이룬다. (이하 생략)	**간낭** [명] →가두배추.	**양배추** (洋--) [명] ⇒가두배추.

용례로 보기

상추와 부루

남 "혼자서 밥해 먹기가 귀찮아 삼겹살만 구워 {상추에} 싸 먹었거든." 《김연: 나도 한때는 자작나무를 탔다》

북 집에 오니 어머니가 터밭 한쪽 귀에서 {부루를} 뜯고있었다. 《최성진: 숲으로 간 사람》

양배추와 가두배추

남 밥 있고 쌈 고추장 있으니 {양배추} 찌고 된장찌개나 끓이면 되겠다. 《강규: 금과 수국과 왕릉의 시간》

북 현희는 새삼스러운 눈으로 … 부루, 쑥갓, {가두배추들이} 싱싱하게 자란 터밭을 둘러보았다. 《김성운: 생활의 박동》

북 식사준비하라는 전달을 받고 경애는 창고에서 육류며 닭알, 두부며 {양배추} 등을 미리 타다 식당안에 들여다놓았다. 《손응준: 해솟는 바다》

피망과 파프리카

남	북	비고
피망 (〈프〉piment)	사자고추(獅子--)	
파프리카 (〈헝〉paprika)	–	

남의 한 방송에서 북의 말 〈사자고추〉가 무슨 뜻인지 묻는 문제가 나와 화제가 된 적이 있습니다. 북에서는 고추의 한 가지인 〈피망〉을 일컬어 〈사자고추〉라고 합니다. 〈사자고추〉는 '수사자의 머리 모양'과 비슷한 데에서 생긴 말이라고 합니다.

《표준국어대사전》	《조선말대사전》
피망 (〈프〉piment) [명사] 가짓과의 한해살이풀. 높이는 60㎝ 정도이며 가지는 적고 잎은 크다. (중략) 매운맛이 별로 없으며, 풋것은 여러 가지로 조리하여 먹고 완천히 익어 붉은 것은 향신료로 사용한다. 남아메리카가 원산지이다. (capsicum annuum var. angulosum)	**사자고추** [명] 가지과에 속하는 고추의 한가지. 꼬투리가 주먹처럼 크고 우글쭈글 깊은 홈이 져있는것이 사자대가리같다. 그리 맵지 않다. 여러가지 료리를 만드는데 쓴다.

과일

남	북	비고
자두	추리	
멜론(melon)	향참외(香--) / 멜론(melon)	
체리(cherry)	단벗	
키위(kiwi)	왕다래(王--)	
파인애플(pineapple)	파이내플(pineapple)	

용례로 보기

자두와 추리

남 달빛이 어찌나 좋은지 옆으로 뻗어 나간 자두나무에 흐드러지게 달린 검자줏빛 {자두들이} 빛깔까지 알알이 떠올라 보일 것만 같았다.《우애령: 자두》

북 그 시각 … 앞산기슭의 과일밭에서는 녀성군인들이 {추리를} 따고 있었다.《안동춘: 푸른 산악》

키위와 왕다래

남 노인은 이쑤시개로 {키위} 두 조각을 한 번에 찍어 입안에 집어넣었다. 물컹거리는 시큼한 과육의 감촉이 내 입에까지 전해지는 느낌이었다.《최제훈: 미루의 초상화》

북 "한알이 주먹만 한게 정말 굉장하대. {왕다래까지} 주렁지면 우리 마을은 더 멋있을거야."《류경철: 큰 열매》

수제비와 뜨더국

남	북	비고
수제비	뜨더국 / 수제비(국)	
칼국수	칼제비국 /칼국수 칼국 / 제비국	남 칼제비=칼국수+수제비 북 칼제비=칼국수

'밀가루를 반죽하여 끓는 국물에 조그만 조각으로 떼어 넣어 익힌 음식'을 남에서는 〈수제비〉라고 합니다. 이를 북에서는 〈뜨더국〉 또는 〈수제비(국)〉이라고 합니다. 북의 〈뜨더국〉은 밀가루 반죽을 얇게 해서 뚝뚝 뜯어 넣는 것에서 생긴 말로 볼 수 있습니다.

남에서는 〈칼제비〉라고 하면, 보통 칼국수와 수제비를 반쯤 섞어 끓인 음식을 이릅니다. 북에서 〈칼제비〉는 〈칼제비국〉, 즉 〈칼국수〉만을 이르기 때문에 남과는 그 의미가 다릅니다.

용례로 보기

남 어머니는 항아리를 들여다보고 밀가루 남은 게 있다며 {수제비를} 끓였다.《손홍규: 푸른 괄호》

북 뜯어넣은 반죽물이 떠올라 {뜨더국이} 다되였을 무렵에 저의 안해가 들어왔습니다.《최순근: 식생활과 웃음꽃》

북 오래간만에 우리 집에 오셨는데 {수제비국이나} 해잡수고 가세요.《전종섭: 장끼와 다람쥐》

짜장면과 된장비빔국수

남	북
자장면, 짜장면 (←〈중〉zhajiangmian[炸醬麵])	짜장면(zhajiang(중)麵) 된장비빔국수(-醬----)

✔ 남에서는 '중국식 된장인 춘장에 고기와 채소 등을 넣어 볶아 만든 양념을 국수에 넣어 비벼 먹는 음식'을 일컬어 〈자장면/짜장면〉이라고 합니다. 북에서도 마찬가지로 〈짜장면〉이라고 하며, 〈된장비빔국수〉라고도 부릅니다.

북 **된장비빔국수**

✔ 남에서는 1986년 고시한 외래어 표기법 등에서 〈자장면〉을 표준어로 삼아 발표했습니다. 그런데 실생활에서는 〈자장면〉보다 〈짜장면〉이 압도적으로 많이 쓰이기 때문에, 2011년 8월 국립국어원에서는 이를 감안하여 〈자장면〉과 〈짜장면〉을 모두 표준어로 발표하였습니다.

용례로 보기

남 "아저씨, 중국집에 잡채밥 시켜요." … "그래, 잡채밥 하나하고 {짜장면} 하나 시켜라."《전상국: 아베의 가족》

북 막돌이는 {짜장면} 두그릇과 호떡 두개를 영진이앞에 밀어놓더니 자기앞에도 그만큼 끌어당겼다.《강효순: 찔레꽃》

곡물의 가루

남	북
녹말가루(綠末--) / 전분(澱粉)	농마가루 / 전분(澱粉)
미숫가루	미시가루

《표준국어대사전》	《조선말대사전》
미숫가루 [-수까-/-숟까-] [명사] 찹쌀이나 멥쌀 또는 보리쌀 따위를 찌거나 볶아서 가루로 만든 식품.	**미시가루** [-까-] [명] 낟알을 닦아서 볿은 가루. 낟알가루를 닦아서 만들기도 한다. *볿다: (방아, 절구, 분쇄기 같은것으로) 가루를 만들다.

용례로 보기

미숫가루와 미시가루

남 외가댁 {미숫가루는} 소화도 잘되고 {미숫가루} 특유의 텁텁한 맛도 없이 상큼하다.《최문희: 난설헌》

북 련락원은 얼마 남지 않은 {미시가루를} 꺼내서 사기공기에 정성스레 타주었다.《현승남: 고요한 격전》

대표적인 이북식 냉면으로는 평양냉면과 함흥냉면이 있습니다. 평양냉면과 함흥냉면의 차이는 대체로 면을 만드는 재료와 만드는 방식에 있습니다. 평양냉면은 메밀가루를 주원료로 만들고, 함흥냉면은 함경도에서 많이 나는 감자의 전분을 주원료로 만듭니다. 북에서는 전분으로 면을 만든 함흥냉면을 〈농마국수〉라고 부르기도 합니다.

평양냉면(옥류관)

함흥냉면

평양냉면은 쇠고기, 닭고기, 꿩고기 등을 끓여 만든 찬 육수를 쓰고, 식초와 겨자를 곁들여 먹기도 하는데 물냉면이 유명합니다. 함흥냉면은 가자미회를 떠 고추장으로 양념한 뒤 국수에 얹어 매콤하게 비벼 먹는 것이 특징이어서 비빔냉면이 유명하며, 흔히 회냉면이라고도 합니다.

도시락과 곽밥

남	북
도시락	곽밥 / 밥곽

✔ 남에서는 소풍을 가거나 학교나 직장을 갈 때에 도시락을 싸 가는 일이 많습니다. 〈도시락〉은 주로 '간단한 반찬을 곁들여 싼 밥, 또는 그 밥을 담은 그릇'을 말합니다.

✔ 북에서는 〈도시락〉은 잘 쓰지 않고 〈곽밥〉을 쓰는데, 남의 〈도시락〉의 개념보다는 주로 '기차 여행 등에서 사 먹는, 곽에 든 밥'을 일컫는 경우가 더 많습니다.

《표준국어대사전》	《조선말대사전》
도시락 [명사] ① 밥을 담는 작은 그릇. 플라스틱이나 얇은 나무판자, 알루미늄 따위로 만든다. 흔히 점심밥을 담아 가지고 다니는 데 쓴다. ② 밥을 담는 작은 그릇에 반찬을 곁들여 담는 밥.	**도시락** [명] 고리버들이나 대오리 같은것으로 고리짝같이 결어 만들어쓰던 작은 그릇. 흔히 점심밥을 담아가지고 다니는데 썼다. **곽밥** [명] ① 밥곽에 담은 밥. ② (려행하는 사람이 사먹을수 있도록) 곽에 담아서 파는 밥. **밥곽** [명] 알루미니움이나 비닐, 나무 같은것으로 간편하게 만든 밥그릇. 보통 네모나게 만든다.

용례로 보기

남 오로지 김치와 단무지뿐인 내 {도시락과} 비교했을 때, 벙어리의 {도시락은} 성찬이라 할 만했다.《손홍규: 귀신의 시대》

북 철도영업소에만은 제일 좋은 알탄을 보내주어 려행하는 손님들에게 팔아줄 {곽밥을} 만들어내고있단말입니다.《김정: 출발점》

북 학교에 싸가는 {밥곽에는} 1년내내 간장에 담갔던 고추잎이 밥 한구석에 놓여있었다.《김성희: 김수조》

소시지와 꼴바싸

남	북	비고
소시지 (sausage)	고기순대 꼴바싸(колбаса(로)) 칼파스(←колбаса(로)) 쏘세지(sausage)	
어묵(魚-)	(튀긴)고기떡	

용례로 보기

소시지와 고기순대

남 준석이는 프라이팬에 볶은 {소시지를} 연신 입에 넣고 있다.《이정하: 나비지뢰》

북 로씨야제 워드까와 둥근빵, 빠다, {칼파스와} 닭알부침, 사과 그리고 남새료리가 전부였다.《정기종: 녀가수》

북 눈같이 흰 상보를 씌운 식탁, 빠다를 바른 빵들과 {쏘세지}….《온영수: 작곡가 리면상》

어묵과 고기떡

남 나는 … 뭘 먹지 궁리하다 마주친 포장마차에서 {어묵과} 호떡을 습관처럼 그냥 꾸역꾸역 입안에 밀어 넣어 삼키고 있었다.《송재학: 풍경의 비밀》

북 "{고기떡}? … 그런데 이면수도 기름이 많아서 느글느글한건데 파랑 당추랑 잘 다져넣고 좀 맛있게 하라구!"《손응준: 해솟는 바다》

빵 종류

남	북
카스텔라(〈포〉castella)	단설기 / 설기빵 / 카스테라(castella(뽀))
도넛(doughnut)	가락지빵 / 도나트(doughnut)
와플(waffle)	구운빵지짐
햄버거(hamburger)	햄버거(hamburger) / 고기겹빵
케이크(cake)	똘뜨(torte(프)) / 케이크, 케익(cake)

남에서는 〈카스텔라, 도넛, 와플, 햄버거, 케이크〉 등을 외래어 그대로 씁니다. 반면에 북에서는 가락지 모양을 닮았다 하여 〈도넛〉을 〈가락지빵〉으로, 〈설기〉와 비슷한 〈카스텔라〉를 〈단설기, 설기빵〉 등의 우리말로 바꿔 쓰는 경우가 많습니다.

북 빵 종류와 《조선말대사전》 뜻풀이

(만)단설기

단설기 [명] 달게 설기떡처럼 만든 과자.

똘뜨/케이크

똘뜨 (torte(프)) [명] 유럽나라들에서 결혼식상이나 생일상 같은것을 차릴 때 만들어놓는 둥글넙적한 큰 장식과자의 한가지.

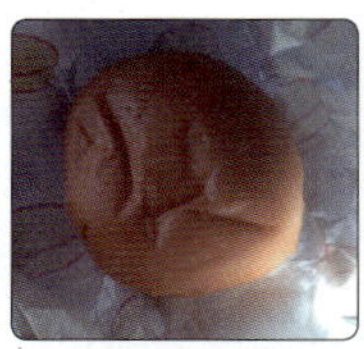

햄버거/고기겹빵

고기겹빵 [명] 익힌 고기를 속에 넣고 아래우로 겹쳐붙여 만든 빵.

과자 종류

남	북
캐러멜(caramel)	기름사탕 (--沙糖▼) 캬라멜(caramel)
젤리(jelly)	단묵 / 쩨리(jelly)
비스킷(biscuit)	비스케트(biscuit)
전병 과자(煎餠 菓子)	바삭과자(--菓子)

용례로 보기

캐러멜과 기름사탕

남 할머니는 … 속바지 주머니에서 사탕 봉지에 싸인 {캐러멜} 두 개를 꺼내 선희의 양손에 꼭 쥐어 준다.《정순복: 생각으로 피어오르는 불씨》

북 종이를 말끔히 벗긴 {기름사탕은} 벌써 볼따구니속에서 돌돌 굴러다니고있었다.《김정: 1학년생》

젤리와 단묵

남 초록빛 {젤리는} 민이가 제일 좋아하는 건데 그걸 두 개쯤 입에 넣고 우물거리는 뺨이 얼마나 귀여운지….《윤효: 새》

북 "{단묵은} 이발이 좋지 못한 늙은이들이 좋아하는거예요. 나도 뭐니뭐니해도 {단묵이} 제일 좋더라."《주상준: 안개속의 과녁》

바삭과자

북 처녀는 … 자기의 손가방에서 곱게 포장을 한 알사탕 한통과 {바삭과자} 한통을 꺼내놓는 것이였다.《허인수: 처녀가 받은 편지》

북 과자 종류

강냉이와 펑펑이

남	북
뻥튀기	(꽝)튀기
강냉이	펑펑이 옥수수과자(---菓子) 강냉이과자(---菓子)
팝콘(popcorn)	강냉이튀기

- 남에서는 그림의 '식물'과 '열매'를 주로 〈옥수수〉라고 부르며, 북에서는 〈강냉이〉라고 부릅니다.

- 남에서는 '옥수수의 열매'와 '마른 옥수수 알을 고압으로 튀겨 만든 과자'를 〈강냉이〉라고 합니다.

《표준국어대사전》	《조선말대사전》
강냉이 [명사] ① =옥수수. ② ①을 튀긴 것.	**강냉이** [명] 벼과에 속하는 밭곡식의 한가지. 한해살이작물로서 밭알곡중에서 가장 수확이 높다. ~

용례로 보기

남 남철이 {뻥튀기} 도구를 집 근처로 끌고 와 쌀을 튀길 때 "뻥~이오, 뻥!" 외치면, 걸레질을 하던 호순도 소리에 맞춰 "뻥~이오!" 외쳤다.《김지현: 춤추는 목욕탕》

남 커다란 폭발음과 함께 뿌연 연기가 뭉게뭉게 피어오르면 기계 뒤쪽에 쳐놓은 철그물에 튀밥이나 {강냉이가} 눈꽃처럼 쏟아져 나왔다.《김규나: 뿌따뽕빠리의 귀환》

북 오늘같이 즐거운 명절날에 {펑펑이} 간식을 마련한 할아버지의 마음을 너는 알아야 한다.《한경식: 생활이 비낀 흥미있는 세부탐구》

북 아버지가 하루는 {옥수수과자를} 한봉지 사들고 왔다.《김수범: 해방》

땅콩과 락화생

남	북
땅콩 / 낙화생(落花生)	락화생(落花生) / 땅콩

〈땅콩〉과 〈낙화생/락화생(落花生)〉은 남북의 사전 모두에 실려 있는 단어입니다. 일상생활에서 남은 〈땅콩〉을 널리 쓰는 반면, 북은 〈락화생〉을 널리 씁니다. 한편, 남북 사전 모두 한자어인 〈落花生〉을 고유어인 〈땅콩〉으로 다듬어 쓸 것을 권장하고 있습니다.

용례로 보기

남 나는 맥주를 한 모금 마신 다음 안주로 내온 {땅콩을} 하나 집어 먹었다.《김중혁: 회색 괴물》

북 고뿌의 술을 단숨에 마시고 {락화생을} 입안에 집어넣은 길수는 눈을 치뜨고 "왜 안마시오?"하고 물었다.《김정남: 항만의 금별》

북 {땅콩}안주에 꼬냐크를 마시고 드러누워 잠을 청했다.《김원종: 인생의 흐름》

북 락화생 과자와 락화생 사탕

아이스크림과 에스키모

남	북
아이스크림(ice cream)	아이스크림(ice cream) 에스키모(eskimo)

남에서는 〈아이스크림〉과 대응되는 북의 말이 〈얼음보숭이〉라고 알고 있는 사람들이 많습니다. 그런데 실제로 북에서는 〈얼음보숭이〉보다 〈에스키모〉라는 말을 더 많이 씁니다. 이는 다듬어 쓰는 말로 권장하던 〈얼음보숭이〉가 언중에게 활발히 쓰이지 못하고, 대신 특정 인기 상품의 하나였던 〈에스키모〉가 보통명사처럼 널리 쓰였기 때문이라고 합니다.

〈얼음보숭이〉라는 말도 글말에서는 제한적으로 쓰이지만, 일상생활에서는 많이 쓰지 않는 것으로 확인됩니다.

북 〈에스키모〉

용례로 보기

남 봉지는 터미널 앞 가게 평상에 앉아 {아이스크림을} 사 먹었다. 금세 녹아내린 {아이스크림} 때문에 손이 끈적해졌고, 잠시 차가워졌던 입속도 다시 갈증으로 타는 듯했다.《김인숙: 봉지》

북 아이들은 … 길거리에 있는 청량음료매대가 나타날 때마다 뛰여가서 {에스키모를} 사먹군하였다.《전별: 따뜻한 바람》

북 은하는 철길건설자청량음료점에 들려 복동이한테 {아이스크림이라도} 대접하고싶었으나 복동은 도리질을 했다.《백현우: 젊음을 자랑하라》

북 {얼음보숭이에서} 우유빛 진액이 그릇가생이로 소리없이 녹아내리고있었다.《한기석: 꽃바다》

청량음료

남	북
청량음료(淸凉飮料)	
주스(juice)	과일단물 / 과실단물(果實--)
탄산음료(炭酸飮料)	탄산단물(炭酸--) 탄산음료(炭酸飮料)

《표준국어대사전》	《조선말대사전》
청량음료 (淸凉飮料) [명사] 이산화탄소가 들어 있어 맛이 산뜻하고 시원한 음료를 통틀어 이르는 말. **사이다, 콜라** 따위가 있다.	**청량음료** (淸凉飮料) [명] 맛이 시원하고 상쾌한 기분이 나게 하는 《사이다, 과일단물, 약수, 탄산수, 신젓단물, **맥주** 같은것》을 통털어 이르는 말.
남 〈청량음료〉에 맥주를 포함하지 않음.	북 〈청량음료〉에 맥주를 포함함.

용례로 보기

주스와 과일단물/과실단물

남 "더운데, 어디 가서 {주스라도} 드시겠어요? 저기 과일 주스 파는 데가 있는데…."《노은: 기억의 상처》

북 "보통 {과일단물이} 아닌데… 이보게, 메사과냄새가 풍기지 않아?"《김창옥: 숙영차는 어디까지 왔는가》

북 상업과장은 자기 구역 식료공장에서 새로 만든 {과실단물을} 맛보라면서 교원에게도 우리에게도 각근히 권하였다.《정성훈: 미래를 위한 초소》

북 **청량음료점 간판**

북 **탄산단물**

잼과 단졸임

남	북
잼(jam)	단졸임 / 쨤(jam)

남에서 〈잼(jam)〉으로 부르는 것을 북에서는 〈쨤(jam)〉 또는 〈단졸임〉이라고 합니다. 〈쨤(jam)〉이 외래어이기 때문에 순우리말인 〈단졸임〉으로 다듬어 쓴 것인데, 〈잼〉이 '잘게 썬 과일에 설탕을 넣고 달게 졸여 만든 음식'이기 때문에 그 조리 과정을 이름에 적용한 것으로 보입니다.

용례로 보기

남 아저씨가 식탁에 앉아 식빵에 {잼을} 발라 먹으며 TV를 보고 있었다.《이재웅: 그런데, 소년은 눈물을 그쳤나요》

남 그녀의 어머니는 벌레 먹은 사과를 따로 모았다가 {잼을} 만들었다.《윤성희: 부메랑》

북 그 동무들한테 떨어진 사과는 … {쨤}, 술 같은것을 만들테니 조금도 락심 말고 남은 사과를 잘 가꾸라고 전해주시오.《김장수: 과원의 새아침》

북 다래는 … 특별한 향기와 맛으로 하여 날것으로 먹어도 좋고 질좋은 {단졸임}, 단물, 술, 통졸임 등을 만들수 있다.《김매군: 머루와 다래》

맛을 내는 재료

남	북
감미료(甘味料)	단맛감
화학조미료(化學調味料)	맛내기

- 남에서는 '음식에 감칠맛을 더하려고 넣는 물질'을 〈조미료〉라고 하며, 특히 '감칠맛을 내려고 화학 성분을 합성하여 만든 물질'을 일컬어 〈화학조미료〉라고 합니다. 북에서는 이를 〈맛내기〉라고 부릅니다.

- 남에서는 대체로 '국에 화학조미료를 넣다'라는 표현보다는 '미원을 넣다', '다시다를 넣다'라는 표현을 더 많이 씁니다. 〈미원〉, 〈다시다〉는 화학조미료의 대표라 불릴 만큼 대중이 많이 쓰는 상품 이름인데, 이를 보통명사처럼 쓰고 있는 것입니다.

용례로 보기

감미료와 단맛감

남 미라는 K가 … {감미료가} 첨가된 음식을 꺼린다는 걸 알고 있다.《서성란: 특별한 손님》

북 과당, 사탕 등의 {단맛감은} 음료의 단맛을 보장하며 에네르기공급원천으로서의 역할을 담당한다.《백성련: 청량음료》

화학조미료와 맛내기

남 음식은 특별히 기억나는 메뉴가 없긴 하지만 {화학조미료를} 쓰지 않은 농가의 가정식 느낌이 났고 대체로 맛있었다.《성석제: 칼과 황홀》

북 그는 이따금 기름이나 {맛내기를} 쳐야 할 때에 간장과 소금을 잘못 뿌려 료리의 맛을 망쳐놓군 하였다.《조인영: 생명》

냅킨과 종이수건

남	북
냅킨(napkin)	종이수건(--手巾) / 내프킨(napkin)
물티슈(-tissue) / 물휴지(-休紙)	소독손수건(消毒-手巾)

《표준국어대사전》	《조선말대사전》
냅킨 (napkin) [명사] 주로 양식을 먹을 때, 무릎 위에 펴 놓거나 손이나 입을 닦는 데 쓰는 천이나 종이.	**내프킨** (napkin(영)) [명] (서양식으로 식사할 때에) 옷이 더러워지지 않도록 가슴에 매달거나 무릎에 펴놓는 수건. 입이나 손을 닦기도 한다.
–	**종이수건** (--手巾) [명] 《수건처럼 손이나 입을 닦는 종이》를 이르는 말.

용례로 보기

냅킨과 종이수건

남 조심스럽게 스파게티를 먹던 혜영이, {냅킨으로} 입가를 닦으며 물었다.《서연: 하늘 아래 단 한 사람》

북 그는 식탁우에 … 턱을 고이고 앉아서 {종이수건을} 꽃잎처럼 벌려 꽂은 붕어모양의 사기단지를 물끄러미 쳐다보고있었다.《홍석중: 폭풍이 큰 돛을 펼친다》

물티슈, 물휴지

남 그는 … 주머니에서 꺼낸 항균 {물티슈로} 바닥을 박박 닦았다.《김경욱: 스프레이》

남 나는 조카의 다리를 한 손으로 잡아 든 채 휴지로 엉덩이의 똥을 닦아 주고는 {물휴지로} 깨끗이 씻어 준 후….《차배옥덕: 큰여자 깬남자》

북 **소독손수건**

주택의 형태

<table>
<tr><th colspan="2">남</th><th>북</th></tr>
<tr><td colspan="2">단독주택(單獨住宅)</td><td>독립가옥(獨立家屋)
독립주택(獨立住宅)</td></tr>
<tr><td colspan="2">다가구주택(多家口住宅)</td><td rowspan="3">아빠트(←apartment)</td></tr>
<tr><td>다세대주택
(多世帶住宅)</td><td rowspan="2">빌라(villa)</td></tr>
<tr><td>연립주택(聯立住宅)</td></tr>
<tr><td colspan="2">아파트(←apartment)</td><td>아빠트(←apartment)
고층살림집(高層---)
고층주택(高層住宅)</td></tr>
</table>

남에서는 건물의 소유주, 연면적, 용도 등에 따라 주택의 이름을 구분합니다. 소유자가 한 명인 건물에 19세대 이하가 각각 살 수 있도록 지은 공동주택을 '다가구주택', 한 건물에 개별 등기한 소유자가 여럿인 가구가 각각 살 수 있도록 지은 공동주택을 '다세대주택', 4층 이하의 건물에 두 가구 이상이 각각 살 수 있도록 지은 공동주택을 '연립주택'이라고 합니다. 다세대주택이나 연립주택은 통상 '빌라'라고 부릅니다. 한편, 제일 많은 세대가 거주하는 형태인 '아파트'는 5층 이상의 건물에 독립된 가구가 각각 살 수 있도록 지은 공동주택을 말합니다.

북에서는 2층 이상의 공동주택은 모두 '아빠트'라고 합니다. 특히 남의 아파트에 해당하는 건물을 '고층살림집', '고층주택'으로 구분하여 부릅니다.

용례로 보기

남 시인은 지금 서울 수유리의 뜰이 있는 {단독주택에} 27년째 살고 있다.《김광일: 산악을 품었으되, 깊은 물이 흐른다》

남 창희네도 … {다가구주택을} 갖고 있는데 전세금 하락 파동으로 곤욕을 치렀다.《우선덕: 그 여자가 쓰는 소설의 나날》

남 혜미의 아버지는 … 열 채쯤의 {다세대주택을} 소유하고 있었다.《정이현: 낭만적 사랑과 사회》

남 그는 {연립주택} 단지 마당에 차를 세우면서 일층 입구 의자에 101호에 사는 노인이 앉아 있는 것을 본다.《성석제: 저만치 떨어져 피어 있네》
남 양수빈의 신혼 살림집은 강남의 한 {아파트} 20층에 있었다.《박철주: 바다는 태양이 지지 않는다》

북 그는 … 자그마하나 아담한 {독립가옥을} 얻어 신접살림을 펴놓았다.《조인영: 청춘은 가지 않았다》
북 그는 … 정거장에서 좀 떨어진 주택지 {아빠트} 2층에 정민수를 찾아갔다.《박종상: 봄비》
북 나라에서는 풍치수려한 대동강이 바라보이는 좋은 {고층살림집에} 보금자리를 정해주었다.《강귀미: 나의 가정이야기》

화장실과 위생실

남	북
화장실(化粧室)	위생실(衛生室)
휴지(休紙) / 화장지(化粧紙)	위생종이(衛生--) / 위생지(衛生紙)
생리대(生理帶)	위생대(衛生帶)

용례로 보기

화장실과 위생실

남 상가를 이리저리 돌아다니다가, 바로 그 이층에 있는 {화장실에} 소변을 보러 들어갔다가 발견했지.《황석영: 어둠의 자식들》

북 그는 … 601호실을 나왔다. 소변을 보러 {위생실로} 갔던것이다.《리호인: 세계프로레스링왕자 력도산》

휴지, 화장지와 위생지

남 훌쩍거리며 {휴지로} 콧물을 닦는데 뒤에서 그녀의 목소리가 들렸다.《전석순: 철수 사용설명서》

남 두루마리 {화장지를} 풀어 양념 묻은 입술을 닦으며 이번에는 그녀가 물어 왔다.《윤대녕: 지나가는 자의 초상》

북 하얀 {위생지로} 입언저리를 닦으며 "접대원동무, 국수를 참 맛있게 잘 먹었소."하고 정중하게 인사를 하겠지.《림영금: 봉사자의 일기》

북 위생실

북 위생대

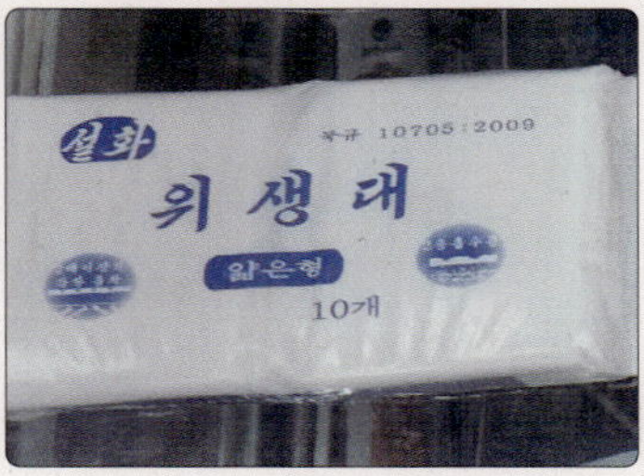

집들이

남	북	비고
집들이		남 이사한 집을 구경시키고 음식 등을 대접하는 일 북 새로운 집으로 이사하여 들어가는 것

남에서는 주로 '이사한 후에 이웃과 친지를 불러 집을 구경시키고 음식을 대접하는 일'을 〈집들이〉라고 합니다. 반면에 북에서는 주로 '새로운 집으로 이사하여 들어가는 것'을 〈집들이〉라고 합니다.

《표준국어대사전》	《조선말대사전》
집들이 [명사] ① 이사하여 새로운 집으로 옮겨 들어감. ② 이사한 후에 이웃과 친지를 불러 집을 구경시키고 음식을 대접하는 일.	**집들이** [명] ① 새로운 집에 이사하여 드는것. ② 《이사한 뒤에 음식을 장만하고 이웃과 동무들을 청하여 인사로 대접하는것》을 이르는 말.

용례로 보기

남 "내가 얼마 전에 김포 쪽에 작은 아파트 하나를 마련해서 이사를 했네. 그래서 겸사겸사 저녁이나 함께 헐라고 그러네." "그럼 {집들이인} 셈이오?"《송기원: 사람의 향기》

북 {집들이를} 할 때에도 이웃들이 모두 떨쳐나서 이사짐을 날라주고 살림에 필요한 일용품을 기념으로 주는것을 례의로 여기고 지켜왔으며…《장명신: 이웃간에 화목하게 사는 풍습》

반상회와 인민반회의

남	북
반상회(班常會)	인민반회의(人民班會議)

✔ 남의 지방행정 최하 단위는 '반(班)'입니다. 북에서는 북의 최말단 행정 조직을 '인민반(人民班)'이라 합니다. 남북의 '반'과 '인민반'은 공동생활을 위해서 주기적으로 모임을 갖는데, 남에서는 '반상회'라 하고 북에서는 '인민반회의'라고 합니다.

✔ 북의 '인민반'은 20~40가구로 구성된 조직으로, 반장은 소속 주민들의 추천을 거쳐 시/군(구역) 인민위원회 동사무소에서 지명합니다. '인민반'은 '인민반회의'를 통해 양육 문제, 청소 노력 동원, 공공질서 유지 등 거주 지역 내 현안들을 논의하고 처리하며, 중앙에서 내려온 지침들을 주민들에게 전달하는 역할을 합니다.

용례로 보기

남 이사 온 지 얼마 되지 않아 아파트 관리 업체 지정 변경에 관한 결의를 한다고 해서 불려 나간 {반상회} 자리였을 것이다.《김소진: 눈사람 속의 검은 항아리》

북 {인민반회의에서는} 다가오는 겨울철을 맞으면서 가정과 아빠트 주변을 알뜰히 꾸릴데 대한 문제가 토의되였다.《리동구: 비약의 나래》

P·A·R·T

17 쇼핑

대형 가전제품

남	북	비고
냉장고(冷藏庫)	랭동기(冷凍機)	
에어컨 (←air conditioner)	랭풍기(冷風器)	남 에어컨: 실내 공기의 온도나 습도 등을 조절해 주는 기계 장치.
냉풍기(冷風器)	–	남 냉풍기: 찬 바람을 만들어 실내를 서늘하게 해 주는 전기기구.
텔레비전(television) 티브이(TV)	텔레비죤(television)	

남에서는 '먹을거리 등을 얼리거나 차게 보관하는 데 쓰는 기계'를 〈냉장고〉라고 합니다. 냉장고에서도 '얼려 보관하는 칸'은 〈냉동실(冷凍室)〉로 구분하여 씁니다.

북에서는 남의 〈냉장고〉에 해당하는 기계를 〈랭동기〉라고 부르며, 〈랭장고(冷藏庫)〉는 〈랭장창고(冷藏倉庫)〉 즉, '랭장 설비를 갖춘 창고'의 뜻으로 씁니다.

북 랭동기

용례로 보기

냉장고와 랭동기

남 {냉장고를} 열고 시원한 냉수를 꺼내어 그대로 들이켰다.《신석상: 신의 바람》

북 지배인은 방금 {랭동기에서} 꺼낸 사탕가루를 탄 우유를 고뿌에 부어 그에게 주었다.《림길명: 발파소리》

에어컨과 랭풍기

남 문을 열고 들어가니, 시원한 {에어컨} 바람이 불었다.《장정일: 구월의 이틀》

북 {랭풍기에서} 나오는 바람도 차안을 그닥 시원하게 해주지 못했다.《김동호: 거목의 뿌리》

텔레비전과 텔레비죤

남 "아침에 {텔레비전} 보니까 일기예보에 나오던데. 날씨도 흐리구 정말 눈 올 것 같애."《김중미: 괭이부리말 아이들》

북 "오늘 우리 집에서 {텔레비죤을} 보자. 〈소년장수〉11부를 한대."《강응만: 새싹》

주방 가전제품

남	북
전기밥솥(電氣--)	전기밥가마(電氣---)
압력밥솥(壓力--)	압력밥가마(壓力---)
커피포트(coffeepot) 전기포트(電氣pot) 전기주전자(電氣酒煎子)	전기주전자(電氣酒煎子)
가스레인지(gas range)	가스곤로(gas(영)konro(일))
오븐(oven)	–

용례로 보기

전기밥솥과 전기밥가마

남 엄마는 쌀을 씻어서 {전기밥솥에} 집어넣은 거 외에는 아무런 요리도 하지 않았다.《정정희: 사랑이 말하기 시작할 때》

북 {전기밥가마에} 쌀만 일어넣으면 제 시간에 넉근히 할 수 있는데 그만 잠들었댔으니 이 일을 어쩌면 좋을가.《손응준: 해솟는 바다》

커피포트와 전기주전자

남 술 대신 차를 끓이겠다고 {커피포트를} 플러그에 꽂았다.《강석경: 밤과 요람》

남 나는 컵에 커피 두 스푼 … 설탕 두 스푼을 넣고는 {전기포트의} 뜨거운 물을 부었다.《박일문: 살아남은 자의 슬픔》

남 {전기주전자에서} 물 끓는 소리가 요란하다.《이현수: 추풍령》

북 문주옥은 아래방에 내려가서 {전기주전자}, 온풍기와 물려파기를 하나하나 들여다놓았다.《김동호: 거목의 뿌리》

가스레인지와 가스곤로

남 어떤 집은 … 둘러앉아 휴대용 {가스레인지에} 프라이팬을 올려놓고 삼겹살을 구워 먹고 있었다.《임수현: 굴뚝》

북 명윤성은 전기불을 켜고 부엌으로 나가 {가스곤로}우에 남비를 올려놓았다.《배경휘: 넋의 토양》

소형 가전제품

남	북
카메라(camera) / 사진기(寫眞機)	사진기(寫眞機)
(비디오)카메라(video camera) 캠코더(camcorder)	촬영기(撮影機) / 카메라(camera)
디지털카메라(digital camera)	수자식사진기(數字式寫眞機)

✔ 남에서는 필름 없이 디지털 방식으로 사진을 찍는 카메라를 '디지털카메라' 혹은 줄여서 '디카'라고 합니다. 북에서는 이러한 카메라를 '수자식카메라'라고 합니다. 여기서 '수자식'이란 남의 '숫자식'을 말하며, 영어의 '디지털'을 뜻합니다.

용례로 보기

남 그는 {디지털카메라로} 찍은 비구름과 안개가 자욱하게 깔린 의암호의 사진을 함께 보내 주었는데, 그 아름다운 풍광은 한동안 내 컴퓨터의 바탕화면이 되어 주었다.《하창수: 춘천, 마흔아홉 가을에서 스물셋 봄으로》

북 이때 김준선이가 {수자식사진기를} 들고왔다. "자, 사진을 찍자요."《석남진: 너를 사랑하기에》

북 사진기	북 수자식사진기
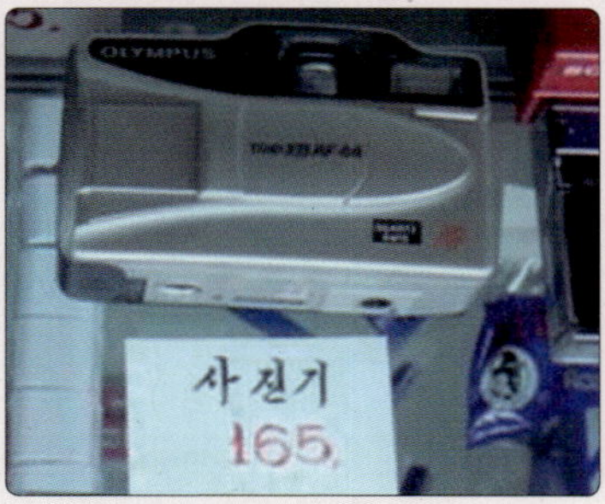	

기초 화장품

남	북
스킨(skin) / 토너(toner)	살결물 / 미안수(美顔水) 화장수(化粧水)
스킨로션(skin lotion) 로션(lotion) / 에센스(essence)	물크림(-cream)
영양크림(營養cream)	영양크림(營養cream) 미백영양물(美白營養-)
팩(pack)	미안막(美顔膜)
선크림(sun cream)	해빛방지크림(--防止cream) 자외선방지크림(紫外線防止cream)
클렌징 폼(cleansing foam)	세척크림(洗滌cream) 세수크림(洗手cream)

북의 화장품 용어

북의 '살결물'은 미안수(美顔水)를 순우리말로 다듬은 말입니다. 북에서는 화장품과 관련된 용어를 다듬어 사용하고 있는 경우가 많습니다. 남의 '클렌징 폼'은 '세척크림, 세수크림', '선크림'은 '해빛방지크림, 자외선방지크림', '팩'은 '미안막' 등으로 부르고 있습니다.

북의 화장품 브랜드

북의 화장품 브랜드로는, 평양화장품 공장에서 생산하는 '은하수', 신의주화장품 공장에서 생산하는 '봄향기', 묘향천호합작회사에서 생산하는 '미래' 등이 있습니다. '봄향기'는 가장 오래된 브랜드로 인기가 많다고 합니다.

용례로 보기

남 장은 … 얼굴에 {스킨과} {로션을} 바르고 잘 스며들기를 기다린다.《임정연: 어둠에 관하여》
북 여름철에는 {살결물만} 바르고 겨울철에는 {살결물을} 바른 다음 그우에 {크림을} 약간 바르는것이 좋다.《리금순: 얼굴살갗과 화장》

목욕 용품

구분	남	북
몸	바디 워시(Body Wash) 바디 클렌저(Body Cleanser)	(몸)물비누 / 액체비누(液體--)
머리카락	샴푸(shampoo)	머리물비누 / 샴푸(shampoo)
	린스(rinse)	헹굼물비누 / 린스(rinse)
	트리트먼트(treatment)	머리(카락)영양제(----營養劑)

용례로 보기

남 서인은 … 거품을 충분히 낸 {샴푸로} 머리를 감고 라벤더 향 {바디 클렌저를} 손바닥에서 비벼 문지른다.《권지예: 4월의 물고기》

북 성긴빗으로 머리를 잘 빗는다. 다음 40℃정도의 물에 머리칼을 푹 적시고 {머리물비누} 또는 세수비누 등을 리용하여 감는다.《주정실: 머리칼을 깨끗이 거두려면》

북 호텔 비치용 목욕 용품

머리카락에 쓰는 미용 제품

남	북
염색약(染色藥)	머리물감
무스(〈프〉mousse)	(머리칼)고착제(固着劑)
헤어스프레이(hair spray)	
왁스(wax)	–
포마드(pomade)	된머리기름 / 뽀마도(←pomade)

용례로 보기

염색약과 머리물감

남 머리카락에 {염색약을} 바르는 동안 여자의 아버지는 아득한 눈길로 창밖만 바라보았다.《김경욱: 동화처럼》

북 "난 말이야, {머리물감을} 사가지구 갈테야. 아저씬 마흔일곱살이라는데 머리가 너무 새하얘."《김정: 따뜻한 도시》

왁스

남 남자는 … {왁스로} 정돈한 머리숱은 풍성했고 얼굴에는 반지르르한 윤기가 흘렀다.《박진규: 내가 없는 세월》

뽀마드와 된머리기름

북 단정한것을 좋아하는 그는 … 머리에는 늘쌍 {된머리기름을} 발랐으며 면도후에는 … 미안수《오데끌론》으로 턱과 얼굴을 문질러댔다.《백현우: 불을 다루는 사람들》

북 머리에 {뽀마드를} 바르고 윈견으로 치우쳐 가리마를 낸 리신태를 온곱지 않게 흘겨보는 불신과 원망의 눈총도 있었다.《김정: 인생의 악보》

색조 화장품(얼굴)

남	북
파운데이션(foundation)	분크림(粉cream)
비비 크림(BB cream)	
파우더(powder)	가루분(--粉)
콤팩트(compact) 파우더 팩트(powder pact)	분첩갑(粉貼匣)
볼터치(-touch)	볼연지(-臙脂)

용례로 보기

파운데이션과 분크림

남 여자는 볼과 콧등 주변에다 {파운데이션을} 진하게 바른다고 발랐지만, 주근깨의 흔적이 거무레하게 드러나 있었다.《한승원: 포구》

북 "언닌 {분크림이} 필요없을것 같애요. 살색이 분색갈 못지않게 고우니까."《황용국: 이땅을 사랑하라》

볼터치와 볼연지

남 파운데이션을 바르고 파우더로 톡톡 두드려 준 요섭은 이번에는 분홍색 {볼터치를} 꺼내더니 지현의 볼에 아주 살짝 문질렀다.《김설아: 공작새에게 먹이 주는 소녀》

북 발그스름하게 {볼연지를} 찍은 그의 동실한 얼굴은 금시 피여난 꽃송이와도 같이 아릿다왔다.《한기석: 꽃바다》

남의 파운데이션과 비비 크림은 잡티를 가리고 피부색을 고르게 하는 기능을 합니다. 북에서는 이러한 종류의 크림을 모두 '분크림'이라고 합니다.

북 **분크림**

색조 화장품(눈, 입)

구분	남	북
눈	아이브로펜슬(eyebrow pencil) 눈썹연필(--鉛筆)	눈섭먹 / 눈섭연필(--鉛筆)
	아이섀도(eye shadow)	눈등분(--粉)
	마스카라(mascara)	–
	아이라이너(eye liner)	–
입	립스틱(lipstick) / 루주(〈프〉rouge)	입술연지(--臙脂) / 구홍(口紅)
	립글로스(lip-gloss)	–
	(립) 틴트(lip tint)	–

용례로 보기

입술에 바르는 색조 화장품

남 그녀가 {립스틱을} 바른 입술을 거울에 비추어 보자 '봄'의 기쁜 눈빛이 느껴졌다.《차현숙: 나비, 봄을 만나다》

남 입술엔 … 검붉은 {루주} 대신에 선명한 주홍색 {루주를} 칠했지요.《원재길: 싸락눈》

남 제이는 엄마의 입술에 선홍 장밋빛 {립글로스를} 발라 주고 일어선다.《양순석: 푸른 진주》

북 분첩을 두드리고 {입술연지까지} 찍어나가던 그는 갑자기 … 화장품들을 확 밀어버리고나서 방바닥에 벌렁 드러누웠다.《현승남: 고요한 격전》

북 측성은 분을 바르지 말고 크림을 바르고 {구홍을} 약간 바르는것이 더 좋겠다고 넌지시 일깨워주었다.《룡일: 잠복》

북 눈등분과 입술연지

재래시장과 장마당

남	북
재래시장(在來市場) 전통시장(傳統 市場)	장마당(場--) 시장(市場) / 장터(場-)

가판대나 천막 등에서 재래의 방식으로 물건을 사고파는 곳을 남에서는 〈재래시장〉, 〈전통시장〉이라 하며, 북에서는 〈장마당〉이라고 합니다. 남에서는 〈재래시장〉이 점차 현대화되면서 상점의 모습을 갖추어 가고 있기도 합니다. 북에서도 〈장마당〉을 중심으로 한 시장 문화가 활성화되어 있지만, 당국에서 이용 시간 등을 제한하는 것으로 알려져 있습니다.

용례로 보기

남 {재래시장} 구석구석을 걷다 보니 채소를 파시는 아주머니 한 분이 마침 새알 팥죽을 드시고 계셨다.《경종호 외: 맛있는 이야기》

남 세오시장은 … 말이 시장이지 노점상이나 다를 바 없었다. 시장이 생겨난 지 사십여 년, 세오시장은 드디어 {전통시장으로} 인정받았다.《조남주: 귀를 기울이면》

북 "동무들의 얘기를 좀 들어봅시다. 전복이나 해삼을 {장마당에} 들고나가 팔아보니 어떻습니까?"《차승철: 새싹》

북 류선옥이 직장에 출근했다가 저녁에 퇴근해 오니 {장마당} 출입을 별로 하지 않던 어머니가 장을 봐 가지고 왔다.《최성진: 지워지지 않는 글》

노점과 막매대

남	북
노점(露店)	로점(露店) / 막매대(-賣臺)
포장마차(布帳馬車)	

남 포장마차	북 막매대
	북에서는 2012년 이후 '로점(露店)'을 폭넓게 허용하였습니다. 개인이 운영하는 '로점'은 정해진 건물이나 판매 방식에 구애받지 않으며, 공산품부터 간단한 음식까지 다양한 상품을 취급한다고 해서 '막매대(-賣臺)'라 부릅니다. 또한 밤에만 나와 술과 안주를 파는, 우리나라의 '포장마차'와 비슷한 '막매대'도 늘어나고 있다고 합니다.

용례로 보기

남 주황색 천막 중간에 있는 투명 비닐로 {포장마차} 안이 훤히 들여다보였다. {포장마차에는} 손님이 꽉 찼다.《조영아: 여우야 여우야 뭐 하니》

마트와 직매점

남	북
마트(mart)	(종합)직매점(綜合直賣店)

✔ 남의 '마트(mart)'와 비슷한 곳으로 북에는 '직매점(直賣店)'이 있습니다. 북은 체제상 주민의 생활용품을 배급소에서 배급하는 것으로 알려져 있습니다. 그런데 '8·3 인민소비품 생산운동'이 일어나면서 생산과 판매 활동을 허락하고, 직매점에서 수요와 공급의 원칙에 따라 물품을 판매하도록 허용하고 있습니다.

✔ '8·3 인민소비품 생산운동'이란 1984년 8월 3일을 시작으로, 중공업과 경공업 공장에서 나오는 부산물로 여러 가지 생활필수품을 만들어 공급하자는 운동입니다.

용례로 보기

남 그녀는 오다가 급하게 {마트에서} 대충 시장을 보아 온 식료품 보따리를 들고 집 안으로 들어선다.《손장순: 폭죽》

북 한 할머니가 "판매원, 저것두 좀, 그리고 이것도….." 하며 상품들을 이것저것 다 걷어사고 있었다. 그러다간 이 {직매점} 상품을 한가지씩 다 살것 같았다.《오수남: 화학제품도 가득, 기쁨도 가득》

정육점과 고기상점

남	북
정육점(精肉店)	고기상점(--商店)

'쇠고기나 돼지고기 등을 파는 가게'를 남에서는 〈정육점〉이라 하고 북에서는 〈고기상점〉이라고 합니다. 북의 고기상점으로는 '만수교고기상점', '보통문거리고기상점', '흥성고기상점' 등이 대표적입니다. 그중에서 평양광복거리지구에 위치한 '흥성고기상점'은 돼지고기와 관련 가공식품 19가지를 전문적으로 파는 유통 업체로 유명합니다.

《표준국어대사전》	《조선말대사전》
정육점 [--쩜] (精肉店) [명사] 쇠고기, 돼지고기 따위를 파는 가게.	-

용례로 보기

남 모처럼 돈을 벌었으니 고기 파티를 해야겠다며 지효는 동네 {정육점에서} 돼지 앞다리 살을 샀다.《우승미: 날아라, 잡상인》

북 여기 {고기상점에서는} 하루도 떨구지 않고 정상적으로 고기를 판매하고있다.《류재명: 군살림을 자체의 힘으로》

커피숍과 차점

남	북
커피숍(coffee shop) 커피점(coffee店)	차집(茶−) / 차점(茶店) 커피점(coffee店)
찻집(茶−)	차집(茶−) / 차점(茶店)
다방(茶房)	
카페(〈프〉café)	

용례로 보기

남 그는 길 건너 테이크 아웃 {커피숍에서} 김이 오르고 있는 커피를 사 왔다.《우영창: 하늘다리》

남 아내가 … 소매를 끌기에 못 이기는 척하며 다시 {찻집에} 들어가 작설차를 마신다.《이명훈: 꼭두의 사랑》

남 {다방에} 가서 앉자, 나는 쌍화탕 두 잔을 시켰다. 커피보다는 쌍화탕 쪽이 그래도 좀 대접이 될 것 같아서였다.《하근찬: 노은사》

북 {차집에는} 사람이 많지 않았다. … 창문가에 앉아 차를 마시는 회색두루마기를 입은 백발의 로인과 … 자기와 차영근뿐이다.《배경휘: 넋의 토양》

북 미순은 … 때마침 {차점에서} 커피냄새가 풍기여 거기서 먹은 맛있던 얼음과자 생각까지 나서 저도 모르게 웃음이 났다.《박순영: 걱정의 교차점》

북 **차점(茶店)**

스카이라운지와 전망대식당

남	북
스카이라운지(sky lounge)	전망대식당(展望臺食堂)

《표준국어대사전》	《조선말대사전》
스카이라운지 (sky lounge) [명사] 고층 빌딩의 맨 위층에 자리한 휴게실. '전망쉼터', '하늘쉼터'로 순화. *실생활에서는 흔히 '고층 건물의 맨 위층에 있는, 전망이 좋은 식당이나 술집'을 뜻하는 말로 씀.	–

용례로 보기

남 우리는 그 무렵에 근사하다는 무슨 호텔의 꼭대기에 있는 {스카이라운지로} 올라갔지요.《황석영: 오래된 정원》

북 32층 높다란 우리 집 베란다는 한눈에 수도를 굽어보며 시원한 바람을 맞을수 있어 호텔 옥상의 {전망대식당과} 비길수 있다.《김병훈: 빈말은 없다》

북의 양각도국제호텔, 47층 전망대식당

북의 양각도국제호텔은 대동강 안에 있는 섬인 양각도에 위치한 특급 호텔입니다. '양각도'는 섬의 모양이 양의 뿔처럼 생겼다고 해서 붙여진 이름입니다.

호텔의 기본 건물은 48층으로 지상 47층과 지하 1층으로 이루어졌는데, 맨 위층인 47층에는 회전식 전망대식당이 있습니다. 이 식당은 360도로 회전을 해서 식사를 하면서 평양시 전경을 볼 수 있습니다.

북 전망대식당에서 바라본 평양시 전경

노래방과 화면반주음악실

남	북
노래방(--房)	화면반주음악실(畫面伴奏音樂室)

《표준국어대사전》	《조선말대사전》
노래방 (--房) [명사] 방음이 된 방에서 가사가 화면에 나타나는 음악 반주기에 맞추어 노래를 부르도록 장치를 해 놓은 곳.	-

용례로 보기

남 그들은 그날 저녁을 먹고 {노래방에} 가서 자축이라도 하듯 노래를 부르고 춤을 추었다.《이인휘: 날개 달린 물고기》

북 우리는 그 노래소리에 이끌리여 1층에 자리잡고있는 {화면반주음악실에도} 들리였다.《방철림: 사랑의 집, 행복의 집》

결제 수단

남	북
지폐(紙幣)	지폐(紙幣) / 종이돈
동전(銅錢)	동전(銅錢) / 짤락돈 / 쇠돈
체크카드(check card)	전자결제카드(電子決濟card)
신용카드(信用card)	–

남에서는 물건을 살 때, 은행이 보증하여 일정 기간 뒤에 상품의 구입 금액을 낼 수 있도록 한 '신용카드'를 많이 씁니다. 또한 예금계좌 잔액 범위 안에서 물건을 구입할 수 있는 '체크카드'도 많이 씁니다.

남의 '체크카드'와 비슷한 것으로 북에는 '전자결제카드'가 있습니다. 북의 전자결제카드는 조선중앙은행에 계좌를 개설하여 일정량의 현금을 예치한 뒤에 현금카드로 사용하는 방식입니다.

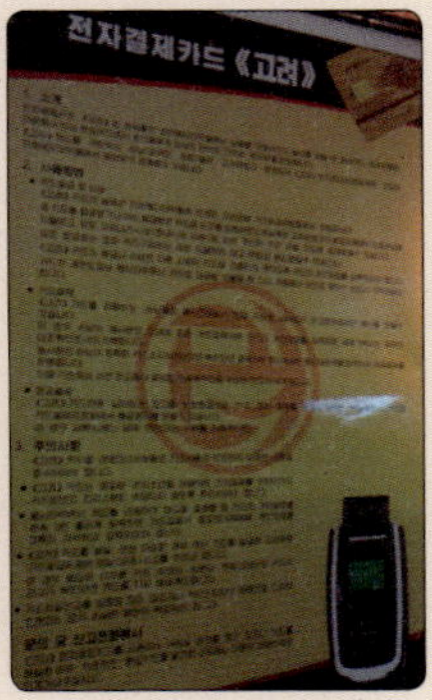

북 전자결제카드 안내문

북의 전자결제카드에는 2010년 조선무역은행이 발행한 '나래카드'를 비롯하여 조선중앙은행의 '전성카드', 대성은행의 '금길카드', 고려은행의 '고려카드', 황금의삼각주은행의 '선봉카드' 등이 있습니다.

용례로 보기

지폐와 종이돈

남 나는 얼른 주머니를 뒤져 만 원짜리 {지폐} 네 장을 내밀었다.《민병완: 우상의 그림자》

북 크레마가 잠시 머뭇거리더니 꺼림직하는 동작으로 {종이돈} 몇장을 내민다.《리진우: 전선너머 먼 곳에서》

동전과 짤락돈, 쇠돈

남 이제 택시비를 주고 나면 수중에는 겨우 백 원짜리 {동전} 몇 개만 남게 될 것 같았다.《이외수: 들개》

북 그 대가로 {짤락돈} 몇푼을 받아들고 집으로 돌아올 때면 기쁨보다는 서러움이 앞섰다.《허여극: 철산봉》

북 그다음 돈궤를 열어제끼고 {쇠돈이건} 종이돈이건 자루에 다 마구 집어넣었습니다.《박상용: 속담을 외운 팔삭동이》

바코드와 띠부호

남	북
바코드(barcode)	띠부호(-符號)
큐알 코드(QR code)	이차원식별부호(二次元識別符號) 큐알부호(QR符號)

〈바코드〉는 상품의 포장이나 꼬리표에 표시된 검고 흰 줄무늬를 말하는데, 컴퓨터로 상품을 편리하게 관리하기 위한 목적이 있습니다.

8 800000 009000

남 바코드

남은 1988년, 세계 각국의 상품을 식별하기 위해 국가별 코드를 부여하는 기관인 EAN(European Article Number)협회에 가입하여, 국가 코드 '880'을 발급받아 바코드를 사용하고 있습니다. 북은 1999년에 EAN협회에 가입하였으며, 국가 코드 '867'을 발급받아 띠부호를 사용하고 있습니다.

8 670000 000009

북 띠부호

QR(Quick Response) 코드는 기존의 바코드에 비해 빠른 응답을 얻을 수 있고, 더 많은 정보를 담을 수 있는 코드입니다.

남에서는 〈큐알 코드〉라고 하지만 북에서는 이를 〈큐알부호〉 또는 〈이차원식별부호〉라고 합니다.

남 큐알코드 / 북 큐알부호

서비스와 봉사

남	북
서비스(service)	봉사(奉仕) / 접대(接待) 써비스(service)

용례로 보기

남 식당에 손님이 많아지자 {서비스가} 더디어 손님들이 오래 기다릴 수밖에 없었다.《주요섭: 열 줌의 흙》

북 동물원 입구에는 … 큰 규모의 동물원식당이 꾸려져 시원한 랭면이며 청량음료를 {봉사하고}있다.《리종성: 은정속에 새로 개건된 중앙동물원》

북 "식사준비와 {접대는} 어째 식료지배인한테 책임지우오? 식당지배인이 있는데….”《리종렬: 평양은 선언한다》

북 음식점 〈봉사시간〉

북 보링장 〈봉사안내〉

P·A·R·T

18 동물과 식물

개나리와 울타리꽃

남	북
개나리	개나리 / 개나리꽃나무 / 울타리꽃

남에서는 〈개나리〉라고 부르는 것을 북에서는 〈개나리〉, 〈개나리꽃나무〉, 〈울타리꽃〉으로 부릅니다.

《표준국어대사전》	《조선말대사전》
개나리 [명사] 물푸레나뭇과의 낙엽 활엽 관목. 높이는 2~3미터이며, 잎은 마주난다. 이른 봄에 잎보다 먼저 노란 꽃이 피고 (중략) 흔히 울타리용으로 재배한다. 우리나라 특산종이고 중국, 일본 등지에는 다른 변종이 분포한다. (생략)	**개나리** [명] ①=개나리꽃나무. ② 개나리꽃나무의 꽃. **개나리꽃나무** [명사] 물푸레나무과에 속하는 잎지는떨기나무의 한가지. (중략) 이른봄에 노란색꽃이 1~2개씩 모여피며 암수딴그루식물이다. (생략) **울타리꽃** [명사] 《개나리꽃나무》를 달리 이르는 말.

용례로 보기

남 돌담 담장 너머로 {개나리가} 노오랗게 핀 어느 날, 돌이는 돌담 밑에서 놀고 있었다.《최인욱: 개나리》

북 {개나리가} 망울을 터치고 노란 꽃잎을 활짝 펼치였다.《동희: 금은화 피는 땅》

북 {개나리꽃나무들이} … 가지를 뻗기 시작하였다. … 1920년대 말에는 개나리고개에 원상대로 개나리나무숲이 우거져 노란꽃이 만발하였다.《개나리고개에 깃든 사연》

북 {울타리꽃이} 노랗게 단장을 하며 … 피여날 때면 잔디풀 파아란 읍밀대쪽에서 아이들이 뛰노는 소리가 … 마음을 즐겁게 한다.《김원종: 명절》

코스모스와 살사리꽃

남	북
코스모스(cosmos)	코스모스(cosmos) / 살사리꽃 길국화(-菊花)

남에서는 학명인 〈cosmos bipinnatus〉를 따서 〈코스모스〉라고 부르고 있습니다. 북에서는 〈코스모스〉 외에도 〈살사리꽃〉이나 〈길국화〉로 부르기도 합니다.

《표준국어대사전》	《조선말대사전》
코스모스 (cosmos) [명사] 국화과의 한해살이풀. (중략) 6~10월에 흰색·분홍색·자주색 따위의 꽃이 가지 끝에 한 개씩 피고, 열매는 수과(瘦果)로 10~11월에 익는다. (생략) (cosmos bipinnatus)	**코스모스** (Cosmos(라)) [명] =길국화. **살사리꽃** [명] 《코스모스》를 달리 이르는 말.
살사리꽃 [명사] 『식물』 →코스모스(cosmos).	**길국화** (-菊花) [명] 국화과에 속하는 한해살이꽃식물의 한가지. (중략) 가을에 가지끝에 한두개씩 흰색 또는 연한 붉은 보라색꽃들이 큰 머리모양꽃차례를 이루어 아름답게 핀다. (생략)

용례로 보기

남 바깥마당에는 울타리가 없는 대신 … 빨강, 연분홍, 흰 빛깔의 {코스모스가} 엉켜서 피어 있다.《박영준: 추정》

북 차길옆의 불붙는듯이 핀 백일홍꽃들이며 {살사리꽃들이} 이슬을 금시 턴 잎들을 싱싱하게 피워들고 설레이고있었다.《방정강: 홍남의 해돋이》

북 황토길 량옆에는 {코스모스가} 줄지어 서서 아름다운 꽃송이를 흔들며 반겨주었다.《온영수: 작곡가 리면상》

오징어와 낙지

남	북	비고
갑오징어 참오징어 뼈오징어	오징어 호드기	
오징어	낙지	
낙지	(서해)낙지	

- 얼마 전 남에 왔던 김여정 특사와의 대화에서, 〈오징어〉와 〈낙지〉가 화제에 올라 기사화된 적이 있습니다.

- 남에서는 '갑오징어, 오징어, 낙지'를 구분하여 부릅니다. 반면에, 북에서는 '뼈가 있는 것'은 오징어로, '뼈가 없는 것'은 낙지로 구분합니다. 즉, 뼈처럼 생긴 두꺼운 석회질이 있는 〈갑오징어〉만 〈오징어〉로 부르고, 〈오징어〉와 〈낙지〉는 모두 〈낙지〉라고 부르는 것입니다. 이 중에서 서해에서만 나는 낙지는 〈서해낙지〉로 구분하기도 합니다.

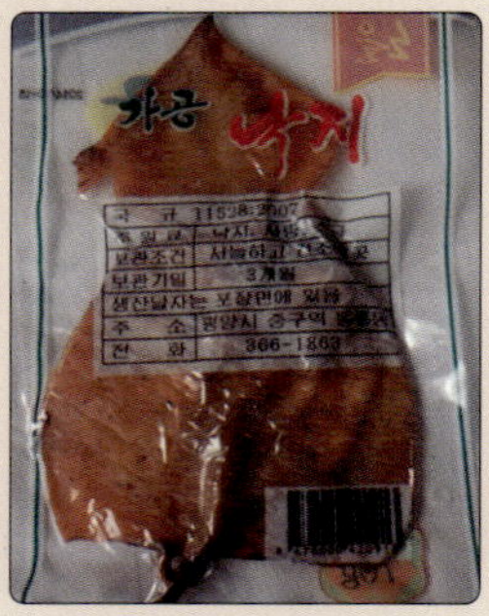

《표준국어대사전》	《조선말대사전》
낙지 [-찌] [명사] 『동물』 문어과의 하나. 몸의 길이는 70㎝ 정도이고 길둥글며 회색인데 주위의 빛에 따라 색이 바뀐다. 여덟 개의 다리가 있고 거기에 수많은 빨판이 있다.	**낙지** [명] 바다에서 사는 연체동물의 한가지. 몸은 원통모양이고 머리부의 량쪽에 발달한 눈이 있다. 다리는 열개인데 입을 둘러싸고 있다.

용례로 보기

남 어머니는 허벅다리까지 빠지는 갯벌을 뒤져서 {낙지를} 잡아 가지고 장에 내다가 팔곤 했던 것이었다.《한승원: 땅가시와 보리알》

북 배들마다 한배짐씩 차는데 밤에 {낙지까지} 잡으면 운반선 한척에단 다 싣지 못합니다.《손응준: 해솟는 바다》

북 철명이는 자기 손으로 {낙지를} 북북 찢어 내 입에 넣어까지 주었다.《최영호: 위해주는 마음》

돌고래와 곱등어

남	북
돌고래	곱등어
	북 곧 **곱등어** 교예가 시작한대요. 서둘러서 **곱등어**관으로 갑시다. 남 (**곱등어**가 뭐지?) 

사전의 뜻풀이로만 보았을 때, 남에서 말하는 〈돌고래〉는 북에서 말하는 〈돌고래〉의 한 일종인 〈곱등어〉를 뜻합니다.

《표준국어대사전》	《조선말대사전》
곱등어 [명사]『북』『동물』 '돌고래'의 북한어.	**곱등어** [명] 돌고래과에 속하는 바다짐승의 한가지. 몸길이는 2m, 무게는 90㎏정도이며 등은 검은색이고 배쪽은 흰색이다. 주로 무리를 지어 살며 5~6월에 새끼를 낳는다. 북반구와 남반구의 온대바다에 분포되여있다. 기름과 고기를 쓰며 동물교예에도 리용한다.
돌고래 [명사]『동물』 이가 있는 돌고랫과의 포유류를 통틀어 이르는 말.	**돌고래** [명] 고래목에 속하는 작은 종류의 고래의 한가지. 떼를 지어 사는데 주로 작은 물고기를 잡아먹는다. 이발이 아래우에 많이 나있다. 몸길이는 2m정도이다. 종류가 많은데 곱등어, 솔피 등이 이에 속한다.

용례로 보기

남 물보라를 날리며 수평선과 나란히 헤엄쳐 가던 {돌고래들은} 번갈아 공중으로 뛰어올랐다가 다시 물속으로 멋지게 잠수해 들어갔다.《김재경: 바다여, 아빠를 돌려줘》

북 바다 한가운데에서 큼직한 {곱등어} 두마리가 나타나더니 《개선》호를 뒤따르기도 하고 앞서기도 하면서 별의별 희한한 재주를 다 부리는것이 아닌가.《김우경: 곱등어 호위정》

당나귀와 하늘소

남	북	비고
하늘소	돌드레	
당나귀(唐--)	하늘소 / 당나귀(唐--)	

- 남에서는 '하늘솟과에 속하는 곤충'을 통틀어 〈하늘소〉라고 하는데, 대표적인 것으로 '장수하늘소'를 듭니다. 북에서는 이 곤충을 〈돌드레〉라고 합니다. 〈돌드레〉는 '힘이 세서 돌도 들 수 있는 곤충'이라는 데에서 붙은 이름입니다.

- 남북 모두 '말보다 몸이 작고 귀가 길고 쫑긋한, 말과에 속하는 집짐승의 하나'를 〈당나귀〉라고 합니다. 북에서는 〈하늘소〉라고도 부르는데, 〈하늘소〉라는 이름은 '하늘을 보며 우는 소'라는 뜻에서 붙인 것이라고 합니다.

용례로 보기

당나귀와 하늘소

남 "임금님 귀는 {당나귀} 귀!"라고 대나무 숲에서 외친 이발사의 행복을 나도 누리는 듯했다.《박완서: 부처님 근처》

북 "왕의 귀는 {하늘소}귀."《왕의 귀는 하늘소귀》

북 서광재는 산골길을 밭은 자국으로 잘 걷는 {당나귀를} 타고 있었다.《리병수: 붉은 지평선》

하늘소와 돌드레

남 방과 후에 청소를 마치고 우리는 {하늘소를} 잡으러 학교 옆 산으로 들어갔습니다.《구효서: 라디오 라디오》

북 {돌드레는} 나무즙을 빨아먹는 삐죽한 주둥이를 그의 꽁무니에 쿡 박았습니다.《황령아: 나리꽃동산》

얼룩말과 줄말

남	북	비고
얼룩말	줄말 / 줄기말	

남에서는 '흰색 또는 옅은 황색 바탕에 검은색 줄무늬가 있는 말'을 일컬어 〈얼룩말〉이라고 부릅니다. 북에서는 이 동물을 〈줄말〉 또는 〈줄기말〉이라고 부릅니다.

《표준국어대사전》	《조선말대사전》
얼룩말[2] [-룽-] [명사] 『동물』 얼룩말류의 포유류를 통틀어 이르는 말. 어깨의 높이는 1미터 정도이며, 흰색 또는 옅은 황색이고 바탕에 검은색 줄무늬가 있다. (생략)	-
-	**줄말** [명] 말과에 속하는 짐승의 한가지. 어깨높이는 1.5m정도이고 검은 바탕에 흰 줄무늬가 있다. (생략)
	줄기말 [명] =줄말.
얼룩말[1] [-룽-] [명사] 털빛이 얼룩얼룩한 말.	**얼룩말** [-룽-] [명] =얼럭말. *얼럭말: 털빛이 얼럭진 말.

용례로 보기

남 {얼룩말} 수십 마리가 평원을 가로지르며 달리고 있었다.《홍상화: 능바우 가는 길》
북 {줄말은} 열대지방의 들판에서 몇십마리씩 무리지어 다니며 풀을 뜯어먹고 산다.《교육도서출판사: 생물》

P·A·R·T

19 대표 건축물

문화 시설

남	북
세종문화회관(世宗文化會館)	평양대극장(平壤大劇場)

'세종문화회관'은 남의 대표적인 종합문화공간으로서 서울시에 위치하고 있으며, 공연장, 미술관, 전시실, 강의실, 예술단 연습실 등을 갖추고 있습니다. 1961년 우남회관으로 출발해 1972년 화재로 소실된 시민회관의 뒤를 이어 1978년 4월 '세종문화회관'이라는 이름으로 개관하였으며, 1999년 8월 재단법인으로 출범하였습니다.

'평양대극장'은 북의 대표적인 극장으로 평양시에 위치하고 있으며, 2,200여 석의 관람석과 소극장으로 이용되는 700석 규모의 종합 연습실 등을 갖추고 있습니다. 1960년 8월에 개관되어 주로 가극과 무용극을 공연하는 장소로 이용되거나 정치 행사장으로 쓰이고 있습니다.

체육 시설

남	북
서울 월드컵 경기장 (Seoul World Cup Stadium, 競技場)	오월일일경기장 (5·1競技場)

- '서울 월드컵 경기장'은 남의 대표적인 체육 시설로서 서울시 마포구 월드컵로에 위치하고 있으며, 2002년 제17회 한일 월드컵 개최를 목적으로 만든 축구 전용 경기장입니다. 수용 인원은 6만 6,704명이며, 지하 1층, 지상 6층으로 구성된 타원형 건물로 경기장의 외관은 황포 돛배와 방패연 등을 본떠 설계되었습니다. 건물 안에는 각종 상가와 체육·문화시설, 월드컵 기념관 등이 있어 시민들의 복합 문화 공간으로도 활용되고 있습니다.

- '오월일일경기장'은 북의 대표적인 종합경기장으로 평양시 중구역 능라도에 있으며, 15만 석 규모의 주 경기장과 각종 보조 경기장, 축구 훈련장, 실내 연습장 등을 갖추고 있습니다. 각종 대회를 개최하기도 하지만 국가 행사장이나 군중대회 집회 장소로도 활용됩니다. 처음 착공 때에는 '릉라도경기장'으로 불렸으나, 준공식이 국제노동절인 5월 1일에 진행된 점을 감안하여 '오월일일경기장'으로 이름을 정했다고 합니다.

도서관

남	북
국립 중앙 도서관(國立 中央 圖書館)	인민대학습당(人民大學習堂)

- '국립 중앙 도서관'은 남의 대표적인 공공 도서관으로 남에서는 규모가 가장 큽니다. 본관과 2006년 6월 말 개관한 국립 어린이 청소년 도서관, 2009년 5월 말 개관한 국립 디지털 도서관이 있으며, 부속 건물로는 사서 연수관과 자료 보존관 등이 있습니다.

- '인민대학습당'은 북의 대표적인 중앙 도서관으로 이 역시 북에서는 규모가 가장 큽니다. 3천만 권의 장서를 보관할 수 있는 서고와 6천 석의 좌석을 가진 열람실, 강의실, 통보실과 문답실, 음악 감상실 등을 갖추고 있습니다.

명칭(名稱)의 변천사

남의 '국립 중앙 도서관'은 1923년 11월 일본의 식민지 문화 정책의 일환으로 '조선총독부 도서관'이라는 이름으로 세워졌습니다. 1945년에 광복이 되면서 '국립도서관'으로 바뀌었고, 이후 1963년에 '도서관법'이 만들어지면서 지금의 명칭인 '국립 중앙 도서관'으로 개칭되었습니다.

북의 '인민대학습당'은 1945년 11월 5일에 '평양시립도서관'으로 처음 개관되었으며, 1946년부터 '국립중앙도서관'으로, 1973년부터는 '중앙도서관'으로 불렸습니다. 이후 1982년 4월 지금의 명칭인 '인민대학습당'으로 개칭되었습니다.

20 언어_의미 차이와 빈도

가지와 아지

남	북	비고
가지	가지	
	아지	북 어리거나 가는 가지

〈가지〉와 〈아지〉는 남과 북의 사전에 모두 실려 있는 말입니다. 다만, 북에서 '어리거나 가는 가지'를 〈아지〉로 구분해 쓰는 것과는 달리 남에서는 그것을 구분하지 않습니다. 또한 북에서는 〈아지〉를 활발하게 쓰는 반면, 남에서는 잘 쓰지 않는다는 차이점이 있습니다.

용례로 보기

가지

남 나무는 크고 굵었지만 {가지에는} 잎이 하나도 붙어 있지 않았다.《이승우: 검은 나무》

북 간신히 {가지에} 남아 있던 크고 작은 단풍잎들이 머리와 어깨우에 우수수 떨어져내렸습니다.《강호진: 불타는 노을》

아지

북 새싹은 순식간에 쑥쑥 자라 줄기를 펴고 {아지를} 쳤습니다.《김명철: 소원의 씨앗》

북 어떤 나무는 어찌나 과일이 열렸는지 {아지가} 부러질 정도에까지 이르게 되였다.《리대원: 과일도 풍년》

거짓말과 꽝포

남	북
거짓말	꽝포(-砲) / 거짓말
속임수(--數)	오그랑수(---手) / 속임수(--數)

북에서는 〈거짓말〉을 〈꽝포〉라고도 합니다. 사전의 풀이에서도 알 수 있듯이 〈꽝포〉는 '꽝 소리만 요란하게 내는 대포'라는 뜻의 비유적 표현에서 만들어진 말입니다.

《조선말대사전》

꽝포 (-砲) [명]

꽝하고 요란한 소리만 내는 대포라는 뜻으로 《거짓말》을 이르는 말.

남에도 이와 비슷한 〈뻥(을) 치다〉라는 표현이 있습니다. 〈뻥(치다)〉는 '허풍을 떨거나 거짓말을 하는 것을 속되게 이르는 말'입니다.

용례로 보기

거짓말과 꽝포

남 나는 기범의 능숙한 {거짓말에} 감쪽같이 속았던 것이다.《홍성원: 무사와 악사》

북 "애들앞에서 연설할 말인데 바른 소릴 썼겠지. 거기에야 무슨 {꽝포가} 있겠느냐?"《리성칠: 날아가는 종이장》

북 "가기 싫으면 싫다고 할것이지 {거짓말은} 왜 해요?"《박창석: 변함없는 대결자세》

속임수와 오그랑수

남 박람회장에는 {속임수를} 써서 물건을 팔거나 마법이나 마술을 보여 준다면서 지갑을 터는 사람이 아주 많았다.《편혜영: 만국 박람회》

북 가난한 사람들에게서 한푼이라도 더 긁어내자고 별의별 {오그랑수를} 쓰는 그놈을 혼쌀 내줄수 없나?《문관 외: 봉이 김선달》

북 놈들의 얕은 {속임수에} 넘을 우리가 아니였다.《리을설: 만고의 령장》

결재와 비준

남	북
결재(決裁)	비준(批准) / 결재(決裁)

✔ '결정 권한이 있는 상관이 부하가 제출한 안건을 검토하여 허가하거나 승인하는 것'을 일컬어 〈결재〉라고 합니다. 이는 남북의 쓰임이 같습니다.

✔ 북에서는 상관에게 '결재를 받다'라는 표현 외에 '비준을 받다'라는 표현도 씁니다. 남에서는 〈비준〉을 '국회 비준'과 같이 정부 조직 이상의 단위에서만 쓰는 반면, 북에서는 보다 폭넓은 의미로 쓴다는 점에 차이가 있습니다.

《표준국어대사전》	《조선말대사전》
결재 [-째] (決裁) [명사] 결정할 권한이 있는 상관이 부하가 제출한 안건을 검토하여 허가하거나 승인함. '재가(裁可)'로 순화.	**결재** [-째] (決裁) [명] 결정할 권한을 가진 직위에 있는 사람이 아래에서 올려온 안건이나 문건을 보고 그 내용에 대하여 승인하거나 허가하는것.
비준 [비 :-] (批准) [명사] 『법률』 조약을 헌법상의 조약 체결권자가 최종적으로 확인·동의하는 절차. 우리나라에서는 대통령이 국회의 동의를 얻어 행한다.	**비준** (批准) [명] (공식적으로 제기된 문제에 대하여) 단위책임자나 일정한 기관이 공식적으로 승인하거나 확인하는것.

용례로 보기

결재

남 그녀는 직원들이 공장에 출입하는 것은 사전 {결재} 사항인 줄 몰랐느냐고 힐책했다.《임동헌: 별》

남 "오늘 안으로 사장님 {결재까지} 받아야 되는데요."《복거일: 비명을 찾아서》

북 그는 어색한 방안의 기분을 느꼈는지 {결재가} 이루어진 문건들을 말없이 걷어안았다.《최종현: 눈길》

북 "출고 {결재를} 받아놔야 뒤말이 없지요."《김북향: 기약》

비준

남 일본 측은 고종의 {비준} 서명을 요구하고 이것은 '만국 보통의 법'에 의한 것이라고 주장하였다.《김용구: 세계관 충돌과 한말 외교사, 1866-1882》

북 "설계를 빨리 기사장한테 가져가거라, {비준을} 받아야지?"《김길환: 빛나는 길》

북 박운도는 … 과업을 집행하기 위하여 이제 문건을 올리고 그 {비준을} 기다리고있는중이였다.《권정웅: 심장의 메아리》

구설수와 말밥

남	북
구설수(口舌數) / 말밥	말밥 / 구설수(口舌數)

〈구설수〉와 〈말밥〉은 남북 모두에서 쓰이지만, 남에서는 〈구설수〉를 많이 쓰는 반면에 북에서는 〈말밥〉을 많이 씁니다.

《표준국어대사전》	《조선말대사전》
구설수 (口舌數) [명사] 남과 시비하거나 남에게서 헐뜯는 말을 듣게 될 운수.	**구설수** (口舌數) [명] 미신적관념에서, 남에게서 비방하는 말을 들을 운수.
말밥 [명사] 좋지 못한 이야기의 대상.	**말밥** [-빱] [명] 좋지 못한 이야기거리의 대상.

용례로 보기

남 여러 번 {구설수에} 올랐던 그녀는 사회자가 스캔들에 대해 질문하자 눈물을 후드득 쏟았다.《하재영: 스캔들》

남 나야 정치판에 나선 몸, 당선되기 전까지 매사를 살얼음판처럼 디뎌야 {구설수가} 없는 법.《이명인: 낙타》

북 "기사장동무는 무슨 일처리를 그렇게 해가지구 강철직장동무들의 {말밥에} 오르오?"《변희근: 뜨거운 심장》

북 원래부터 규녀아주머니는 일에 성실치 못하고 집단규률을 잘 지키지 않는것으로 하여 사람들의 {말밥에} 올라왔다.《김성환: 당원은 한길을 걷는다》

근처와 아근

남	북
근처(近處) / 근방(近方)	근방(近方) / 근처(近處) / 아근

남북 모두 '어떤 장소에서 가까운 곳'을 뜻하는 말로 〈근처〉나 〈근방〉을 씁니다. 북에서는 이외에도 〈아근〉을 많이 쓰는데, 남에서는 〈아근〉의 쓰임이 많지 않습니다. 남의 사전에서는 〈아근〉을 비규범어로 풀이하고 있습니다.

《표준국어대사전》	《조선말대사전》
아근 [명사] →근처.	**아근** [명] (어떤 곳을 중심으로 하여) 가까운 부근이나 곳.

용례로 보기

근처

남 나는 그녀의 직장 {근처까지} 가서 그녀가 일을 마치고 나오는 것을 기다렸다.《정호승: 안개가 번져 멀리 감싸듯이》

북 길수동무의 집이 이 {근처라고} 했지?《림종상: 그해 여름과 겨울》

근방

남 많이 다녀본 듯 애는 이 {근방} 지리에 대해 훤했다.《최창학: 형》

북 이 과수원은 과수가 규모 있게 자라나는 점으로 과실이 맛좋은 점으로 {근방에} 알려졌었다.《한경: 과수원》

아근

북 지평선 {아근} 하늘가에는 이른아침의 아름다운 장미빛 노을이 바람에 흔들리는 리봉처럼 걸려있었다.《김교섭: 생활의 언덕》

북 나는 … 안해와 함께 어머니를 모시고 {아근에} 있는 칠골혁명사적으로 스적스적 걸음을 옮겼다.《최봉무: 우리 집》

노크와 손기척

남	북
노크(knock) / 손기척	손기척 / 노크(knock)

'방에 들어가기에 앞서 문을 가볍게 두드려 인기척을 내는 일'을 남에서는 주로 〈노크〉라고 하며, 북에서는 주로 〈손기척〉이라고 합니다.

《표준국어대사전》	《조선말대사전》
노크 (knock) [명사] 방에 들어가기에 앞서 문을 가볍게 두드려서 인기척을 내는 일.	**노크** (knock(영)) [명] ⇒손기척. **손기척** [명] 문을 열고 들어가기 전에 안에 있는 사람에게 인기척을 내기 위하여 똑똑 두드리는 일 또는 그 소리.

용례로 보기

남 똑똑똑, 세 번의 {노크} 소리가 맑게 울렸다.《박인성: 적, 소리·빛》

남 그녀는 안에서 들을 수 있게 {노크한} 다음 천천히 문을 열었다.《노희경: 세상에서 가장 아름다운 이별》

북 가벼운 {손기척과} 함께 문이 스르르 열리더니 딸 선애가 한손에 작은 신가방을 들고 사뿐 들어섰다.《공천영: 함께 가는 길》

북 사무실문은 아예 열려있어 {손기척할} 필요도 없이 쑥 들어섰다.《김철중: 선장과 어로공》

늙은이

남	북	비고
늙은이		남 낮춤 또는 비하의 의미 포함 북 높임의 의미 포함

- 남북 모두 '노인/로인(老人)'을 달리 일컬어 〈늙은이〉라고 합니다. 이는 〈젊은이〉에 대응하는 말로 나이가 많은 사람을 뜻합니다.

- 말의 기본뜻에는 차이가 없으나 남에서는 〈늙은이〉에 낮춤 또는 비하의 의미가 있는 반면에, 북에서는 조금 높이는 의미가 있습니다.

《표준국어대사전》	《조선말대사전》
늙은이 [명사] 나이가 많아 중년이 지난 사람.	**늙은이** [명] 《늙은 사람》을 좀 높이여 이르는 말.

용례로 보기

남 "젊은 사람들이 장가들러 도시루 나가선 영영 돌아오지 않으니 {늙은이들만} 남아서 어떻게 농사를 짓습니까?"《전상국: 지빠귀 둥지 속의 뻐꾸기》

남 "그놈의 교장질 하는 바람에 {늙은이} 취급 받은 게야."《박경리: 토지》

북 "어데서 오시는 {늙은이십니까?"《김명회: 빛발을 따라》

담보

남에서는 〈담보(擔保)〉를 '맡아서 보증하는 것'의 뜻으로 씁니다. 더 나아가 법률 용어로 '빚진 사람이 빚을 갚지 못했을 때 대신할 수 있는 돈이나 물건' 등을 뜻하는 말로 씁니다.

북에서는 〈담보(擔保)〉를 '목표를 보장하는 것', 또는 '어떤 결과에 대해 미리 확증하고 책임지는 것'의 뜻으로 씁니다. '그 일은 성공할 담보가 있다'는 표현이나 '죽지 않으리라는 담보가 있습니까?'와 같은 표현을 자연스럽게 쓰는 것을 예로 들 수 있습니다. 남에서는 이런 표현은 잘 쓰지 않으며, 같은 맥락에서 주로 〈보장(保障)〉을 씁니다.

《표준국어대사전》	《조선말대사전》
담보 (擔保) [명사] ① 맡아서 보증함. ② 『법률』 민법에서, 채무 불이행 때 채무의 변제를 확보하는 수단으로 채권자에게 제공하는 것.	**담보** (擔保) [명] ① (어떤 목적이나 지향의 실현을) 어김없도록 보장하는 것. ② 어떤 성과나 결과에 대하여 미리 확증하여 책임지는 것. ③ 빚진 사람이 빚을 갚지 못할 때에 그 빚을 대신할수 있는 신용으로 제공하는것.

용례로 보기

빚에 대한 보증

남 "요새는 금융기관들이 돈 굴릴 데가 없다고 {담보가} 약해도 막 대출을 해 준다는 거야." 《성석제: 저만치 떨어져 피어 있네》

어떤 일의 대가로 희생시키는 것

남 "목숨을 {담보로} 한 수술이에요." 《박진규: 보광동 안개 소년》

남 "저는 시민들의 생명을 {담보로} 그런 모험을 한다는 데에는 … 도저히 찬성할 수가 없었습니다." 《임철우: 봄날》

어떤 결과에 대해 미리 확증하고 책임지는 것

북 "꼭 살린다는 {담보가} 있는가 말이요?" 《김동욱: 대홍단》

북 "우리가 앞으로도 3직장에 눌러 함께 있을 {담보는} 없다고 생각합니다." 《리북명: 등대》

북 "가스가 새지 않는다는 {담보를} 설명하시오." 《김하늘: 함께 사는 사람들》

데이트와 산보

남	북
데이트(date)	산보(散步)

남에서는 〈산보(散步)〉를 〈산책(散策)〉의 뜻으로 쓰기 때문에 산보하자는 말을 들었을 때 '산책 가자'는 뜻으로 해석합니다. 북에서는 '산책'의 의미에서 더 나아가 '연인이 함께 보내는 시간'을 뜻하기도 합니다.

용례로 보기

남 "그가 좋아하는 여자가 있어서 그녀에게 {데이트} 신청을 했다가 번번이 거절당한 일도 있었다고 했어."《김이소: 칼에 대한 명상》

북 박용석은 … 비록 손목 잡고 {산보} 한번 해보지는 못했어도 약혼녀에게 정이 푹 들었던것이다.《안홍윤: 조옥희》

북 "오늘은 일요일이니 정숙동무와 함께 {산보나} 갈가 해서…."《로종익: 봄날에》

방조

남	북	비고
방조(幇助/幫助)		남 부정적으로 씀 북 긍정적으로 씀

〈방조(幇助/幫助)〉를 원어 그대로 해석하면 '돕다'입니다. 그런데 남에서는 방조를 '살인 방조', '불법을 방조하다'와 같이 나쁜 일을 돕는 상황에 쓰기 때문에 부정적인 뜻을 나타냅니다. 반면, 북에서는 단순히 누군가를 거들어 도와준다는 뜻으로 쓰기 때문에 긍정적인 뜻을 나타냅니다.

《표준국어대사전》	《조선말대사전》
방조 (幇助/幫助) [명사] 『법률』 형법에서, 남의 범죄 수행에 편의를 주는 모든 행위. (이하 생략)	**방조** (幫助) [명] 거들어서 도와주는것.

용례로 보기

남 상대 팀의 반칙도 정당화되었다. 심판도 얼렁뚱땅 딴전을 피우며 {방조를} 하는 분위기였다.《김소진: 장석조네 사람들》

남 그는 한마디로 구종태의 죽음을 … 나의 자살 교사와 유인 또는 {방조의} 결과로 결론짓고 있었다.《이청준: 제3의 현장》

북 아들은 … 공부를 잘하고 착실한 학생이여서 중학교부터 장학생으로 쭉 조직의 {방조} 밑에 공부를 해 온 학생이다.《리은직: 찾는 마음》

북 "이 공장 로동계급에게 필요한것이 무엇이겠습니까? 그것은… 끝까지 운명을 함께할 동지적인 믿음과 {방조가} 아니겠습니까."《손영복: 눈길멀리》

별로

남	북	비고
별로(別-)		남 '보통과 다르게', '그다지'의 뜻 북 '특별하게'의 뜻으로도 씀

〈별로(別-)〉는 원어 〈別-〉에서도 드러나듯이 기본적으로 '특별하게'의 뜻을 지닙니다. 그런데 남에서는 〈별로〉가 주로 '않다, 못하다, 없다' 등의 부정 표현과 호응하여 쓰이기 때문에 '특별하게'라는 뜻보다는 '보통과 다르게', '그다지' 정도의 의미로 쓰입니다.

북에서는 〈별로〉를 긍정 표현이나 부정 표현에 모두 씁니다. 따라서 '오늘은 별로 기분이 상쾌했어.'와 같은 표현을 남에서는 쓰지 않지만 북에서는 자연스럽게 씁니다.

《표준국어대사전》	《조선말대사전》
별로 (別-) [부사] (부정을 뜻하는 말과 함께 쓰여) 이렇다 하게 따로. 또는 그다지 다르게.	**별로** (別-) [부] ① (《않다》, 《없다》, 《못하다》 등과 함께 쓰이여) 《그다지》, 《별반》 등의 뜻. ② 따로 별나게 또는 따로 특별히.

용례로 보기

부정을 뜻하는 말과 함께 쓰는 경우

남 능선에는 큰 나무들이 {별로} 없었다.《조정래: 태백산맥》

남 내가 할 수 있는 최상의 연기를 했지만 {별로} 만족스럽지 못했던 것 같았어요.《이창동: 운명에 관하여》

북 오늘 낮에 떠났다가 모레면 돌아올 출장이라 {별로} 준비할것도 없었다.《진재환: 한피줄》

'별나게' 또는 '특별히'의 뜻

북 오늘은 그 기적소리가 {별로} 정답게 들렸다.《김인규: 정다운 미소》

북 음성은 비록 낮았지만 그 말은 {별로} 마음의 금선을 울려주었다.《조정서: 단풍계절》

불법과 비법

남	북
불법(不法)	비법(非法) / 불법(不法)

남에서는 주로 〈불법〉을 쓰며, 북에서는 〈비법〉을 많이 씁니다. 남은 '불법 유통', '불법 행위', '불법적인 방법' 등이 익숙하며, 북은 '비법 행위', '비법적인 방법' 등이 익숙한 표현입니다.

《표준국어대사전》	《조선말대사전》
불법 (不法) [명사] 법에 어긋남.	**비법** (非法) [명] 법에 어긋나는 일.
비법 [비:-] (非法) [명사] =불법.	**불법** (不法) [명] 법에 어그러지는것 또는 법을 어기는것.

용례로 보기

남 "마리화나 재배는 {불법입니다}." "감옥에 가나요?" 서장이 고개를 끄덕인다.《심재천: 나의 토익 만점 수기》

북 "지배인동무, 어쨌든 제품을 상업망에 다 넣지 않고 빼돌린건 {비법이란} 말입니다."《김용한: 기쁨》

북 예상한대로 … {불법}입국자이고 현행범으로 체포한 범인인것만큼 절대로 석방할수 없다는겁니다.《량우직: 서곡》

사변

남	북	비고
사변(事變)		남 역사적, 부정적 북 일상적, 긍정적인 경우에도 씀

✔ '2018년 남북 정상회담'을 앞두고 북의 한 매체는 '뜻깊은 사변'이라는 표현을 써서 보도를 했습니다. 정상회담 후 두 정상이 백두산을 함께 오른 사실을 전할 때에도 '민족사에 특기할 력사적 사변'이라는 표현을 써서 논평하기도 했습니다.

✔ 남에서는 〈사변〉을 '만주사변, 을미사변'과 같이 주로 역사적이고 부정적인 사건에 덧붙여 씁니다. 북에서도 '을미사변'과 같이 쓰기도 합니다. 다만, 북에서는 정상회담처럼 사회적으로 중요한 일이 벌어졌을 때 그것을 일컫는 말로 '사변'이라는 말을 쓴다는 점이 남과는 다릅니다.

《표준국어대사전》	《조선말대사전》
사변 (事變) [명사] ① 사람의 힘으로는 피할 수 없는 천재(天災)나 그 밖의 큰 사건. ② 전쟁에까지 이르지는 않았으나 경찰의 힘으로는 막을 수 없어 무력을 사용하게 되는 난리. ③ 한 나라가 상대국에 선전 포고도 없이 침입하는 일.	**사변** (事變) [명] 사회적으로 중대한 일.

용례로 보기

남 을미년의 {사변을} 어찌 말로 다 하랴.《현기영: 변방에 우짖는 새》

남 호남의 의병은 이미 그와 서로 친숙하니 {사변이} 안정될 때까지는 그대로 직을 맡겨도 되겠습니다.《김별아: 논개》

북 추도회는 … 당장 {사변을} 일으킬듯 흥분과 격분 속에 연방 구호가 터지고 규탄의 목소리가 꼬리를 물었다.《김원복: 그들이 가는 길》

북 명희는 사랑, 결혼이 사람의 일생에서 얼마나 심각하고 중대한 의미를 띤 {사변인가를} 다시한번 깨달았다.《김정현: 그들의 청춘시절》

사생활과 개체생활

남	북
사생활(私生活) 프라이버시(privacy)	사생활(私生活) 개체생활(個體生活)

- 남북 모두 '개인의 사사로운 일상생활'을 뜻하는 말로 〈사생활〉을 씁니다. 그 외에 비슷한말 중에서 남에서는 〈프라이버시〉를, 북에서는 〈개체생활〉을 많이 씁니다.

- 남에서 〈프라이버시〉는 '사생활'을 뜻하기도 하지만, '사생활을 남에게 간섭받지 않을 권리'를 뜻하는 말로 자주 씁니다.

《표준국어대사전》	《조선말대사전》
사생활 (私生活) [명사] 개인의 사사로운 일상생활.	**사생활** (私生活) [명] 개인의 사사로운 일상생활.
–	**개체생활** (個體生活) [명] (가정이나 경제, 도덕생활 등에서) 개인의 사적인 생활.
프라이버시 (privacy) [명사] 개인의 사생활이나 집안의 사적인 일. 또는 그것을 남에게 간섭받지 않을 권리. '사삿일', '사생활', '자기 생활'로 순화.	–

용례로 보기

남 오랜 세월을 함께해 왔으나 정작 형의 {사생활에} 대해서는 아는 게 거의 없는 나였다.《허수경: 박하》

북 그는 지금까지 능력있고 수준있는 일군으로 평가되였으며 {사생활} 역시 깨끗하고 흠잡을데 없다.《김청남: 붉은 흙》

남 당신도 알다시피 여기 사람들은 {프라이버시를} 중요하게 생각하잖아.《천명관: 프랭크와 나》

북 어쩌다 집에 내려가면 아버지는 {개체생활을} 똑바로 해라, 공부에 전념해라 하고 훈시를 하는것이여서….《최성진: 숲으로 간 사람》

샤워와 샤와

남	북	비고
샤워(shower)	샤와(shower)	남 행위 북 행위 + 시설

남에서는 '간단히 몸을 씻는 행위'만을 〈샤워〉라고 하는 반면에, 북에서는 '씻는 행위'와 '목욕 설비' 모두를 일컬어 〈샤와〉라고 합니다. 그 때문에 남에서는 '샤워를 틀다'라고 하지 않으며, '샤워기를 틀다'라고 표현합니다.

《표준국어대사전》	《조선말대사전》
샤워 (shower) [명사] 소나기처럼 뿜어 내리는 물로 몸을 씻는 일.	**샤와** (shower(영)) [명] 머리우로 가랑비처럼 물이 떨어져나오게 만든 목욕설비.

용례로 보기

'행위'의 뜻

남 그는 병원에 들어간 직후 혼자 냉수로 {샤워를} 했다.《권기태: 요나가 고래 뱃속에 들어간 까닭은》

북 "날씨두 참, {샤와나} 한탕하구 와야지."《변희근: 뜨거운 심장》

'시설'의 뜻

북 세면장은 … 찬물과 더운물이 쏟아지고 {샤와까지} 마련되여있었다.《박련희: 남흥땅의 전변을 두고》

북 그는 6개의 분수구가 달린 {샤와를} 틀어놓고 더운물과 찬물을 알맞추 조절하면서 머리를 들이밀었다.《정기종: 력사의 대하》

서랍과 빼람

남	북
서랍	빼람 / 서랍

‘책상이나 옷장에 작은 물건 등을 넣을 수 있게 만든, 상자 모양의 함’을 남에서는 〈서랍〉이라고 부릅니다. 북에서도 〈서랍〉이라는 말을 쓰지만 〈빼람〉이라는 말을 더 많이 씁니다. 남에서는 〈빼람〉이라는 말을 거의 쓰지 않으며, 사전에서는 평안도, 황해도의 지역어로 풀이하고 있습니다.

《표준국어대사전》	《조선말대사전》
서랍 [명사] 책상, 장롱, 화장대, 문갑 따위에 끼웠다 빼었다 하게 만든 뚜껑이 없는 상자.	**서랍** [명] =빼람.
빼람 [명사] 『방언』 ‘서랍’의 방언(평안, 황해).	**빼람** [명] 책상, 옷장, 경대 같은데서 빼였다 끼였다 할 수 있게 되여있는 함.

용례로 보기

남 책상의 {서랍을} 여는 지성의 머릿속은 복잡했지만 … {서랍} 안은 너무나 깨끗했다.《이정하: 나비 지뢰》

북 기사장 리인철은 허둥지둥 이 {빼람} 저 {빼람을} 열어제끼며 무엇인가 찾고있었다.《윤경주: 일주일간》

북 준수는 {빼람을} 뒤져 6개월전에 명희에게서 온 편지 한장을 찾아내서 읽어보았다.《김정현: 그들의 청춘시절》

북 아버지는 낮은 책상의 {서랍을} 열더니 거기서 편지를 찾아내였다.《김동직: 흰 머리수건》

소꿉친구와 송아지동무

남	북
소꿉친구(--親舊)	송아지동무 / 소꿉동무 소꿉친구(--親舊) 송아지친구(---親舊)
단짝(친구)(單-親舊) / 절친(切親) *《표준국어대사전》미등재	딱친구(-親舊) / 단짝(친구)(單-親舊)

용례로 보기

소꿉친구와 송아지동무

남 {소꿉친구와} 손잡고 다니던 옛날 추억의 판잣집 성당에 들어섰다.《송하춘: 소설 발견》

북 최두삼아바이에게 한가지 소원이 있다면 생전에 고향에 돌아가 … {송아지동무들과} 얼싸안고 통일의 기쁨을 나누는것이였다.《림병순: 막내아들》

절친과 딱친구

남 스무 살 때부터 {절친이었던} 나의 친구. 하루가 멀다 하고 만나 하루 종일 수다를 떨어도 헤어질 때는 … 허전해하던 그런 친구….《이은영: 여자의 청춘》

북 철수는 제일 가까운 {딱친구인} 명진이가 대수성적에서 뒤꼬리를 차지하고있는것이 정말 민망스러웠다.《경석우: 아버지의 마치》

북은 어린 시절을 '송아지'에 빗대어 표현하는 경우가 많습니다. '송아지동무', '송아지벗'을 비롯하여 '송아지 시절', '송아지 우정' 등의 표현이 이에 해당됩니다.

북 곽대식은 최현덕의 {송아지}시절의 동무이다.《박춘명: 인간운명의 참된 길을 밝혀준 생동하고 진실한 화폭》

북 인생의 한 시기도, 시절도 못되는 스무날이라는 짧은 순간에 맺어졌던 {송아지}우정이 아니던가.《백남룡: 옛정》

소행

남	북	비고
소행(所行)		남 부정적으로만 씀 (범죄자의 소행) 북 긍정적으로도 씀 (아름다운 소행)

〈소행〉은 '이미 해 놓은 일'을 일컫는 말로, 남북 모두 비슷한 뜻으로 쓰고 있습니다. 그런데 남에서는 〈소행〉이 부정적인 일에만 쓰이는 반면, 북에서는 긍정적인 일과 부정적인 일에 두루 쓰이는 차이가 있습니다. '아름다운 소행, 기특한 소행'이라는 표현은 남에서는 어색하지만 북에서는 올바른 쓰임입니다.

《표준국어대사전》	《조선말대사전》
소행 (所行) [명사] 이미 해 놓은 일이나 짓.	**소행** (所行) [명] 해놓았거나 하는 일이나 행동.

용례로 보기

부정적

남 "제 {소행에} 대한 여러분의 꾸지람은 저로서 한마디 변명할 여지없이 달게 받겠습니다."《박태원: 윤초시의 상경》

남 나는 … 강력 사건의 대부분은 면식범의 {소행으로} 밝혀진 경우가 많았다는 것을 떠올렸다.《임동헌: 나는 풍란을 키운다네》

북 춘권은 … 그자의 비렬한 {소행에} 격분을 참을 수 없어 륙모방망이를 턱밑에 바싹 들이대면서 삿대질을 했다.《박태민: 성벽에 비낀 불길》

긍정적

북 형들은 … 동생의 뜨거운 {소행에} 감동되여 자기들의 잘못을 깊이깊이 뉘우쳤습니다.《전종섭: 세가지 보물》

북 그는 자신의 아름다운 {소행으로} 하여 많은 사람들로부터 사랑과 존경을 받고있었다.《오수남: 미래에 사는 마음》

〈수표〉의 다른 뜻

남	북
사인(sign) / 서명(署名)	수표(手票) / 서명(署名)

남에서는 '적힌 액수의 돈을 은행이 내주게 하여 현찰 대신 쓸 수 있도록 한 증서'를 일컬어 〈수표(手票)〉라고 합니다. 수표는 보통 고액권이 많고 현금처럼 쓸 수 있습니다.

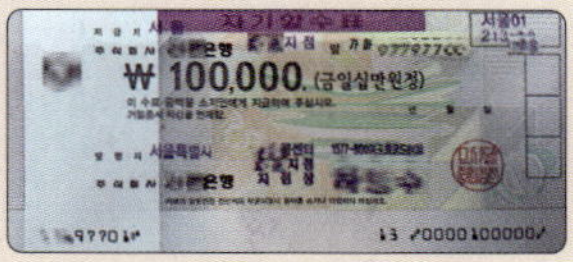

북에서 말하는 〈수표(手票)〉는 사인(sign)이나 '서명(書名)'을 뜻합니다. 사진의 맨 아래를 보면 '수표'한 것을 볼 수 있습니다.

《표준국어대사전》	《조선말대사전》
사인 (sign) [명사] 자기만의 독특한 방법으로 자신의 이름을 적음. 또는 그렇게 적은 문자.	**수표** (手票) [명] 증명이나 확인을 위하여 도장 같은것을 찍는 대신에 자기 손으로 자기의 이름 또는 이름을 나타내는 일정한 표식을 하는것 또는 그 표식.
수표 (手票) [명사]『경제』 은행에 당좌 예금을 가진 사람이 소지인에게 일정한 금액을 줄 것을 은행 등에 위탁하는 유가 증권	–

용례로 보기

'서명'의 뜻

남 지배인은 … 근무 조건과 월급을 이야기해 주고서는 계약서에 {사인을} 하라고 했다.《김이석: 아름다운 행렬》

북 그 사진관 건물값은 엄청난것이였는데 … 6개월동안에 물기로 계약서에 {수표를} 하였다.《안대길: 그들은 모든것을 잃었다》

'돈'으로서의 뜻

남 그는 밖으로 나와서 … {수표가} 든 주머니를 토닥거리며 현금으로 바꿀 궁리를 해 본다.《박완서: 휘청거리는 오후》

남 백화점에 들러 신용카드 할부 대신 고액권의 {수표를} 지불하고 그의 아버지의 구두를 샀다.《이신조: 미혹》

해코지와 남잡이

남	북
해코지(害--)	남잡이

남에서는 '남을 괴롭히거나 해롭게 하는 행위'를 일컬어 〈해코지〉라고 합니다. 보통 '해코지를 하다'라고 하거나 '해코지를 당하다'라고 씁니다. 북은 〈해코지〉라는 말이 없으며, 같은 뜻의 단어로 〈남잡이〉가 있습니다.

《표준국어대사전》	《조선말대사전》
해코지 (害--) [명사] 남을 해치고자 하는 짓.	–
남잡이 [명사] 『북』 '해코지'의 북한어.	**남잡이** [명] 남을 해치는것.

용례로 보기

남 "인형 만드는 사람 치고 나쁜 사람은 없을 거야. 남에게 {해코지를} 할 것 같지도 않고…." 《김진경: 그림자 전쟁》

북 "흥, 나무타는 재간을 용케도 배웠군. 그러나 {남잡이를} 위해 배운 재간은 자기 목을 조이는 올가미로밖엔 안되지." 《조명철: 나무타는 재간》

극성스럽다

남	북	비고
극성스럽다(極盛---)		남 부정적 어감 북 부정적 어감 + 긍정적 어감

남에서 쓰는 〈극성스럽다〉는 '성질이나 행동이 정도를 넘어 지나치거나 드세다'는 뜻을 담고 있습니다. 따라서 당사자가 이 말을 들으면 언짢게 생각합니다.

북에서 쓰는 〈극성스럽다〉에는 부정적 어감도 있고 긍정적 어감도 있습니다. 긍정적 어감으로 쓰일 때에는 '끈덕지다', '열심히 하다'의 뜻으로 쓰입니다.

《표준국어대사전》	《조선말대사전》
극성스럽다 (極盛---) [형용사] 성질이나 행동이 몹시 드세거나 지나치게 적극적인 데가 있다.	**극성스럽다** (極盛---) [형] ① 몹시 이악하고 억척스러운데가 있다. ② 지독하고 사납다.

용례로 보기

부정적

남 어찌나 {극성스럽게} 보채면서 달려들던지 녀석을 호되게 때려 주었어요.《황석영: 오래된 정원》

북 금실은 마당에서 누렁이가 하도 {극성스럽게} 짖어 대는 바람에 단잠에서 깨어났다.《길성근: 우정의 별》

긍정적

북 그는 … 오히려 문지기훈련에는 더 {극성스럽게} 참가하여 팀의 감독들과 동료선수들을 감동시켰다.《장철유 외: 푸른 잔디우에서》

북 진돌할아버지는 더 부지런히 일하면서 이웃들의 일을 {극성스럽게} 도와주었습니다.《박찬수: 두 석공이야기》

다사스럽다

남	북
수다스럽다	수다스럽다
	다사스럽다(多辭---)

남북 모두 '쓸데없이 말이 많은 느낌이 있다'를 표현할 때 〈수다스럽다〉라고 합니다. 북에서는 이외에 〈다사스럽다〉라고도 합니다. 북에서 쓰는 〈다사스럽다(多辭---)〉는 '말(辭)이 많다(多)'의 뜻입니다.

용례로 보기

남 그는 나와 나란히 걸으며 {수다스럽게} 떠들어 댔다.《이재웅: 그런데, 소년은 눈물을 그쳤나요》

북 "동문 언제 봐도 군말이 많고 {수다스러운게} 탈이거든."《양의선: 한나의 메아리》

북 언제부터인지 모르나 입이 {다사스러운} 이곳 처녀들속에서 명식이와 옥실이가 서로 좋아한다는 말이 돌고있었다.《김장수: 과원의 새아침》

만만하다와 만문하다

남	북
만만하다 / 문문하다	만문하다 / 만만하다 / 문문하다

- 남과 북 모두 '손쉽게 다루거나 대할 만한 사람'을 보고 '만만한/문문한 상대'라고 하는데, 남에서는 '만만한 상대'라는 표현을 더 많이 씁니다. 북에서는 이외에 '만문한 상대'라고도 합니다.

- 남에서는 〈만문하다〉라는 단어는 잘 쓰이지 않습니다. 따라서 '반찬이 만문해서 먹기가 좋다'는 말을 들었을 때 남의 사람들은 선뜻 알아듣지 못합니다. 남에서는 보통 '반찬이 연하고 부드러워서 먹기가 좋다.' 정도로 표현합니다.

《표준국어대사전》	《조선말대사전》
만만하다 [형용사] ① 연하고 보드랍다. ② 부담스럽거나 무서울 것이 없어 쉽게 다루거나 대할 만하다.	**만만하다** [형] ① 연하고 보드랍다. ② 다루기 쉽게 호락호락하다.
문문하다 [형용사] ① 무르고 부드럽다. ② 어려움 없이 쉽게 다루거나 대할 만하다.	**문문하다** [형] ① 무르고 연하다. ② 사람이 대가 세지 않고 무르다. ③ (질서, 제도, 규률 같은것이) 세지 않다.
만문하다 [형용사] →만만하다.	**만문하다** [형] ① 만만하고 무르다. ② 다루기가 쉽게 호락호락하다.

용례로 보기

다루기가 쉽게 호락호락하다

남 "자네가 매사 그런 식이니까 새까만 후배가 {만만하게} 보는 걸세."《조창인: 등대지기》

남 칠만이는 … 봉수한테는 {문문하게} 보이지 않으려고 애를 썼다.《문순태: 타오르는 강》

북 "하필 순우의 솔방울을 빼앗니? 순우가 제일 {만문해}보여서 그랬겠지?"《리동섭: 자랑》

북 첫대결에서 벌써 이쪽을 {만만하게} 본 놈들은 살기가 등등하여 달려들었다.《리유근: 관북 의병장》

북 그는 … 별로 잔소리를 하지 않았다. 꼭대기가 이토록 {문문하다}보니 부소장과 과장들이 세차게 날치였다.《진재환: 한피줄》

연하고 부드럽다

북 철순은 반색을 하며 달려가 우선 {만문한} 순과 잎을 따기 시작하였다.《리광식: 래일에 사는 청년》

맹랑하다

남북 모두에서 〈맹랑하다〉는 '생각하던 바와 달라 허망하다'는 뜻으로 쓰거나, '어떤 일을 처리하기가 어렵다'는 뜻으로 씁니다. '일이 참 맹랑하게 되어 가다'와 같은 표현이 이에 해당합니다.

남에서는 '행동이 당돌하다'라는 뜻으로도 〈맹랑하다〉를 씁니다. '맹랑한 아이', '그 녀석, 참 맹랑하구나!'와 같은 표현이 이에 해당합니다. 이러한 쓰임은 남의 사전에서만 풀이하고 있지만, 북에서도 같은 표현을 쓰는 것을 확인할 수 있습니다.

《표준국어대사전》	《조선말대사전》
맹랑하다 [맹:낭--] (孟浪--) [형용사] ① 생각하던 바와 달리 허망하다. ② 하는 짓이 만만히 볼 수 없을 만큼 똘똘하고 깜찍하다. ③ 처리하기가 매우 어렵고 묘하다.	**맹랑하다** (孟浪--) [형] ① 생각하던바와는 달리 허망하다. ② 처리하기가 만만치 않게 딱하거나 엉뚱하다.

용례로 보기

'허망하다' 또는 '일을 처리하기가 어렵다'

남 대수롭지 않게 생각했던 이 일이 {맹랑하게} 돼 가고 있다.《장돈식: 빈산엔 노랑꽃》

북 "일이 {맹랑하게} 됐소. 저 아까운 사람을 아마도 건질것 같지 못하오."《고병삼: 생명》

행동이 당돌하다

남 여자애는 … 말투는 분명 스무 살을 갓 넘었을 것 같은데, {맹랑하게도} 제법 그럴듯한 말을 하고 있었다.《이화경: 나비를 태우는 강》

북 "허, 저런 {맹랑한} 녀석 봤나. 어디 가나 대장노릇이군."《길성근: 아름다운 강》

문란하다

남북 모두에서 '도덕, 질서, 규범 등이 어지러운 상황'을 표현할 때에는 〈문란〉이라는 말을 씁니다. '기강이 문란하다', '질서가 문란하다'는 말은 남북 모두 자연스러운 표현입니다. 다만, 북에서는 '수업 태도나 교실 분위기가 문란하다'는 표현도 쓰는데, 남에서는 이런 표현은 잘 쓰지 않습니다.

남에서는 '성도덕'과 관련하여 〈문란하다〉라는 표현을 흔히 씁니다. 북에서도 이런 표현을 쓰기는 하지만 남에서의 사용 빈도가 훨씬 높게 나타납니다.

《표준국어대사전》	《조선말대사전》
문란하다 [물:-−-] (紊亂--) [형용사] 도덕, 질서, 규범 따위가 어지럽다.	**문란하다** (紊亂--) [형] (주로 도덕, 질서 같은것이) 뒤죽박죽이 되여 어지럽다.

용례로 보기

수업 태도

북 리신태는 많은 교원들앞에서 그가 맡은 학급학생들이 수업태도가 {문란하다고} 여러번 떠들어왔었다.《김정: 인생의 악보》

북 한영심은 … 어린 학생들의 {문란한} 수업규률을 바로 잡는데 적지 않은 시간을 소비했던것이다.《한정아: 사라지지 않은 혜성》

성도덕

남 장학사는 … 심각한 것은 당신의 {문란한} 사생활과 성도덕이라고 단칼에 매도해버렸다.《김상렬: 섬은 기다리지 않는다》

북에서는 '신체가 제 역할을 하지 못하고 그 기능이 떨어지다'라는 뜻으로도 〈문란하다〉를 씁니다.

북 산성음식물을 지나치게 많이 먹으면 소화기능이 {문란해}진다.《다섯가지 음식맛의 작용》

바쁘다

남북 모두 '일이 많거나 겨를이 없다'는 뜻으로 〈바쁘다〉를 씁니다. 북에서는 '힘에 부치거나 참기가 어렵다'는 뜻으로 〈바쁘다〉를 쓰기도 합니다. 따라서 '제가 바빠서 일을 덜 끝냈습니다.'라고 했을 때 북에서는 '힘에 부쳐서 일을 덜 끝냈어요.'라는 뜻으로 해석할 수도 있습니다.

《표준국어대사전》	《조선말대사전》
바쁘다 [형용사] ① 일이 많거나 또는 서둘러서 해야 할 일로 인하여 딴 겨를이 없다. ② 몹시 급하다.	**바쁘다** [형] Ⅰ ①일이많거나급히해야할일로겨를이없다. ② 매우 급하다. Ⅱ ① 힘에 부치거나 참기 어렵다. ② 매우 딱하다.

용례로 보기

일이 많거나 급하여 시간적인 여유가 없다

남 저도 대학교 4학년인데 개강을 하면서 무척 {바쁘게} 하루하루를 보냈습니다.《박미라: 천만 번 괜찮아》

북 "병진이, 편안히 앉아 다 들라구. 난 일이 {바빠} 먼저 공장에 나가보겠어."《석남진: 비결》

힘에 부치거나 참기 힘들다

북 "참, 그녀석 솜옷이 올 겨울나기 {바쁘지} 않겠소?"《김동욱: 정원길》

북 잡은 물고기는 선주놈이 다 차지하고 최춘화네 식구들은 입에 풀칠조차 하기 {바빴다}.《김상현: 해빛밝은 바다》

분가하다와 세간(을) 나다

남	북
분가하다(分家--)	분가하다(分家--) / 세간(을) 나다

남북 모두 '가족의 한 구성원이 결혼 등을 하여 살림을 따로 차려 나가다'라는 뜻으로 〈분가하다〉를 씁니다. 북에서는 이외에 〈세간(을) 나다〉라고도 합니다.

《표준국어대사전》	《조선말대사전》
분가 (分家) [명사] 가족의 한 구성원이 주로 결혼 따위로 살림을 차려 따로 나감.	**분가** (分家) [명] (가족가운데서 일부가) 세간을 나는것.
분가하다 (分家--) [동사] 가족의 한 구성원이 주로 결혼 따위로 살림을 차려 따로 나가다.	**분가하다** [[동](자)] ◀분가
세간 [세:-] [명사] 집안 살림에 쓰는 온갖 물건.	**세간** [명] 집살림이나 사생활에서 쓰는 온갖 물건. **세간(을) 나다** 한집에서 같이 살던 가족이 따로 살림을 차리고 나가다. **세간(을) 내다** 한집에서 같이 살던 가족을 따로 살림을 차려 내보내다.

용례로 보기

남 "여기서 우리와 같이 살다가 아범이 자립할 수 있게 되면 그때 {분가해서} 나가 살도록 해라."《이정규: 초록빛 모자의 천사》

북 둘째형은 색시를 얻었는데 {분가할} 처지가 못되는지라 가뜩이나 비좁은 초가집이 터져나갈 지경이였다.《김대성: 내땅》

북 둘째 아들네는 아래쪽 작은 골짜기에 초가삼간을 지어놓고 {세간을 났다}.《김복련: 명태골》

북 순돌이가 장가를 가자 부모들은 젊은 시절에 저희들끼리 오손도손 재미나게 살아보라고 {세간을 내}보냈습니다.《리희건: 따뜻한 집》

빼먹다와 뚜꺼먹다

남	북
빼먹다 / 땡땡이치다	뚜꺼먹다

남에서는 학생이 딴짓을 하려고 수업에 의도적으로 참여하지 않는 것을 두고 '수업을 빼먹다'라고 하거나, '수업을 땡땡이치다'라고 합니다. 〈땡땡이치다〉는 '꾀를 내어 일이나 공부 등을 열심히 하지 않다'를 속되게 이르는 말입니다. 북에서는 비슷한 상황에서 '수업을 뚜꺼먹다'라고 합니다. 〈뚜꺼먹다〉는 학교 수업처럼 반드시 참여해야 할 일에 특별한 이유 없이 나가지 않는 것을 두고 하는 말입니다.

《표준국어대사전》	《조선말대사전》
빼먹다 [동사] ① 말 또는 글의 구절 따위를 빠뜨리다. ② 규칙적으로 하던 일을 안 하다. ③ 남의 물건을 몰래 빼내서 가지다.	**뚜꺼먹다** [동(타)] (말체) (직장이나 학교, 모임 같은데에) 정당한 리유없이 나가지 않다.
땡땡이치다 [동사] (속되게) 꾀를 부려서 일이나 공부 따위를 열심히 하지 않다.	

용례로 보기

남 금요일에는 오후 수업을 {빼먹고} 광주여고로 가 수경을 불러내어 무등산 가는 버스를 탔다.《공선옥: 내가 가장 예뻤을 때》

남 "승지 담임선생님이 전화를 했어. 무슨 일이 있느냐고. 승지가 학교에 안 왔다고." "{땡땡이친} 거야?"《전경린: 엄마의 집》

북 "이 말썽꾸러기들아, 수업을 {뚜꺼먹었으면} 축구라도 실컷 하려무나."《김정: 따뜻한 도시》

살이 찌다와 몸이 나다

남	북	비고
찌다	나다	북 몸이 나다 (사람)
	찌다	남 살이 찌다 (동물 + 사람) 북 살이 찌다 (동물)
빠지다	빠지다	
	까다	북 몸이 까다

- 남에서는 동물이나 사람을 구분하지 않고 '살이 찌다'라고 합니다. "아기 돼지가 포동포동하게 살이 쪘어."라고 하거나, "명절에 많이 먹었더니 살이 좀 쪘어."라고 합니다.

- 북에서는 동물에 한하여 '살이 찌다'라고 하며, 사람에게는 '몸이 나다'라고 합니다. 따라서 "아기 돼지가 포동포동하게 살이 쪘어."라고 하거나, "명절에 많이 먹었더니 몸이 좀 났어."라고 합니다.

용례로 보기

사람일 때

남 여자는 {살이 잔뜩 쪄서} 몹시 뚱뚱해 보였고, 그와 대조적으로 남자는 가죽만 남은 비쩍 마른 모습이었다.《김성종: 여명의 눈동자》

북 걸어오는 두사람은 최영우지배인과 {몸이 나서} 둔해보이는 탄광후방부지배인이였다.《최성진: 숲으로 간 사람》

동물일 때

남 철교 밑을 보니 오동통하게 {살이 찐} 돼지가 한 마리 떠내려오지 않으려고 안간힘을 쓰며 발버둥을 치고 있었다.《양귀자: 유황불》

북 돼지우리에는 {살이 쪄} 등이 번들번들한 흰돼지 한마리가 … 서있다.《김한윤: 짙어가는 가을》

〈다이어트〉와 〈몸까기〉

남에서는 몸무게를 줄이려고 노력하는 일을 〈다이어트(diet)〉라고 합니다. 북에서는 〈다이어트〉를 〈몸까기〉라고 합니다. 〈빠지다(남)〉에 대응하는 〈까다(북)〉의 뜻이 반영된 말입니다.

싸가지가 없다와 도덕 없다

남	북
싸가지가 없다	도덕(道德)이 없다

남에서는 '버릇이 없거나 예의가 없다'는 뜻으로 〈싸가지가 없다〉를 쓰기도 합니다. 〈싸가지〉는 사전에 〈싹수〉를 뜻하는 강원, 전남의 지역어로 올라 있습니다. 〈싸가지가 없다〉는 점잖은 자리에서는 쓰기 어려운 속된 말입니다.

북에서는 비슷한 상황에서 〈도덕이 없다〉를 쓰기도 합니다. '사람이 지켜야 할 도리나 바람직한 행동 규범'을 나타내는 '도덕'이 '없다'라는 뜻입니다.

용례로 보기

남 "워매, 이 {싸가지 없는} 놈 보게? 니는 사람을 쳐도 좋구, 난 멱살도 못 잡는단 말이여?" 《김주영: 외촌장 기행》

남 "야, 너 진짜 {싸가지 없다!" 그것을 시작으로 큰언니와 둘째 언니는 서로 베개를 던지며 싸웠다.《박송아: 신귀토지설》

북 윤형모는 젊은 사람이 {도덕없이} 웃사람의 멱살을 잡아쥐고 구타행위를 했다고 하루밤 엄하게 추궁하여 보냈었다.《최경훈: 폭파》

북 "하하하…. 뭘 그렇게 떠시우. 형님답지 않수다. 내 아무리 {도덕없는} 놈이기로서니 아주머니 진상품을 들구가겠소."《최봉무: 양도어부》

싸다와 눅다

남	북	비고
싸다 / 눅다	눅다 / 싸다	남 주로 '값이 싸다'를 씀 북 주로 '값이 눅다'를 씀

남에서는 물건 값이나 요금, 비용 등이 보통보다 낮거나 비싸지 않을 때 흔히 '값이 싸다'라고 합니다. 비슷한 뜻의 〈눅다〉도 사전에 올라 있지만 실생활에서는 많이 쓰지 않습니다. 북에서는 '값이 싸다'라는 표현보다 '값이 눅다'라는 표현을 더 많이 씁니다.

《표준국어대사전》	《조선말대사전》
싸다 [형용사] 물건값이나 사람 또는 물건을 쓰는 데 드는 비용이 보통보다 낮다.	**싸다** [형] =눅다.
눅다 [형용사] 값이나 이자 따위가 싸다.	**눅다** [형] 물건의 값이 일정한 기준보다 적다.

용례로 보기

값이 싸다

남 한 아낙네가 도매시장으로 가자고, 여기서 두어 정거장만 더 가면 경동 시장인데 고추나 채소는 거기가 제일 {싸다고} 했다.《박완서: 꼴찌에게 보내는 갈채》

남 "올림픽촌? 거긴 살기에 좀 황막할 텐데." "나도 알어. 하지만 방값이 {싸니까}."《정소성: 쌀 안치는 소리》

값이 눅다

북 마차군령감은 시내에서 그중 밀가루가 {눅다는} 나루터시장에 가서 밀가루와 사탕가루, 돼지고기, 후추, 파 등을 한가득 사서….《주상준: 안개속의 과녁》

북 소비조합에서 평양시 각 주민들에게 {눅은} 값으로 소금을 팔아주어서 저희들도 소금걱정은 하지 않습니다.《백보흠: 번영의 시대》

썰렁하다

남	북	비고
썰렁하다		남 이야기가 어색하거나 재미가 없다

- 남북 모두에서 〈썰렁하다〉는 주로 '날씨나 공기 등이 싸늘한 기운이 있어 조금 추운 듯하다'라는 뜻으로 쓰며, '어떤 공간이 텅 비거나 삭막한 느낌이 들다'라는 뜻으로도 자주 씁니다.

- 남에서는 〈썰렁하다〉를 '분위기에 걸맞지 않고 어색하거나 재미가 없다'라는 뜻으로도 씁니다. '썰렁한 농담', '분위기가 썰렁하다' 등의 쓰임에서 그 뜻을 살펴볼 수 있습니다.

《표준국어대사전》	《조선말대사전》
썰렁하다 [형용사] [1] ① 서늘한 기운이 있어 조금 추운 듯하다. ② 있어야 할 것이 없어 어딘가 빈 듯한 느낌이 있다. [2] 갑자기 놀라 가슴속에 찬바람이 도는 듯한 느낌이 있다.	**썰렁하다** [형] ① 써늘한 느낌이 있다. ② (마음이) 몹시 허전하고 스산하다.

용례로 보기

날씨나 공기가 싸늘하다

남 초가을로 접어든 날씨는 {썰렁했다}.《문상오: 소설 몰이꾼》

북 섣달의 강추위, 방안은 {썰렁했다}.《김철: 작가들의 새 모습》

허전하고 삭막하다

남 딸을 시집보내고 나서 {썰렁하게} 내외만 남은 아파트는 고여 있는 물웅덩이 같았다.《장은진: 단풍 들 무렵》

북 병원은 그동안 누구도 거두는 사람이 없어 {썰렁하고} 어수선하였다.《김오: 교수의 증언》

분위기에 걸맞지 않고 어색하거나 재미가 없다

남 동남은 … 입을 열면 애늙은이 같은 소리를 하거나 {썰렁한} 농담을 늘어놓았다.《서유미: 쿨하게 한걸음》

남 "내가 뚱딴지같은 얘기를 꺼내서 회의 분위기 {썰렁하게} 만드는 데 특별한 재능이 있었지."《복거일: 보이지 않는 손》

안되다

남	북	비고
안되다		북 '미안스럽다'의 뜻으로도 씀

남에서 〈안되다〉는 주로 상대방을 걱정하거나 위로하는 상황에서 쓰입니다. '가엾다'나 '불쌍하다', 또는 '얼굴이나 몸이 상해 보이다' 정도의 뜻입니다. 북에서도 비슷한 맥락에서 〈안되다〉를 씁니다.

북에서는 '상대방의 요구를 들어주지 못하거나 폐를 끼치게 되어서 미안스럽다'의 뜻으로도 〈안되다〉를 쓰며, 주로 "안됐습니다."의 형태로 말합니다.

《표준국어대사전》	《조선말대사전》
안되다 [형용사] ① 섭섭하거나 가엾어 마음이 언짢다. ② 근심이나 병 따위로 얼굴이 많이 상하다.	**안되다** [형] ① 마음이 놓이지 않을만큼 섭섭하거나 언짢다. ② 마음에 미안스럽거나 딱하다.

용례로 보기

북 "밤에 소란을 피워 {안됐습니다}. 지금 태권도 맞서기훈련을 하던중이지요."《김혜영: 다시 본 모습》

북 "초면에 신세를 져서 {안됐습니다}."《김혜성: 별하늘》

일없다

남	북	비고
일없다		남 주로 '소용이나 필요가 없다'의 뜻으로 씀 북 주로 '괜찮다'의 뜻으로 씀

남에서 〈일없다〉는 보통 '소용이나 필요가 없다'는 뜻으로 씁니다. 반면에 북에서는 〈일없다〉를 주로 '괜찮다'라는 뜻으로 쓰기 때문에, 어떤 이가 자기를 걱정해 주는 말을 할 때 대답으로 흔히 '일없다'라고 합니다.

《표준국어대사전》	《조선말대사전》
일없다 [형용사] ① 【…에/에게】 소용이나 필요가 없다. ② 걱정하거나 개의할 필요가 없다.	**일없다** ① 꺼리거나 걱정하거나 할 필요가 없거나 또는 별고없이 괜찮다. ② 필요없거나 싫다.

용례로 보기

남 "자네 같은 사람은 오잖어두 {일없네}, 어서 가게."《현경준: 탁류》

북 "순희아버지, 이제 나오시는 길입니까? 피곤하시겠습니다." … "{일없네}, 요즘 자네가 바쁘지."《김문화: 심장의 메아리》

원샷하다와 쭉내다

남	북
원샷하다(one shot--)	쭉내다

✔ 남에서 〈원샷〉은 주로 술자리에서 쓰는 말로 '잔술을 한 번에 남김없이 쭉 마시는 것'을 일컫는 말입니다. 이 의미가 널리 쓰이면서 물이나 음료를 한 번에 쭉 들이켤 때에 쓰기도 합니다.

✔ 남의 〈원샷〉과 비슷한 표현으로 북에는 〈쭉내기〉를 씁니다. 〈쭉내기〉는 '물 같은 것을 한숨에 세게 들이마시는 모양을 나타내는 말'인 〈쭉〉과 동사 〈내다〉에서 나온 〈내기〉가 결합하여 만들어진 말입니다.

용례로 보기

남 백산호가 모두에게 건배를 제안한다. 모두 잔을 들어 올리자 {원샷}, 하고 백산호가 소리친다.《박상우: 까마귀 떼 그림자》

남 지현은 시원한 한약을 {원샷하고는} 크, 하고 반사적으로 인상을 찌푸렸다.《김설아: 공작새에게 먹이 주는 소녀》

북 남자들은 단숨에 잔을 비웠는데 녀자들은 잔을 입에 대였다가 상우에 놓았다. "여보, 당신이 안 드니까 통계원동무도 못 들지. 먼저 {쭉내유}.《김응일: 비약의 열풍》

북 내가 모처럼 부은 술인데 한잔 {쭉내라구}.《조인영: 생명》

글자의 이름

글자	남	북
ㄱ	**기역**	**기윽** / 그
ㄴ	니은	니은 / 느
ㄷ	**디귿**	**디읃** / 드
ㄹ	리을	리을 / 르
ㅁ	미음	미음 / 므
ㅂ	비읍	비읍 / 브
ㅅ	**시옷**	**시읏** / 스
ㅇ	이응	이응 / 응
ㅈ	지읒	지읒 / 즈
ㅊ	치읓	치읓 / 츠
ㅋ	키읔	키읔 / 크
ㅌ	티읕	티읕 / 트
ㅍ	피읖	피읖 / 프
ㅎ	히읗	히읗 / 흐
ㄲ	**쌍기역** / 된기역	**된기윽** / 쌍기윽 / 끄
ㄸ	**쌍디귿** / 된디귿	**된디읃** / 쌍디읃 / 뜨
ㅃ	**쌍비읍** / 된비읍	**된비읍** / 쌍비읍 / 쁘
ㅆ	**쌍시옷** / 된시옷	**된시읏** / 쌍시읏 / 쓰
ㅉ	**쌍지읒** / 된지읒	**된지읒** / 쌍지읒 / 쯔

〈ㄱ, ㄷ, ㅅ〉의 이름

자음의 명칭은 최세진의 《훈몽자회(1527)》 중에 자음의 음가를 예시한 부분에서 비롯되었습니다. 《훈몽자회》에서는 두루 쓰이는 여덟 글자에 대해 각각 초성에서 쓰였을 때의 음가와 종성에서 쓰였을 때의 음가를 한 자로 표기하였는데, 이것이 자연스럽게 글자의 이름으로 굳어지게 되었습니다.

자음의 명칭은 초성의 경우 각 자음에 모음 'ㅣ'를 결합시키고, 종성의 경우 모음 'ㅡ'를 결합시켜 그 음을 기준으로 삼았습니다. 그런데 한자에는 '윽, 읃, 읏'에 해당되는 글자가 없었기 때문에, 각각 '役(역), 末(귿), 衣(옷)'을 써서 종성의 음가를 나타내었습니다.

남에서는 이러한 관용(慣用)을 유지하여 'ㄱ, ㄷ, ㅅ'을 각각 '기역, 디귿, 시옷'이라고 하는 반면, 북에서는 다른 자음과 똑같은 방법으로 읽어 '기윽, 디읃, 시읏'이라고 합니다.

〈ㄲ, ㄸ, ㅃ, ㅆ, ㅉ〉의 이름

같은 자모를 겹쳐 쓴 〈ㄲ, ㄸ, ㅃ, ㅆ, ㅉ〉을 남에서는 주로 '쌍기역, 쌍디귿, 쌍비읍, 쌍시옷, 쌍지읒'이라 하고, 북에서는 주로 '된기윽, 된디읃, 된비읍, 된시읏, 된지읒'이라고 합니다. 남은 글자의 모양에, 북은 글자의 발음에 초점을 맞추어 붙인 이름으로 보입니다.

용례로 보기

남 국민학교 턱밑도 가 본 적 없는, 낫 놓고 {기역} 자도 모르는 까막눈···.《강호영: 산촌수필》
북 "나두 새세상이 아니였더면 지금까지 낫놓고 {기윽}자도 몰랐을게다."《고상훈: 좋은 형님》

남 사무실에는 여섯 개의 책상이 {디귿} 자 모양으로 배열되어 있었다.《채영주: 가면 지우기》
북 곧게 뻗은 길섶으로 {디읃}자를 하고 들어앉은 일용품공장.《석창의: 웃음가득, 기쁨가득, 노래도 가득》

돌과 돐

남	북	비고
돌	돌	북 아이가 태어난 후 한 해가 되는 날
	돐	북 어떤 날로부터 한 해가 되는 날

북은 '아이가 태어난 후 한 해가 되는 날'과 '어떤 날로부터 한 해가 되는 날'을 구분하여 각각 〈돌〉과 〈돐〉로 표기합니다. 남에서도 예전에는 이 둘을 구분하여 썼는데, 1988년 표준어 규정을 고시하면서부터 〈돌〉로 통일하여 쓰고 있습니다.

남 표준어 규정 (제2장 제1절 제6항)

다음 단어들은 의미를 구별함이 없이, 한 가지 형태만을 표준어로 삼는다. (ㄱ을 표준어로 삼고, ㄴ을 버림.)

ㄱ 돌 ㄴ 돐

용례로 보기

남 희균이는 태어난 지 1년 만에 처음으로 집에 가는 것이었다. … "우리 희균이가 {돌은} 제 집에서 맞게 되는구나."《이재운: 음양화평지인》

북 성숙이아버지는 어머니를 생각하여 {돌이} 된 성숙이를 자기가 보겠노라며 어머니더러 가벼운 몸으로 다녀오라고 하였다.《윤원삼: 인생의 요람》

북 "우린 작년에 … 열다섯 {돐을} 기념해서 이 길을 만들었네."《김장수: 과원의 새아침》

맞히다와 맞추다

남	북	비고
맞히다	맞추다	남 정답을 맞히다 / 답안지를 맞추다 북 정답을 맞추다 / 답안지를 맞추다
맞추다		

남에서는 '문제의 정답을 맞히다'라고 쓰며, '문제의 정답을 맞추다'라고 하는 것은 어법에 맞지 않은 표현입니다. '맞히다'에는 '적중하다'의 의미가 있기 때문에 '정답을 골라내다'라는 뜻으로 쓴다고 할 수 있습니다. 북에서는 '정답을 맞추다'를 어법에 맞는 표현으로 보고 있기 때문에 남과는 차이가 있습니다.

《표준국어대사전》	《조선말대사전》
맞히다 [동사] '맞다1[1]「1」'의 사동사. **맞다1** [동사] [1]「1」 문제에 대한 답이 틀리지 아니하다.	**맞추다** [동(타)] 요구하는 답을 맞게 대다.

한편, 남에서는 비교 대상이 있을 경우 '답안지를 정답과 맞추다'라고 씁니다. 이는 '맞추다'에 '대상끼리 서로 비교하다'라는 뜻이 담겨 있기 때문입니다. 이는 북에서도 쓰임이 같습니다.

《표준국어대사전》	《조선말대사전》
맞추다 [동사] (주로 '보다'와 함께 쓰여) 둘 이상의 일정한 대상들을 나란히 놓고 비교하여 살피다.	**맞추다** [동(타)] (주로 《보다》와 함께 쓰이여) 서로 틀리거나 어긋남이 없는가를 알기 위하여 마주 대여보고 살피다.

표기의 차이(1) '두음법칙'

《표준국어대사전》	《조선말대사전》
두음법칙 (頭音法則) 『언어』 일부 소리가 단어의 첫머리에 발음되는 것을 꺼려 다른 소리로 발음되는 일.	**두음법칙** (頭音法則) [명] ⇒첫소리법칙. **첫소리법칙** (---法則) [명] 《언어》 단어의 첫소리와 관련하여 법칙적으로 나타나는 현상 곧 어음론적단어의 첫머리에 오는 자음의 발음상특성을 제약하는 위치적변화를 나타내는 법칙.

환경			남	북
한자어	어두에 ㄴ이 올 때	'ㅣ' 계열 모음 앞	ㅇ(여자)	ㄴ(녀자)
	어두에 ㄹ이 올 때	'ㅣ' 계열 모음 앞	ㅇ(양심)	ㄹ(량심)
		그 밖	ㄴ(노인)	ㄹ(로인)

용례로 보기

여자/녀자(女子)

남 그 {여자는} 아직도 그냥 거기 있을까.《박완서: 아주 오래된 농담》

북 그 {녀자는} 오래동안 그자리에 서있었소.《박윤: 운명의 길》

양심/량심(良心)

남 그는 스스로 {양심이} 부끄러워 몇 번이나 그만둘까 하고 망설였다.《백신애: 턱부자》

북 나는 부장동무가 자기 삶의 매 순간순간을 {량심에} 부끄럽지 않고 의리에 어긋나지 않게 살기를 바랍니다.《백현우: 삶의 보람》

노인/로인(老人)

남 나이 지긋한 {노인이} 돋보기로 책을 보고 있었다.《정찬: 깊은 강》

북 주인을 찾으니 {로인} 한분이 문을 열고 나왔습니다.《김재영: 보이지 않는 집》

표기의 차이(2) '사이시옷(사이시읏)'

《표준국어대사전》	《조선말대사전》
사이시옷 [---옫] [명사] 『언어』 한글 맞춤법에서, 사잇소리 현상이 나타났을 때 쓰는 'ㅅ'의 이름.	**사이시읏** [명] 사이소리를 적기 위하여 쓴 글자인 《ㅅ》의 이름.

<table>
<tr><th colspan="2">환경</th><th>남</th><th>북</th></tr>
<tr><td>고유어 + 고유어</td><td rowspan="3">앞말이 모음으로 끝날 때, 뒷말의 첫소리가 된소리로 나거나 'ㄴ' 소리가 덧나는 경우</td><td rowspan="2">사이시옷을 씀</td><td rowspan="3">쓰지 않음
(예외: 빗바람, 샛별)</td></tr>
<tr><td>한자어 + 고유어
고유어 + 한자어</td></tr>
<tr><td>한자어 + 한자어</td><td>다음 6개 단어에만 예외적으로 사이시옷이 붙음
숫자(數字), 횟수(回數), 셋방(貰房), 곳간(庫間), 툇간(退間), 찻간(車間)</td></tr>
</table>

<table>
<tr><th>환경</th><th>남</th><th>북</th><th>용례로 보기</th></tr>
<tr><td rowspan="5">고유어
+
고유어</td><td>깻잎</td><td>깨잎</td><td rowspan="5">깻잎과 깨잎
남 텃밭에서 쇠돌이를 업은 할멈이 소쿠리에 {깻잎을} 따서 담고 있었다.《이수광: 나는 조선의 국모다》
북 흰 종이우에 {깨잎으로} 싼 밥과 빵, 오이절임, 고추장과 풋고추 여라문개가 놓였다.《김영희: 파란 머리수건》</td></tr>
<tr><td>바닷가</td><td>바다가</td></tr>
<tr><td>콧물</td><td>코물</td></tr>
<tr><td>햇빛</td><td>해빛</td></tr>
<tr><td>핏줄</td><td>피줄</td></tr>
<tr><td rowspan="2">한자어
+
고유어</td><td>등굣길(登校-)</td><td>등교길(登校-)</td><td rowspan="2">등굣길과 등교길
남 고등학교 때 우리는 {등굣길에} 우연히 마주친 적도 있어요.《최수철: 망각의 대가들》
북 송경은 여느날과 마찬가지로 오빠와 나란히 {등교길에} 나섰습니다.《길성근: 축구소녀》</td></tr>
<tr><td>깃발(旗-)</td><td>기발(旗-)</td></tr>
<tr><td rowspan="2">고유어
+
한자어</td><td>귓병
(-病)</td><td>귀병
(-病)</td><td rowspan="2">햇수와 해수
남 {햇수로} 3년 만에 보는 어머니였다.《정찬주: 인연》
북 "그렇던가. 그러니 {해수로} 2년이지."《정연진: 고려청자기》</td></tr>
<tr><td>햇수
(-數)</td><td>해수
(-數)</td></tr>
</table>

- **북에서 사이시옷을 넣는 경우: 동음이의어를 구분해야 할 때**

《조선말대사전》	
새별 [명] 《신성》을 달리 이르는 말.	**비바람** [명] 비와 바람.
샛별 [명] ① =금성. ② 《새로운 시대나 앞길을 밝혀주는분》을 형상적으로 이르는 말.	**빗바람** [명] ① 비를 몰아오면서 부는 바람. ② 《온갖 우여곡절과 모진 시련》을 비겨 이르는 말.

표기의 차이(3) '위, 우, 웃'

남	북	비고
위	우 / 웃-	남 아래위, 위쪽, 위층 북 아래우, 웃쪽, 웃층
윗(위 + ㅅ)	웃-	남 윗사람, 윗눈썹, 윗자리 북 웃사람, 웃눈섭, 웃자리
웃-		남 북 웃돈, 웃어른

남에서는 '어떤 기준보다 더 높은 쪽'을 뜻하는 말로 〈위〉를 씁니다. 이 명사 〈위〉에 맞추어 사이시옷이 오는 환경일 때에는 사이시옷을 넣어 〈윗〉을 쓰며, 된소리나 거센소리 앞에서는 〈위〉로, '아래, 위'의 대립이 없는 말에서는 접두사 〈웃-〉을 씁니다.

북에서는 '어떤 기준보다 더 높은 쪽'을 뜻하는 말로 〈우〉를 씁니다, 또한 남의 단어 구성에서 '위쪽, 윗집, 웃어른'처럼 각각 '위', '윗', '웃-'으로 구분하여 쓰는 것을 모두 '웃쪽, 웃집, 웃어른'처럼 접두사 〈웃-〉으로 통일하여 씁니다.

《표준국어대사전》	《조선말대사전》
위 [명사] 어떤 기준보다 더 높은 쪽. 또는 사물의 중간 부분보다 더 높은 쪽.	**우** [명] 일정한 곳이나 대상으로부터 높은쪽의 공간.
웃- [접사] (아래위의 대립이 없는 몇몇 명사 앞에 붙어) '위'의 뜻을 더하는 접두사.	**웃-** [앞] (일정한 명사의 말뿌리에 붙어서) 《우》의 뜻.

용례로 보기

윗수염과 웃수염

남 선왕께서는 … {윗수염이} 길고 아랫수염은 가운데로 몰려 있었습니다.《김훈: 칼의 노래》

북 그의 아래수염은 그렇게 길지만 {웃수염은} 이제 새로 기르기 시작한 사람처럼 밭은 흰수염이다.《김보행: 봉필로인》

위팔과 웃팔

남 여자는 … 손으로 {위팔을} 감쌌다.《임수현: 늪의 교육》

북 혈압은 팔의 {웃팔}동맥에서 잰 수치를 말한다.《배영욱: 혈압》

웃어른

남 {웃어른과} 통화를 했을 때는 반드시 그쪽에서 수화기를 내려놓은 후에 전화를 끊어야 한다.《한정혜: 매너는 매력이다》

북 만돌이라는 애는 선생님과 동네의 {웃어른들}앞에서는 인사성이 밝아 칭찬을 받는다고 했습니다.《리성칠: 날아가는 종이장》

표기의 차이(4) '-어/-여, -꾼/-군, 폐/페(廢)'

남	북	비고
-어	-여	남 깨어나다, 되어, 미어지다 북 깨여나다, 되여, 미여지다
-꾼	-군	남 나무꾼, 일꾼, 잔소리꾼, 춤꾼 북 나무군, 일군, 잔소리군, 춤군
폐(廢)	페(廢)	남 개폐, 노폐물, 폐교, 화폐 북 개폐, 로페물, 페교, 화폐

• 〈-어〉와 〈-여〉

〈-어〉가 붙는 말에서 〈-어〉가 〈ㅣ, ㅐ, ㅔ, ㅚ, ㅟ, ㅢ〉 등의 뒤에 나올 때에는 남에서는 '되어, 쥐어' 처럼 〈-어〉로, 북에서는 '되여, 쥐여' 처럼 〈-여〉로 씁니다.

《조선말 규범집》
제11항 말줄기가 〈아,어,여〉 또는 〈았, 었, 였〉과 어울릴적에는 그 말줄기의 모음의 성질에 따라 각각 다음과 같이 구별하여 적는다. 3) 말줄기의 모음이 〈ㅣ, ㅐ, ㅔ, ㅚ, ㅟ, ㅢ〉인 경우와 줄기가 〈하〉인 경우에는 〈여, 였〉으로 적는다.

• 〈-꾼〉과 〈-군〉

'어떤 일을 전문적으로 하는 사람' 또는 '어떤 일을 습관적으로 하는 사람'을 뜻하는 접사를 남에서는 〈-꾼〉이라 하고, 북에서는 〈-군〉이라고 합니다.

《표준국어대사전》	《조선말대사전》
-꾼 [접사] ((일부 명사 뒤에 붙어)) ① '어떤 일을 전문적으로 하는 사람' 또는 '어떤 일을 잘하는 사람'의 뜻을 더하는 접미사. ② '어떤 일을 습관적으로 하는 사람' 또는 '어떤 일을 즐겨 하는 사람'의 뜻을 더하는 접미사.	-군 [뒤붙이] (일부 명사말뿌리에 붙어서) ①《일정한 정황에서 어떤 일을 하는 사람》임을 나타낸다. ②《어떤 직업에 종사하는 사람》임을 나타낸다. ③《어떤 일을 즐기거나 잘하는 사람》임을 나타낸다.

• **〈폐(廢)〉와 〈페(廢)〉**

모음 〈ㅖ〉가 들어 있는 한자어의 경우, 남에서는 모두 〈ㅖ〉로 쓰지만 북에서는 〈계〉, 〈례〉, 〈혜〉, 〈예〉만을 인정하고 〈폐〉는 〈페〉로 씁니다.

《조선말 규범집》
제26항 한자말에서 모음 〈ㅖ〉가 들어 있는 소리마디로는 〈계〉, 〈례〉, 〈혜〉, 〈예〉만을 인정한다.

의식주와 식의주

남	북
의식주(衣食住)	식의주(食衣住) / 의식주(衣食住)

의식주와 식의주

남에서는 인간 생활의 세 가지 기본 요소를 말할 때, 〈의식주〉라고 합니다. 북에서도 〈의식주〉를 쓰기도 하지만 남과는 달리 〈식의주〉를 자주 씁니다. 북에서 〈식의주〉로 바꿔 쓰기 시작한 것은 1984년경으로, 《김일성저작집》 제39권(1993)에 그 이유가 소개되어 있습니다.

"사람들이 살아가는 데서 먹는 문제가 제일 중요하다. 옷이나 집 같은 것은 부족해도 좀 참을 수 있지만 배고픈 것과는 타협할 수 없다. 나는 사람들의 생활에서 먹는 문제가 중요하기 때문에 〈의식주〉라는 말을 〈식의주〉로 고쳐 쓰도록 하였다."

용례로 보기

남 "집도 절도 없다더니, 우리는 {의식주가} 없소. 그것이 없는 것은 기본이 없는 것 아니오?" 《서정인: 장명등》

북 인간은 {식의주로만} 살수 없다. 사랑이 없이 물질적포식과 포만으로야 어찌 인간된 삶을 누린다고 할수 있겠는가.《황철: 그들의 모습이 깨우쳐 준것》

북 "{의식주에} 걱정이 없고 병든 사람을 무상으로 치료해 주며 누구나 배우고 일할 수 있는 제도를 세워야 해요."《권정웅: 순희아버지에게》

숫자를 읽는 방법

류경호텔(柳京hotel)은 지상과 지하를 합쳐 105층에 이르는 북의 최고층 건물입니다. 이 건물의 층수를 물어보면 남과 북이 다른 방식으로 답하는데, 남에서는 〈백오 층〉이라고 하지만 북에서는 〈백공오층〉이라고 합니다. 참고로 〈류경〉은 '버드나무가 많은 서울'이라는 뜻으로 '평양'의 다른 이름입니다.

북 **류경호텔**

용례로 보기

남 내가 마지막으로 그것을 본 것은 {이천일}년 가을이었다.《조경란: 봉천동의 유령》

북 "{이천공일}년? 여, 수민이, 태선이, 21세기가 되는구나!"《조순철: 철령의 대대장》

북 저울추와 눈금, 제품을 일별한 그는 잠간 속셈을 하더니 선심이나 쓰듯이 "{백공일}프로다."하며 빙긋이 웃었다.《류정옥: 수련이》

자모의 차례

위치	남	북
초성	ㄱ ㄲ ㄴ ㄷ ㄸ ㄹ ㅁ ㅂ ㅃ ㅅ ㅆ ㅇ ㅈ ㅉ ㅊ ㅋ ㅌ ㅍ ㅎ	ㄱ ㄴ ㄷ ㄹ ㅁ ㅂ ㅅ ㅈ ㅊ ㅋ ㅌ ㅍ ㅎ ㄲ ㄸ ㅃ ㅆ ㅉ ㅇ
중성	ㅏ ㅐ ㅑ ㅒ ㅓ ㅔ ㅕ ㅖ ㅗ ㅘ ㅙ ㅚ ㅛ ㅜ ㅝ ㅞ ㅟ ㅠ ㅡ ㅢ ㅣ	ㅏ ㅑ ㅓ ㅕ ㅗ ㅛ ㅜ ㅠ ㅡ ㅣ ㅐ ㅒ ㅔ ㅖ ㅚ ㅟ ㅢ ㅘ ㅝ ㅙ ㅞ
종성	ㄱ ㄲ ㄳ ㄴ ㄵ ㄶ ㄷ ㄹ ㄺ ㄻ ㄼ ㄽ ㄾ ㄿ ㅀ ㅁ ㅂ ㅄ ㅅ ㅆ ㅇ ㅈ ㅊ ㅋ ㅌ ㅍ ㅎ	ㄱ ㄳ ㄴ ㄵ ㄶ ㄷ ㄹ ㄺ ㄻ ㄼ ㄽ ㄾ ㄿ ㅀ ㅁ ㅂ ㅄ ㅅ ㅇ ㅈ ㅊ ㅋ ㅌ ㅍ ㅎ ㄲ ㅆ

- **초성 이응의 순서**

남에서는 이응이 지읒 앞에 위치하지만, 북에서는 초성의 이응을 음가가 없는 것에 주목하여 제일 마지막에 둡니다. (남 ㅅ–ㅆ–ㅇ–ㅈ / 북 ㅅ–ㅈ … ㅇ)

- **초성의 겹자음**

남에서는 겹글자를 같은 계열의 홑글자 바로 뒤에 두지만, 북에서는 홑글자를 모두 배열하고 겹글자를 맨 뒤에 배열합니다. (남 ㄱ–ㄲ–ㄴ / 북 ㄱ–ㄴ … ㅎ–ㄲ)

- **중성 모음**

남에서는 홑글자와 겹글자를 구별하지 않고 글자 모양을 위주로 통합 배열합니다. 북에서는 기본 모음자 10자를 앞에 배열하고, 여기에 'ㅣ' 등이 결합한 겹글자를 뒤에 배열합니다. (남 ㅏ–ㅐ–ㅑ–ㅒ… / 북 ㅏ–ㅑ … ㅐ–ㅒ…)

- **종성 자음군의 배열**

남에서는 'ㄱ–ㄲ–ㄳ'과 같이 같은 계열의 글자를 모아서 배열합니다. 북에서는 합용병서는 같은 계열의 글자를 모아 배열하고(ㄴ–ㄵ–ㄶ), 각자병서는 히읗 뒤에 배열합니다.(ㅎ–ㄲ–ㅆ)

*각자병서: 같은 자음 두 글자를 가로로 나란히 붙여 쓰는 것.(예: ㄲ, ㄸ, ㅃ 등)
*합용병서: 다른 자음 글자를 가로로 나란히 붙여 쓰는 것.(예: ㄳ, ㄵ, ㄺ 등)

남 《표준국어대사전》의 자모 차례

3. 배열 순서

(1) 표제어는 가나다순으로 배열하였으며, 자모의 순서는 다음과 같다.

① 초성

ㄱ ㄲ ㄴ ㅥ ᄕ ㄷ ㄸ ㄹ ᄛ ㅁ ㅱ ㅂ ㅲ ㅃ ㅄ ㅴ
ㅵ ㅶ ㅷ ㅸ ㅅ ㅺ ㅼ ㅽ ㅆ ㅾ ᄻ ㅿ ㅇ ㆀ ㆁ ㅈ
ㅉ ㅊ ㅋ ㅌ ㅍ ㆄ ㅎ ㆅ ㆆ

② 중성

ㅏ ㅐ ㅑ ㅒ ㅓ ㅔ ㅕ ㅖ ㅗ ㅘ ㅙ ㅚ ㅛ ㆉ ㅜ
ㅝ ㅞ ㅟ ㅠ ᆑ ᆒ ᆓ ㆌ ㅡ ㅢ ㅣ ㆍ ㆎ

③ 종성

ㄱ ㄲ ㄳ ᇬ ㄴ ᇅ ㅦ ㅧ ㅨ ㄵ ㄶ ㄷ ㄹ ㄺ ㅩ ㄾ
ㄻ ㄻ ㅪ ㄼ ㄽ ㄾ ㄿ ㅀ ㅭ ᇙ ㅁ ᇚ ㅯ ㅱ ㅂ ㅄ
ㅶ ㅸ ㅸ ㅅ ㅺ ㅼ ㅆ ㅿ ㅇ ᇬ ㆀ ㆁ ㆃ ㅈ ㅊ ㅋ
ㅌ ㅍ ㆄ ㅎ

북 《조선말대사전》의 자모 차례

9. 올림말배렬의 자모차례, 맞춤법, 띄여쓰기

1) 자모차례

ㄱ ㄴ ㄷ ㄹ ㅁ ㅂ ㅅ (ㅇ) ㅈ ㅊ ㅋ ㅌ ㅍ ㅎ ㄲ ㄸ ㅃ ㅆ ㅉ
※ (ㅇ)은 받침의 경우에만 해당된다.

ㅏ ㅑ ㅓ ㅕ ㅗ ㅛ ㅜ ㅠ ㅡ ㅣ ㅐ ㅒ ㅔ ㅖ ㅚ ㅟ ㅢ ㅘ ㅝ ㅙ ㅞ

참고문헌

• 사전

국립국어원(1999/2008), 《표준국어대사전》, 두산동아.

사회과학원 언어학연구소(1992/2006), 《조선말대사전》, 사회과학출판사.

• 단행본·보고서

겨레말큰사전 남북공동편찬사업회(2017), 《한눈에 들어오는 남북 생활용어》, 한국문화사.

신중진 외(2016), 《남북 전문용어 구축》, 국립국어원.

이대성 외(2013), 《남북 언어예절 비교 연구》, 국립국어원.

최기호 외(2007), 《남북 체육 용어 통일 연구 보고서》, 국립국어원·국어단체연합.

통일교육원 연구개발과(2017), 《2018 북한 이해》, 통일부 통일교육원.

• 인용 및 설명 참고 자료

제목	쪽	내용	출처
중앙 행정기관	10	북 국무위원장	http://www.seoul.co.kr
국회와 최고인민회의	12	북 최고인민회의	http://www.tongilnews.com
일반 법원	15	북 3급 2심제	http://unikoreablog.tistory.com
특별 법원	17	북 특별재판소	http://unikoreablog.tistory.com
검찰	18	남 검찰청	https://terms.naver.com/entry.nhn?docId=2847165
	18	북 검찰소	http://encykorea.aks.ac.kr
변호사	19	북 변호사법	https://blog.naver.com/barunlaw7
이사 신고	22	북 주택배정과	http://webzine.nuac.go.kr
혼인신고	23	북 결혼 제도	《2018 북한 이해》
우편 업무	29	북 체신소	http://unikoreablog.tistory.com
삼일(3.1)절	34	북 삼일(3.1)인민봉기의 날	http://unikoreablog.tistory.com
어린이를 위한 날	38	북 국제아동절	http://www.yonhapnewstv.co.kr
남과 북의 학제	49	북 북의 학제	《2018 북한 이해》 https://cafe.naver.com/peaceful-unification

대학교	50	북 북의 대학	http://kidnews.unikorea.go.kr
대학교 학부	53	북 대학 졸업 후의 자격	http://nk.chosun.com
교수 등급	57	북 학직(學職)	http://nk.chosun.com
평가의 유형	66	북 구답시험	http://tongil.moe.go.kr
동아리와 소조	70	북 북의 학교생활	http://uniedu.go.kr
맞벌이(가정)과 직장세대	83	북 남녀평등법	http://mn.kbs.co.kr
의사 양성 과정	96	북 준의(準醫) 제도	http://www.whosaeng.com
산후조리원과 산원	99	북 평양산원	https://news.joins.com
버스와 뻐스	100	북 뻐스	http://nk.chosun.com
택시	102	북 택시	http://pub.chosun.com
	102	북 고려항공택시	http://www.yonhapnews.co.kr
운전 용어	111	북 교통안전 교육	http://www.koroad.or.kr
운전면허(증)	113	북 운전면허 제도	http://www.geuldongmu.org
컴퓨터와 콤퓨터	131	북 판형콤퓨터 룡흥, 울림	http://www.bloter.net https://www.dailynk.com
운영체제와 운영체계	133	북 운영체계 붉은별	http://news.heraldcorp.com
바탕화면 구성	134	북 정보통신 용어	http://nkinfo.unikorea.go.kr
문서 편집 프로그램	135	북 창덕	http://www.koreaittimes.com
애플리케이션과 응용프로그람	136	북 평양안내 1.0	https://kr.nknews.org
백신과 왁찐	137	북 클락새, 평양성	http://unikoreablog.tistory.com
축구 용어(1)	145	용어 비교	《남북 체육 용어 통일 연구 보고서》 《남북 전문용어 구축》
축구 용어(2)	148	용어 비교	《남북 체육 용어 통일 연구 보고서》 《남북 전문용어 구축》
야구 용어	150	용어 비교	《남북 체육 용어 통일 연구 보고서》 《남북 전문용어 구축》
농구(롱구) 용어	153	용어 비교	《남북 체육 용어 통일 연구 보고서》 《남북 전문용어 구축》
배구 용어	155	용어 비교	《남북 체육 용어 통일 연구 보고서》 《남북 전문용어 구축》
탁구 용어	157	용어 비교	《남북 체육 용어 통일 연구 보고서》 《남북 전문용어 구축》
아이스하키(빙상호케이) 용어(1)	160	용어 비교	http://www.kiha.or.kr
아이스하키(빙상호케이) 용어(2)	161	용어 비교	http://www.kiha.or.kr

바둑 용어	163	용어 설명	https://ko.wikipedia.org
	164	북 바둑 소프트웨어, 은별	https://www.yna.co.kr
현악기와 줄악기	168	북 음악 용어	https://www.rfa.org
남자가 자신의 동기와 그 배우자를 부르는 말	177	용어 비교	《남북 언어예절 비교 연구》
여자가 자신의 동기와 그 배우자를 부르는 말	178	용어 비교	《남북 언어예절 비교 연구》
남편이 아내의 가족을 부르는 말	180	용어 비교	《남북 언어예절 비교 연구》
아내가 남편의 가족을 부르는 말	182	용어 비교	《남북 언어예절 비교 연구》
친가 친척을 부르는 말	183	용어 비교	《남북 언어예절 비교 연구》
외가 친척을 부르는 말	184	용어 비교	《남북 언어예절 비교 연구》
반상회와 인민반회의	213	북 인민반회의	http://nkinfo.unikorea.go.kr
바코드와 띠부호	232	국가별 코드 발급	https://www.yna.co.kr
문화 시설	241	남 세종문화회관	http://www.sejongpac.or.kr
체육 시설	242	남 서울 월드컵 경기장	http://www.doopedia.co.kr
		북 오월일일경기장	http://encykorea.aks.ac.kr
도서관	243	남 국립 중앙 도서관 북 인민대학습당	http://encykorea.aks.ac.kr

*이 책자에 소개된 내용 중 일부는 위 매체의 자료를 참고하였으며, 정보 확인과 가공의 단계를 거쳐 작성하였습니다.

- **사진(연합뉴스)**

사진	쪽	사진	쪽	사진	쪽
북 만수대의사당	12	북 고려항공택시	102	북 판형콤퓨터 룡흥	131
북 중앙재판소	15	북 (외교용) 려권	104	북 운영체계 붉은별	133
북 조선중앙은행	46	북 사증	106	북 지능형손전화기	140
북 국가학위학직 수여식	57	북 운전면허증	113	북 평양대극장	241
				북 오월일일경기장	242

*출처를 표시하지 않은 사진과 그림은 겨레말큰사전 남북공동편찬사업회에 저작권이 있습니다.

P·A·R·T

남녘말 찾아보기

P·A·R·T

북녘말 찾아보기